企業財務と証券市場の研究

坂本恒夫／鳥居陽介 〔編著〕

The Study of Corporate Finance and the Securities Market

中央経済社

はじめに

　本書刊行の意図は，証券市場を株式会社の側面から分析してみようというものです。証券市場を分析するには，証券市場そのものを見てみる方法，つまり発行市場と流通市場の構造や機能を分析するものが一般的です。しかし，証券市場を家計や個人から解説するものもあっても構いませんし，国民経済全体から位置付けるものもあってもよいと考えています。それぞれの視点や側面から見てみますと，違ったところも見えてきますし，新たな発見もあったりします。

　われわれの研究グループのメンバーの多くは，日頃財務管理論を勉強していますので，証券市場論の研究者の人たちの解説には少し物足りないものを感じています。例えば，日本において株式会社が成長段階にあった時は，証券市場は規模拡大の資金調達市場として見ていかねばなりませんし，株式会社が成熟段階に入ると，証券市場は資金調達というよりも運用市場として位置付けていかねばなりません。証券市場論研究者による＜証券市場論＞は一般的な内容すぎて，歴史的視点や株式会社的視点が希薄だと感じています。

　本書に寄稿をしていただいたジェフリー・ジョーンズ氏およびマティアス・キッピング氏の論文は，直接証券市場には関係はないのですが，読者の方々にも意味のある内容と判断して，われわれの拙訳で全文を掲載させていただきました。それが「第Ⅰ部　企業経営と証券市場」の「第1章　グローバルビジネスの変遷（ジェフリー・ジョーンズ）」と「第2章　バンカーはなぜ経営者になったのか―それは良いことなのか（マティアス・キッピング）」です。両氏には，本書への掲載を快諾いただき心から感謝をしております。

　本書は，第Ⅰ部に続いて，第Ⅱ部と第Ⅲ部から構成されています。
　「第Ⅱ部　株式会社からみた証券市場」では，証券市場を株式会社の財務視点から分析・説明しています。証券市場を構成するいくつかの側面や箇所を株式会社から説明，そして解説しています。従来の証券市場論とは異なりますが，そのことによって興味深い説明もできていると思います。さて，まず第3章で

は，歴史に始まり，3つの時代区分で証券市場の財務的意義について，解説しています。第4章では，株式資本調達の募集・増資，そして自己資本比率について説明しています。そして第5章では，財務戦略から株式市場の評価を行っています。第6章は，株式所有という最も重要な企業経営の根幹の1つについて論述しています。誰が支配しているのか，そしてその仕組みはどのように機能しているのかを詳細に述べています。第7章は，一見距離のある株式流通市場について，企業が株式流通市場をどのように捉え，そして利用しているのか，財務からみた株式流通市場について説明しています。第8章は，社債についてです。株式と同じ企業の資金調達手段でありながら，その内容は異なるものの，株式と同様の動きが作用する側面も存在します。第9章は，ベンチャー市場です。最近はスタートアップ企業という表現もありますが，ここでは従来の新興市場の現状と課題などについて論述しています。第10章は，トヨタ自動車のAA株について，その背景と意義，そして問題点について指摘しています。第11章は，「第Ⅱ部　株式会社からみた証券市場」の最終章であるので，前半のまとめとして企業価値評価のパラダイムについて論述しています。

次に「第Ⅲ部　経済・経営環境と証券市場」では，財務の視点ではなく証券市場の周辺や経済・経営全体に目を配りながら説明しています。狭い範囲からの説明ではなく，経済全体の仕組みや経営全般の動きを見ながら説明したいと思います。まず第12章で証券市場の全体的環境である国民経済の動きと証券市場について述べています。第13章では，もう1つのファイナンス市場である金融市場の中核である銀行と証券市場との関係を資本還元という機能から明らかにしています。金融市場で大きな出来事であったバブル経済やBIS規制について株式会社がどのように証券市場を利用して危機を乗り切ったかを歴史的に説明しています。第14章は，証券化商品市場について解説しています。リーマン・ショックがなぜ起きたのか，そして証券化商品とは何であったのか，時代背景とともに説明します。第15章は，コーポレート・ガバナンスですが，ここでは日本版スチュワードシップ・コードと生命保険会社の役割について解説しています。これも証券市場の重要な項目です。第16章は，M&Aです。今日の合併・買収が証券市場を舞台に展開されていることは周知の事実です。ここでは，これらがどのように作用し合っているのかを解説します。第17章は，環境問題です。今日では，証券市場の投資や評価に社会問題への取り組みが大きく関係してきています。ESGやSDGs投資にポイントを絞って，これらとの

関わりについて説明しましょう。第18章は，産業構造にあって情報産業の発展をどのように理解するかという問題です。フィンテックという言葉に表現されているビジネスは証券市場と無縁ではありません。クラウドファンディングなどの現状についても考えてみましょう。

　証券市場論の専門家でないわたくしが，この分野の研究書を編集・執筆することには躊躇(ためら)いがありました。しかし2015年から17年まで，歴史ある証券経済学会の代表理事に就任することになり，わたくしの証券経済学会への関わり方について，文章で明らかにしておきたいという気持ちになりました。

　また，お世話になっている桜美林大学において2019年度から，新宿新キャンパスでビジネス学群の学生に「証券価格論」を教える予定になっています。また福島学院大学駅前キャンパスの情報ビジネス学科でも「経営財務演習」を今年から担当しています。これからも，研究者だけでなく若い学生そして各国の留学生と一緒に証券市場とは何かについて考えていこうと思っています。

　最後に，本書の出版においては，株式会社中央経済社ホールディングスの山本継会長に多大なご尽力をいただきました。また編集部の市田由紀子さんにも「退職記念出版」ということで煩雑な仕事を辛抱強く聞き届けていただきました。心より感謝申し上げます。

2018年8月1日

坂本 恒夫

目　次

はじめに　i

第Ⅰ部　企業経営と証券市場

第1章　グローバルビジネスの変遷 …………… 2

1　グローバルビジネスと第1次グローバリゼーションの波（1840-1929）　3
2　反グローバル化の時代におけるグローバル企業（1929-1979）　9
3　グローバル企業と第2次グローバル経済（1945-1979）の起源　13
4　グローバル企業と第2次グローバル経済（1979-2008）　16
5　2008年以降の新たな反グローバル化の時代におけるグローバル企業　19
6　結　論　21

第2章　バンカーはなぜ経営者になったのか …………… 28
　　　　　──それは良いことなのか

1　序論：銀行，バンカー，危機　28
2　背景：20世紀における「経営化」の普及と浸透　32
3　後発者としての銀行：彼らはいかに「経営化」されるようになったのか　36
4　要約とディスカッション：バンカーは本当に経営者であるべきか？　44

第Ⅱ部　株式会社からみた証券市場

第3章　証券市場の歴史 …… 52

1　コーヒー・ハウスから始まった（1773-1920）　52
2　重化学工業化で株式資本を必要とした時代（1890-1950）　54
3　自己金融で証券市場からの資金調達を必要としなくなった時代　56
4　機関投資家がガバナンスで利用する時代　58

第4章　株式発行市場 …… 63

1　株式による資金調達と有償増資の募集形態　63
2　増資形態の歴史的変遷と近年の増資の状況　63
3　現在の大企業の現預金保有額と自己資本比率　64
4　資金余剰時代における株式発行市場の意義　66

第5章　企業の資金調達と株式市場 …… 71

1　企業の資金調達の変遷　71
2　株式市場に影響を及ぼす金融緩和政策と企業の財務戦略　75
3　株式市場の変質　76
4　結論：株式市場のあるべき姿　78

第6章　株式所有 …… 81

1　株主の種類と株式保有目的　81
2　日本における支配的株主の変遷　83
3　実質株主による議決権行使　85

4　公的機関投資家の増大と経営行動　87

第7章　株式流通市場 … 94

　　1　流通市場の役割　94
　　2　流通市場の構造　95
　　3　流通市場における取引規模と価格指標　97
　　4　財務からみた株式流通市場　102

第8章　社債発行・流通市場 … 106

　　1　社債発行の現状　106
　　2　社債の発行市場と流通市場　108
　　3　日本の社債市場の規制の歴史　113
　　4　海外の社債市場の現状　114
　　5　社債市場の課題と今後　116

第9章　ベンチャー市場 … 122

　　1　証券市場とベンチャー市場　122
　　2　機関投資家の資金回収方法としてのベンチャー市場　124
　　3　金融危機後におけるベンチャー市場の低迷　127
　　4　新たな資金調達手段としてのクラウドファンディング　129

第10章　企業経営と証券市場 … 132

　　1　AA型種類株式の発行　132
　　2　AA株の特質と問題点　132
　　3　機関投資家の影響力の低下とトヨタのAA株発行の理由　136

4　会社経営と株式市場の関係　139

第11章　証券市場の変遷が企業財務に及ぼす影響　144

   1　証券市場の役割　144
   2　日本における証券市場の発展と会社財務　147
   3　今日の証券市場と会社財務　150
   4　企業価値評価のパラダイムの変化　151

第Ⅲ部　経済・経営環境と証券市場

第12章　国民経済と証券市場　158

   1　はじめに　158
   2　マイナス金利政策のインパクト　159
   3　国民経済と債券市場　162
   4　国民経済と株式市場　166
   5　おわりに　168

第13章　銀行と証券市場　171
　　　　　―資本還元で危機を乗り切る

   1　証券市場と銀行との関係―「換金性」と「カネの増殖」　171
   2　資本の大規模化・長期化を株式で乗り切る　173
   3　円高の危機を証券市場で乗り切る　176
   4　BIS規制を証券化で乗り切る　179
   5　証券市場と銀行との新たな関係―銀行系信託銀行とは何か　183

第14章 証券市場からみた証券化商品市場 ……………… 187

1 変貌する証券市場の機能　187
2 証券化とは何か　189
3 なぜ，グローバルな金融危機が生じたのか　191
4 証券化商品市場の現状　192
5 証券化商品は悪なのか　198

第15章 日本版スチュワードシップ・コードと生命保険会社 … 203

1 日本版スチュワードシップ・コードの受け入れ状況　203
2 スチュワードシップ・コードの取り組み状況　206
3 投資・資産運用の状況　210
4 生命保険会社の損益の状況　213

第16章 M&A市場 ………………………………………… 218

1 M&A市場とは何か　218
2 日本のM&A市場の概況　219
3 株式市場とM&A市場の関係　225
4 両市場における価格形成の相違　225
5 買収価値と買収プレミアム　226

第17章 ESG投資と転換点に立つ証券市場 ……………… 231

1 はじめに―新たな投資手法　231
2 企業活動と環境問題　233
3 環境問題と資本概念の拡張　235

4　証券市場とESG投資　237
   5　ESG投資が定着する要件　239
   6　おわりに　243

第18章　フィンテックと証券業界 ……………………………… 246

   1　はじめに　246
   2　フィンテックの動向　247
   3　証券業界におけるフィンテックへの取り組み　250
   4　結　論　258

索　引　261

第 I 部

企業経営と証券市場

第1章

グローバルビジネスの変遷

　本章はグローバルビジネスの起源と発展について既存研究を概観する。19世紀中期以降，企業は国境を越えて活動する最も強力な組織になってきている。多国籍企業は，19世紀中期頃に始まったグローバリゼーションの波における貿易と資本移動の立役者である（Jones, 2005; Jones, 2014）。多国籍企業とは2カ国以上の国において資産を所有する企業のことである。

　図表1−1はグローバリゼーション波を視覚的に表しているものである。ここでは，国際単位のメートル法によって資本，貿易そして人の移動を示している。

　この図は，歴史的な変遷パターンをグラフに表示したものではあるが，統計の結果に基づいて作成したものではない。ただ，同図は貿易，資本そして人の移動についての統計データを作成する際の参考資料になろう。なお，同図は1840年には国際貿易，資本移動，人の移動が存在しなかったということに言及していない。実際には，グローバリゼーションは，8万年前にホモ・サピエンスがアフリカから移住した時にまで遡ることができる（Jones, 2013）。とくに，

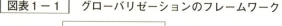

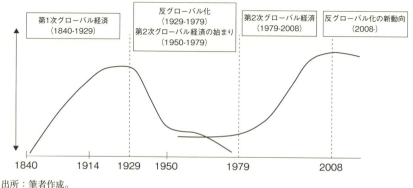

出所：筆者作成。

1840年以降，国際貿易，資本移動そして移民の規模が，世界各地の集計によって増加しているという点が重要である（Bordo, Taylor and Williamson, 2003）。

　第1次グローバリゼーションの波は第1次世界大戦中につまずいた。その頃，貿易における新たな支配力が登場し，金本位制が廃止された。高まる人種差別の機運が米国，オーストラリアなどの国・地域での移民審査において，人種主義を生み出した。1929年に発生したウォール街大暴落は，関税と為替管理が資本移動と貿易額を減少させてしまったことで，第1次グローバル経済の崩壊をもたらした。1950年以降，国際貿易額が再び増加したとはいえ，人と資本の移動が1970年代後半まで抑制されていた。旧ソ連と中国を含む大半の地域ではグローバル企業と国際貿易を排除していた。その後，移民者数が少なかったのに対して，資本移動や国際貿易額が急速に増加した。この現象は第2次グローバリゼーションとされた。しかし，第2次グローバリゼーションは2008年に起きた世界金融危機で終焉を迎えた。非関税措置などの規制強化は，貿易額と資本移動を抑制した。その後の10年間，多くの国々において反グローバリズムの擁護者は政権を握るようになり，グローバル企業の活動に関わる政策を全般的に見直した。

1　グローバルビジネスと第1次グローバリゼーションの波（1840-1929）

　19世紀中期以降，欧米諸国に基盤をおいた数千社の産業革命を経験した企業が海外で事業活動を確立した。商社と銀行は早期からグローバルな経営活動を行ってきた業界の1つである。また，原料や食品の調達も企業が海外に進出した動機の1つであった。製造業の多国籍企業の最初の例として，1830年代スイスの小規模の綿織物会社が挙げられる（Jones and Schroter, 1993）。19世紀中期以降，多国籍企業の海外進出という傾向が多く見られるようになった。製造業の多国籍企業は19世紀後期に始まった保護主義の広がりによって事業展開が促進された。企業は輸出を制限する関税障壁を，現地生産を確立することで乗り越えることができた。化学，機械，ブランド消費財などの産業ではとくにこの戦略を採用していた。

　図表1－2に示されるように，世界生産高における海外直接投資（Foreign Direct Investment: FDI）の割合が1990年までに9％台を超えることがなかった。1990年代頃には企業が貿易額を急速に押し上げた。ラテンアメリカやアジ

図表1－2　世界生産高における海外直接投資の割合（1913-2010）

1913年	1960年	1980年	1990年	2010年
9.0%	4.4%	4.8%	9.6%	30.3%

出所：Jones（2014）．

アはとりわけ，ホストエコノミーとしての役目が重要であり，世界の海外直接投資総額の50%以上を受け入れていた。世界の海外直接投資のおよそ50%が天然資源分野に，そして3分の1以上がサービス分野に，とりわけ金融，保険，流通，食料品といった分野に投資されていた。

　企業の海外投資の特徴は国別に違いがみられた。1914年の時点では，国別の海外直接投資額の割合については，英国がおよそ50%，米国とドイツがそれぞれ14%以上を占めている。とくに，ニュージーランド，スウェーデン，スイスなどのヨーロッパ企業は積極的に国際事業を行っていた（Jones and Schroter, 1993）。第1次グローバル経済においては，海外直接投資の重心が自然資源とそれに関連するサービス分野に置かれていた。この事実は，主要投資受入国が投資国の植民地および隣国の主要生産者であるということを裏付けた。1929年の投資受入上位10カ国にはインド，キューバ，メキシコ，アルゼンチン，チリ，マラヤ連邦そしてベネズエラがランクインしていた。これらの国々への海外直接投資は資源やサービス分野が主な対象分野となっていた。製造分野における海外直接投資は他の3カ国（カナダが第1位，米国が第2位，そして英国が第8位）に集中していた。また，カナダと米国は資源分野における海外直接投資も多く受け入れていた（Wilkins, 1994）。

　グローバル企業はこの時期の政治経済学に基づいて事業を展開していった。アジアやアフリカに対して支配を拡張した西側帝国主義と，貿易協定および貿易条約，そして国際金本位制度の施行を取り決める国際的な法制度や法規範は，特に西側企業の海外でのビジネスリスクを低減した。アメリカやヨーロッパが関税の引き上げを行った。19世紀中期以降，企業が関税障壁を乗り越えて多国間製造部署を設立した（Magee and Thompson, 2010; Fitzgerald, 2015）。ロンドンや他地域における資本市場のグローバル化の進展は資金調達を容易にした。19世紀後半，先物市場の急速な発展は先物取引を促進させた。また，運輸と通信の発展が重要であった。1830年代に蒸気機関が登場し，帆船や蒸気船よりもスピードが速く，地理的距離を克服することができた。さらに，電気の原理の

発見も重要であった。その発見は電信の発明につながることで通信コストの革命をもたらした。しかし，海底技術が高価で，利用できるのは政府と大企業に限られていたため，電信の影響はすぐに生じていなかった（Muller, 2016）。長期間にわたって電信は，企業の境界を国内外に拡大することを可能にした基盤となっていた。またそれは，遠距離の事業活動における本社の管理支配をより容易にしたのである（Jones, 2014）。

　組織構造の改革は国際的な事業活動にかかわるリスクの低減につながり，グローバル企業の成長を可能にした。組織デザインに関する実践を重ねて，採用された組織フォームは不均一なものであった。Chandlerによれば，大企業における経営階層が19世紀に形成された（Chandler, 1962; Chandler, 1977; Chandler, 1990）。ベンチャーとして起業した多くの企業の中，少数の企業のみがグローバルな大企業に成長した。例えば，シンガーミシン製造会社（Singer Sewing Machine）の事例が挙げられる。1914年までに，世界市場に占めるシンガーミシンの割合が90％と推定された。シンガー社は分割払いおよび直接販売を展開することで，ロシアと日本の比較的収入の低い顧客層の商品購入を可能にした（Carstensen, 1984; Godley, 2006; Gordon, 2011）。

　シンガー，スタンダード石油，リーマン・ブラザーズのような大企業は多くの小規模企業や家族経営企業と共存していた。とくにスウェーデンの中小都市で起業したヨーロッパ企業は，企業活動の早期段階で海外投資を行っていた（Olsson, 1993）。国内向けビジネスをほとんど有しない数千社のフリースタンディングカンパニー，とりわけイギリスとオランダに設立したフリースタンディングカンパニーは国際的な事業活動を独占的に行っていた（Wilkins and Schroter, 1998）。かつてはこれらのフリースタンディングカンパニーは欧米スタイルの経営階層より劣っているものとされた。この議論についてWilkinsが先駆的な論文を発表している。Wilkinsは企業の"高い廃業率"と，"小さな本社"にまつわる経営課題を分析したのである（Wilkins, 1998: 271, 277）。しかしながら，それらの企業は健全で，支配方法が形式官僚主義から社会主義に変更した，ということが明らかになった。多くの場合においてフリースタンディングカンパニーは純粋なフリースタンディングカンパニーではなく，ビジネスクラスターの一部，あるいは商社の系列ビジネスを形成したものであった（Jones, 1998, 2000）。

　また，海外移民コミュニティによって構築された貿易ネットワークもグロー

バルビジネスにおいて重要な役割を果たした。地中海，ロシアに移住したギリシャの移民が国際貿易と輸送ビジネスの分野で幅広く活動しており，中央ヨーロッパ，さらにフランスや英国にまで及ぶ血縁関係で結ばれた国際ビジネスのネットワークを築いたのである（Minoglou and Louri, 1997）。アジア地域では，中国系移民とインド系移民が西欧帝国間で商業活動を行っていた（Brown, 1994, 2000; Fitzgerald, 2015）。

　国際ビジネスの課題を解決し，多様なビジネスを確立してきた少数の企業は貿易の流れを作ったり，マーケティングチャネルを構築したり，市場を開拓したりすることでグローバリゼーションをけん引してきた。1914年までには，欧米企業が世界の大半の鉱物資源の生産とマーケティングを支配していた。また，外国企業がゴム，熱帯フルーツ，お茶といった再生可能資源の生産およびマーケティングにおいても優位を占めていた。1次産品の世界貿易額においては，企業内取引が高い割合を占めていた。そして，国際ビジネスの統合プロセスにおいて，これらの企業によって構築された商品チェーンが重要な役割を果たしていた（Topik, Marichal, and Frank, 2006）。

　グローバルビジネスのインフラ，すなわち電信，港，鉄道，そして電気とガスの事業者が多国籍企業によって適正に配置された（Hausman, Hertner, and Wilkins, 2008; Geyikdagi, 2011; Fitzgerald, 2015）。国際的な海運会社が遠洋貿易を行い，数百万人を移動させた（Harlaftis and Theokokas, 2004; Munro, 2003）。商社は先進国と途上国の間で貿易の流れを作り出し，そしてそれを促進した。同時に，商社は農園の開設，鉱山の採掘，そして鉱物と1次産品の加工にも投資していた（Jones, 1998, 2000; Jonker and Sluyterman, 2000）。他方，ヨーロッパの海外銀行が南半球とアジアの地域で支店ネットワークを構築し，商品取引所で融資を行った（Jones, 1993）。

　第1次世界大戦によって，グローバル企業は大きな経済的・政治的打撃を受けた。米国，英国およびその他連合国によるドイツ企業の没収は，事実上ドイツの海外投資額をゼロにまで減少させただけではなく，海外企業が多くの国々で国内と同様に事業活動を行えるという時代が終焉した，ということが示されたのである。また，1917年に起きたロシア革命はフランスやベルギーのそれぞれの国における海外投資全体の3分の2を減少させたという結果をもたらした（Jones, 2013; Fitzgerald, 2015）。

　1920年代頃には国際ビジネスにおいて短期的あるいは投機的な資本移動が顕

著であったとしても，多国間投資は回復したといえよう。米国の大手鉱業会社であるGuggenheim Brothersがメキシコ，チリなどの地域で大規模投資を行った。その10年間において，米国の大手自動車メーカーのフォードとゼネラルモーターズによる大規模対外投資があった。Ivar Kreuger氏が率いたSwedish Match社は分業したマッチ産業を統合し，そして1930までには世界のマッチ市場の40％を占めていた。その頃同社は，電力会社のEricsson，玉軸受の製造会社のSKF，鉱業会社のBolidenといったスウェーデン多国籍企業をも所有していた。スウェディッシュマッチの事例はすでにグローバルビジネスの新たな脆弱性を露呈した。1920年代半ば以降，同社はアメリカ証券取引所での資本金を引き上げた上，ヨーロッパの自治権の持つ政府と，資本市場において赤字状況で資金調達できない事業体に貸し付けを行っていた。1932年Ivar Kreuger氏が自殺後，組織的な不正会計の影響でSwedish Match社の成長が止まったということが明らかになった（Jones, 2005）。

　グローバル企業のもたらした影響は大きかった。グローバリゼーションが速いスピードで進んでいる時代においては，製造業の多国籍企業が国境を越えて製品やブランドを流通させていった。例えば，バイエルがアスピリンを米国に導入した。他にも何百社もの事例がある（Wilkins, 1989）。海外の国々で工場を設立した企業は新しい技術や作業慣行を移転した。シンガーは1867年スコットランド・グラスゴーの工場をはじめ，次第に世界中でミシン機械を製造するようになった。帝政ロシアの時代では，大規模な現代化機械工場が国内に建設されており，そして製造工程の管理と新しい労務管理法の実行のため，ドイツと英国出身のマネージャーが雇われていた（Carstensen, 1984）。また，企業がブランド価値を海外市場に流通させた。例えば，美容産業の国際的成長は理想の美と美容行為の世界的な均一化をけん引した。そして，白人の特徴と習慣が世界の美のベンチマークとして確立された（Jones, 2010）。

　技術移転は必ずしも製造業の多国籍企業に限られていなかった。鉱業分野，石油分野，農園，海運倉庫，そして鉄道システムの設立とメンテナンスに伴い，ホスト国に組織体制と技術知識の移転が進められていた。グッゲンハイム（Guggenheim）が米国で培ってきた鉱業技術をメキシコとチリにある同社のビジネスに移転した。また，同社は技術交流のために，スウェーデンのボーリデンなどの鉱業会社とも提携した（Berguist and Lindmark, 2016）。進出先国において適切なインフラが欠如した場合，外国企業はしばしば自社の事業活動

に関連する技術だけではなく，警察制度，郵便制度，教育制度などの社会システムも導入した（Jones, 2000）。場合によっては，企業が町をつくるということもあった。例えば，フォード・モーターが1928年にブラジルで工業都市として設立され，最終的に放棄されたフォードランディア（Fordlandia）の事例が挙げられる（Wilkins and Hill, 1964: 169-70, 176-8, 184）。輸送・物流インフラの建設により，起業家が初めて世界市場への進出が可能になった。世界市場へのアクセスは世界の多くの資本主義企業を制約したが，この制約は輸送・物流インフラの建設によって解消された。しかしながら，インフラの建設には多額のコストを要した。一方で，作物や植物が世界規模で流通できることは，生物多様性の減少や，環境悪化の進行を根源とする環境破壊をもたらした（Jones, 2017）。

　これまで見てきたように，グローバル企業は開いた貧富格差を縮小させる力があった。この貧富格差は，19世紀の工業化を経験した西欧や北米と，工業化を経験しなかった上に伝統工芸品産業を失った地域，の間で生じた。特別な事例を除いて，グローバル企業の活動による貧富格差の縮小ということは起きなかった。非西欧諸国への多国間投資による知識のスピルオーバーは限定的なものだった。外国企業が海外進出とともに制度的な取り決め，人的資源，企業価値を推進した際，移転された知識の中にある多くの暗黙知を吸収するための技術拡散は最も促進された（Bruland and Mowery, 2014）。その結果，第1次グローバル経済においては，多国籍企業は，米国と西欧諸国間における重要な技術や組織体制の移転のパイプ役となった。それに比べて，西側諸国と非西側諸国間の知識移転と資本移動における多国籍企業の役割はより控えめなものであった。グローバル企業は，西側諸国にはあるが西側諸国と非西側諸国間に欠けている，技術と所得の集合体であるとも解釈された（Harley, 2014）。

　このような場合にはグローバル企業の戦略とその管理方法が有効であった。途上国への海外直接投資の重心が資源分野とそれに関連するサービス分野に置かれた。一般的には，鉱物や農産物の加工工程が途上国に，高付加価値工程が先進国に置かれていた。また，当時外国企業は大きな雇用主体であった。しかし，国外居住者が高い技術を要する職に就くのは一般的だった（Piquet, 2004）。そのため，ホスト国となる途上国は先進国よりも組織体制の移転や技術の拡散が少なかった。当然ながら，外国企業が鉱物製品を開発，輸出したり，外国市場へのアクセスのための鉄道や港を建設したりした。その影響で，メキシコな

どの途上国は第1次世界大戦の前に著しい経済成長を遂げてきた（Allen, 2014）。しかし，全体としてメキシコに進出してきた西欧企業は，国内経済への技術拡散において重要な役割を果たしてなかったし，先進国よりの技術移転を進める際には厳しい制度や社会的・文化的な障壁に直面した（Beatty, 2003）。

概して第1次グローバル経済がもたらした多額の利益は平等に分配されていなかった。典型的な例として，植民地体制とさまざまな独裁者が西側企業に与えた自然資源の採掘権の事例がある。鉱業，鉄道などの分野への企業投資を誘致するために，企業には，大規模で長期的な免税特権がラテンアメリカなどの地域の政府から与えられた。これらの特権は，西側企業を圧制政府の支持者に変え，そして西側資本主義を独裁と植民地に結び付けた（Jones, 2013）。グローバル資本主義は，西側資本主義の軸となり，そしてこの体制下における政治的な不正や人種差別に結びつきをもつようになった。例えば，戦間期のインドにおいては，反イギリス植民地支配のガンジー運動（Gandhi's campaign）がグローバル資本主義を徹底的に批判した（Tripathi, 2004; Nanda, 2003）。

第1次グローバル経済の最後の数十年に，所得格差は西側諸国と非西側諸国の間にだけではなく，国内においても拡大していった。グローバル企業はこの所得格差をもたらした主役であった。ラテンアメリカでは1次産品の輸出が増加し，土地所有者が裕福になったため，所得格差は拡大していった（Williamson, 2010）。一方で，鉱業と西側の採掘企業は基本的に低賃金で数千人の現地住民を雇ったが，道路の改修工事にほとんど協力してこなかった。このように，米国やヨーロッパの大手グローバル企業の創立者と所有者にも富の集中が進んでいた。これが，1900年代初期までに所得格差の拡大をもたらした要因であった（Piketty, 2014）。このような格差は労働運動と社会党の成長を促した。ロシアは1917年に共産党が政権を握ってから，資本主義が廃止された。これらの政治的要因により，シンガー社のようなグローバル企業が同国で巨額の資産を失った。

2 反グローバル化の時代におけるグローバル企業（1929-1979）

グローバル企業は，1929年以降，貿易，資本移動，移住に対する政府による多数の規制が実施されたため，多くの課題に直面した。もし地理的な距離を管理することが，1920年以前，主要な経営課題であったならば，政府や政策の管

理が，それに続いて急激に企業の課題となっただろう（Jones and Lubinski, 2002）。1929年から1938年にかけて，世界の輸出の実数は9.4%減少した。1930年代の終わりまでに，世界貿易の半分は関税の影響を受けていた。第2次世界大戦後まで，1929年の水準に全く回復することはなく，世界市場の統合が後退していった（Fitzgerald, 2015）。

　輸送・通信技術が革新されていくことで地理的距離のコストが削減していったにもかかわらず，関税によって政策が変化していった。電話や自動車が，特にアメリカにおいて大量消費の品目になった。空の旅は，たとえ値段が高かったとしても，かなり広まっていった。映画とラジオの誕生も，ライフスタイルを現実あるいは仮想としてどこに居ても体感できるこれまでにない機会を提供し，文化的側面からも影響を与えられるようになった（Grazia, 2005）。しかし，技術革新によって旅行しやすくなり，かつてなかったほどお互いを観察するようになるに従って，彼らはそこで目に入ったものに対して嫌悪感を抱くようになった。愛国主義や人種差別主義が急増し，政府は，外国からの輸入，資本移動，移住と並行して，外国企業の参入を阻止しようとした。

　企業の国籍が第1次世界大戦以降，政治課題として急激に表面化し，戦争の終焉まで，外国企業を受け入れるという態勢が戻ることはなかった。アメリカが世界最大の債務国から，第1次世界大戦の間に実質的に債権国へと変わったが，これは，愛国主義が強まっていったことに付随し，運輸，電気通信，資源，その他産業における，企業が持つ自国外の所有権に大規模に制約がかけられていたことによるものである（Wilkins, 2002; Wilkins, 2004）。国境を越える企業にとって，世界はこれまで以上にリスクが増大し，そしてそのリスクは現在も残っている。第2次世界大戦終焉後，共産主義の拡散と非植民地化，それに続く外国企業に対する規制の増大，発展途上国において外資系企業が保有していた天然資源の国有化の拡大といった要因が組み合わさり，西側諸国を超えた地域への対外投資を劇的に減少させた。1980年まで，対外直接投資（FDI）の6大受入国は，アメリカ，イギリス，カナダ，ドイツ，フランス，オランダであった。ブラジルはかつて発展途上国として位置づけられていたが，7番目の受入国である。オーストラリア，インドネシア，イタリアがそれに続いた（Dunning and Lundan, 2008; Jones, 2014）。

　資本，貿易，移住の流れすべてが急激に減速していったけれども，グローバル企業はこれらの期間に消滅することはなかった。多くの愛国主義的な政府は，

新規に外国投資が入ることを拒み，既存の外資系企業に圧力をかけた。しかし，ナチスドイツは，利益の送金を遮る為替管理を行った一方，ドイツでの関連会社の経営には好ましくないと考えていたユダヤ人等を排除しながらも，外国企業に対してほとんど規制を行わなかった。結果として，アメリカや他の外国企業，例えばゼネラルモーターズ（General Motors）やIBMは，事業の成長を維持することができ，ドイツでの事業に再投資する必要のあった利益であったが，結果としてナチス政権の強化に貢献することとなった（Wilkins, 1974; Turnerm, 2005）。それと同時に，ナチスドイツの消費者はアメリカにとっては取引先であり，戦争前と同様に，継続的にハリウッド映画を鑑賞し，アメリカの化粧品ブランドを購入していた（Grazia, 2005; Jones, 2010）。全般的に，利益を再投資する，あるいは現地銀行から融資を受けることによって，多国籍企業が子会社に資金提供できたことが意味していたのは，彼らの事業は，予測よりも戦間期の資本移動の崩壊による影響をほとんど受けていなかったということである。

　企業は，市場の予測よりも強固な存在であった。企業側から見れば，グローバル化は，完全に過去のグローバル化の時代に戻るというより，抑制された形で進んでいった。1920年代，ドイツ企業は国際事業を再構築していった（Jones and Lubinski, 2012）。戦間期のイギリスでは，他の地域と同様，製造多国籍企業が自身の関連会社を閉鎖したことからも，相当額の負の投資となっていたことは明らかであるが，少なくとも同数の新規参入があった（Bostock and Jones, 1994; Jones and Bostock, 1996）。自動車や，タイヤのような部品業界といった急成長の消費財を扱うアメリカや他地域の企業は，外国で製造するためにかなりの投資を行っていた（Fitzgerald, 2015）。グローバルな海運，貿易，港湾といった海運業界においては，歴史的に見て大きく分断されていたというより，強力な連続性を持っていたことが確認できる（Miller, 2011）。商品や鉱物の価格が下落する時代にもかかわらず，多国籍企業は，東アフリカやベルギー領コンゴ（Belgian Congo）の銅山，ベネズエラの油田といった新たな供給源を開発するための莫大な投資を行っていた（Jones, 2005a）。

　多数の国際カルテルによって，グローバル規模で価格や産出量を管理しようとした。1930年代までに，世界貿易の大部分が，そのような国際カルテルによって統制されていた。製造業における，世界的規模の電球カルテルは，1920年代中盤から第2次世界大戦にかけて，世界の電球の生産高の4分の3を統制

していた (Reich, 1992)。石油，スズ，茶のような商品に対するカルテルは，広範囲に，非常に長期にわたって持続していた。彼ら多国籍企業が，この時代に成長を遅らせる一端を担っていた存在であったとみなされるかもしれないが，彼らは政府からの支援を強く受けていなければ，大部分のカルテルをほぼ統制できなかったのは明らかである。しかし，重要なことは，彼らは反グローバル化を主導する役割を担っていなかったことである。彼らは時に，国境を越えて知識や知的財産の移転を強力に推進する存在であった (Fear, 2008)。

ソビエト連邦，東ヨーロッパ，中国といった共産主義国 (The Communist states) は，自国から資本主義企業を排除した。多くの共産主義国は，「代替となる」グローバル経済と類似していたが，資本主義企業を持たない経済圏では，少なくとも中国・ソビエト連邦間の政治的関係が悪化するまで，経済統合への試みは止まっていた (Kirby, 2006)。しかし，そこでさえ，グローバル企業は最低限の存在感を保持し続けていた。ヘアケアといった消費者向け製品については，西洋企業はソビエトや他の東ヨーロッパの国有企業に，少なくとも1970年代から原料が販売され，時には技術の使用も許諾されていた (Jones, 2010)。

共産主義国は別にして，世界の大部分はいくつかあるいはすべての産業において外国企業を制限，あるいは禁止した。ヨーロッパや多くの他の先進国において，厳しい為替管理によって政府は他企業からの投資を入念に調査，あるいは禁止することが可能になった。フランス，イギリス，イタリアといった主要ヨーロッパ国において，巨大産業ベルトは国有化され，資本主義企業の管理から外された。アメリカは，防衛，航空，放送といった戦略部門からの妨害はあったものの，外国企業に広く開かれていた国であった (Wilkins, 2002)。

植民地支配が終焉してから，グローバル資本主義への規制はさらに厳しくなった。アフリカ・アジア両地域において，広範な規制や外国企業の資産の没収がみられた。シンガポールや香港といった，海外多国籍企業に開かれていた無関税港や開拓された植民地は急速な経済成長を経験したが，同様に成功した「新興工業国 (NIC)」である韓国や台湾は，100％所有の外国企業に対して日本式の規制を適用した。1970年代，西洋企業は，中東や他の政府が資産を没収したことによって，世界の天然資源の多くの所有権を失った。非西洋諸国内に，海外直接投資が特に集中していた。アジアをみると，中国への海外直接投資は全くなく，日本やインドへはほとんどなかった (Jones, 2005a)。

3 グローバル企業と第2次グローバル経済（1945-1979）の起源

　第2次世界大戦後，グローバル企業はグローバル経済の再興に多大な貢献をした。経営コンサルタントや広告代理店，ホテル，映画配給会社といったサービス業は，アメリカの経営慣行や価値基準，ライフスタイルを国際的に拡散させる重要なパイプ役であった（West, 1987; Quek, 2012）。しかし，彼らの活動は，製造業や鉱業と比較して，設備投資が限られていた側面がある。これが意味しているのは，それらの成長の重要性は，海外直接投資という尺度によっては捉えられないということである。これが，海外直接投資の水準が1914年以前に何回か訪れたピークをはるかに下回り続けていた1つの理由であった。

　マッキンゼーのようなアメリカの経営コンサルタント会社が1950年代後半からグローバル化するにつれて，彼らはコンサルタントサービス市場を創造し，サービスを提供していった。彼らは，アメリカから，当初は主として支店を開いている西欧から，経営のベストプラクティスを普及させた（Kipping, 1999; McKenna, 2006）。貿易会社は，情報の非対称性をうまく利用したグローバルなネットワークを発展させた。日本の総合商社は，日本の外国貿易や海外直接投資の中心的な牽引役となるため，第2次世界大戦以降に連合国が行った財閥解体がもたらした危機を乗り切った（Yonekawa, 1990）。

　長い歴史を持つヨーロッパの貿易会社は，その事業の多くが戦間期に打撃を受けたが，同様に再建，再投資された。例えばジャーディン・マセソン社（Jardine Matheson）やスワイヤー社（Swire）は，中国において，1949年の革命後にかなりの資産を失った。しかし，彼らはイギリス領香港といった場所で新しいビジネスを開発し，港湾を整備し，波止場を建設し，海運会社を創業し，航空網を整備した。スワイヤー（Swire）グループのキャセイパシフィック航空（Cathay Pacific）は，1960年代までに，地域経済の統合を促進する主要な航空会社となった（Jones, 2000）。

　海運会社は戦後経済成長期において，特に重要な牽引役となっていた。彼らは，西洋諸国や日本が必要としたエネルギー，原材料，食糧といった物資を運んだ。アリストテレス・オナシス（Aristotle Onassis）やスタブロス・ニアルコス（Stavros Niarchos）といった実業家の会社が設立され，例えば自社の船を便宜船籍漁船として登録したり，モナコのようなタックスヘイブン（租税回

避地）に拠点を作ったりすることによって，巧みに規制から逃れようとした（Harlaftis, 1993, 2014）。

　多国籍銀行もまた，重要な役割を担っていた（Jones, 1993）。イギリスに本店がある海外銀行やアメリカの銀行は，1950年代に海外為替市場に向けたイングランド銀行の自由主義的方針を利用したので，ロンドンにおいてユーロダラー市場が発展していき，そこがグローバル資本主義に財政的な支援をする新たな場所となった。金融を安定させるため，政府は世界大恐慌以降，金融市場を厳しく規制しようとし，為替管理によってそれらを分離しようとした。新たな規制のないユーロマネーやユーロ債市場がすぐに，規制された国内市場から金融仲介の役割を奪い取っていった。新しい金融市場は，グローバルな範囲で展開されており，物理的には金融センターとしてロンドンに位置しているが，オフショア市場で取引されている。そこの魅力は，市場の規模ではなく，規制や財政状況，政治的な安定といった要素である（Jones, 1992; Roberts, 1994; Schenk, 2001, 2011; Ogle, 2017）。新しいユーロ市場における商業銀行や投資銀行は，暗黙に，後に明確なイギリスやアメリカ政府からの支援を受け，急速に金融商品を導入していった（Helleiner, 1994）。しかし，それら市場を創り出した銀行家はまた，金融市場を厳密に規制するために，政府の戦略を転換させていった。場合によっては，イギリス投資銀行であるWarburgのように，国家主権を弱体化させ，ヨーロッパの統合を助長するという政治的・経済的な野心をもったものも現れた。（Ferguson, 2009）。

　国際金融市場の立地が，戦後数十年間にわたって特定の都市や地域に事業活動が集中する要因となっていた。立地優位性と集積性という利点が，このような状態をもたらした。このようなクラスタリングは常に世界経済の特徴であったが，知識や知識労働者の重要性が高まっていくことで，その傾向が強まっていった。これが，1950年代，1960年代のシリコンバレー技術クラスターの起源であり，そこで技術，教育機関，ベンチャーキャピタルが収斂していくことによって，IT産業を牽引する多国籍企業が創造されていった。（Lecuyer, 2005）。

　1950年代には，戦間期の国際カルテルの大部分が解体されたのに対し，アメリカの製造会社は，当初，「ドル不足」に対応して，西ヨーロッパで大規模に投資した。アメリカ製品を購入するドルが不足していた国々では，アメリカの企業が現地に工場を設立することを奨励していた。（Wilkins, 1974）。当初，生産の合理化，企業内取引はほとんど行われていなかった。しかし，1960年代か

ら，企業は国境を越えた地理的・機能的統合を模索し始めたが，それは非常に困難であった。ユニリーバ社（Unilever）といったヨーロッパの企業は，1950年代からのヨーロッパ経済の統合を支持していたが，自らの生産・マーケティング機能を地域間で統合するのに苦戦していた（Jones and Miskell, 2005）。

　戦後数十年は，専門経営者がチャンドラー式の経営を行う時代であり，それは特にアメリカの多くの製造業におけるイノベーションの原動力となっていた。アメリカが本拠地である企業は，新技術で卓越しており，イノベーションやその他付加価値創出活動を企業内で維持しようとした。例えばコンピュータ業界では，発展途上国はもちろん，西ヨーロッパ企業においても継続的に事業を行っていくことが不可能であった。高度な知識は，シリコンバレーなどの地理的クラスターと同様に，そのような西洋の大企業だけが抱え込んでいた。

　グローバル企業もまた，消滅するのではなく時に形を変え，生き残りを図っていた。特に1970年代には，外国企業による天然資源の所有が大幅に減少したが，付加価値創出活動等が衰えることはなかった。商品の世界貿易は，アメリカの穀物取引商であり最大の民間企業であるカーギル社（Cargill）などの巨大商社によって一層行われるようになった（Broehi, 1992, 1998）。大規模石油会社は多くの国で油田を管理する権利を失ったが，製油所，タンカー，流通施設の管理は行っていた。新たな独立系商社がグローバル経済の中心的存在となった。アンドレ社（Andre）やフィリップ・ブラザーズ社（Philipp Brothers）といった多くの主要企業がスイスに拠点を置いていたか，スイスに拠点を置く関連会社を利用し，ほとんどの取引を行っていた。スイスは，国連に属さず，低税率と企業秘密保持に関する政策を実施していた（Guez, 1998）。これにより，企業は，アパルトヘイト時代の南アフリカといったような輸出禁止国と取引することが可能になった。最も特筆すべき商社は，マーク・リッチ社（Marc Rich）である。同社は，1980年までに150億ドルの収入を得ていたフィリップ・ブラザーズに対して不満を持っていた元従業員によって1974年に設立された。イランの石油をイスラエルと南アフリカに秘密裏に販売することで，世界最大の独立系石油取引業者として繁栄していった（Ammann, 2009）。

　企業は，反外国感情や進出国の愛国主義的政策に対応する戦略の追求に長けていた。1947年，アメリカのデパートチェーンのシアーズ社（Sears）は，メキシコで事業を成功させたが，メキシコは10年前に外国石油会社を追放した国であり，愛国主義的であると広く認識されていた。シアーズが成功したのは，

メキシコ人にアピールする戦略を策定したからである（Moreno, 2003）。ユニリーバは，地元の国民を上級管理職に雇用し，地元の投資家に株式を売却し，インド政府が望む産業に投資することで，インドやその他新興市場で消費財事業を維持させていた（Jones, 2005b; Jones, 2013）。

多国籍企業は一方で，介入主義的な政府の政策が有利に働くことを学んだ。中南米では戦後，政府が輸入代替での製造を達成させるために高い関税を課したが，外国企業による所有を禁止していなかった。ブラジルなどのラテンアメリカ諸国の政府は，製造施設を建設する外国企業を誘致するため，それら企業に対してインセンティブを提供した。そのような輸入代替戦略はこれまで批判の対象となっており，1970年代から1980年代にかけてブラジルなどで起こったハイパーインフレをもたらした要因の１つとみられているが，それが結果として多くの新しい産業を生み出している。

1950年代後半，ブラジルで大型自動車産業が誕生したという好例がある。アメリカ自動車大手フォードとゼネラル・モーターズは当初，地元生産を開始したいという政府の要望に応じないとしていたが，ドイツ自動車メーカー，フォルクスワーゲン（VW）が助成金を利用し現地製造を開始した。それによって，組立に用いる解体器具を輸入に依存していたアメリカ企業の市場シェアを急速に奪い取った。1980年には，最終的にアメリカをはじめとする大手企業と提携したVWが，ブラジルにおいて年間100万台を超えて生産することとなり，悪影響もあったものの，世界第10位の自動車会社となった（Shapiro, 1994）。

4　グローバル企業と第２次グローバル経済（1979-2008）

世界が1980年代から劇的に再グローバル化された頃，その変化の中で，グローバル資本主義が世界的に取り入れられていった。国家計画，為替管理，その他の介入主義的政策を取りやめる代わりに，実際に地球上全ての政府は，グローバル企業による投資のインセンティブを享受するようになった。最も大きな変化は中国で起こっており，1978年以降，グローバル企業に再び市場を開放していった。2001年に中国は世界貿易機関（WTO）に加盟し，その結果中国の関税が大幅に引き下げられた。わずか10年後，ベルリンの壁崩壊とソ連の崩壊により，東ヨーロッパがグローバル企業に再度開放されていった。アメリカなど一部の連邦制度国では，個々の州が外国人投資家からの投資を受けるため

に競争していた。

　第2次グローバル経済を成長・促進させるグローバル企業の役割は相当大きなものであった。対内直接投資の対GDP比は，異常値があったものの1990年から2010年にかけて9.6％から30.3％に上昇した。イギリスでは，対内直接投資はGDPの20.1％から，1990年から2010年にかけて48.4％に上昇した。全体として発展途上国では13.4％から29.1％に上昇したが，ここにも例外的な値があった。インドでは，対内直接投資の比率は1990年の0.5％から2010年の12.0％に，中国では5.1％から9.9％に上昇した（UNCTAD, 2011）。

　19世紀後半の急速なグローバリゼーションの中で，グローバル企業は経済統合を実施していく主体であった。多国籍企業の投資は，世界の輸出や生産額をはるかに上回っていた。グローバルな生産システムは，世界がバリューチェーンのそれぞれ異なる部分に位置するように設計され，一部の業種ではアウトソーシングを通じて高度に外部化されていった。

　サービスのグローバル化に関する顕著な例が存在する。例えば，AIG，アリアンツ（Allianz），スイス・リー（Swiss Re）といった企業の保険や再保険であり，それらは世界的に拡大していった。娯楽業や小売業では，1996年に米国外の日本で初めて投資を行ったスターバックスやウォルマート（Wal-Mart），ザラ（Zara），ユニクロなどの小売業者が新たなグローバル時代を象徴するようになった。メディア業界では，ニューズ・コーポレーション（News Corporation）が新聞，映画，テレビ，ケーブルテレビ事業を創設し，オーストラリア，イギリス，インド，アメリカで大きなシェアを獲得した（Fitzgerald, 2015; Hauter and Jones, 2017）。

　北米，西ヨーロッパ，日本以外に拠点を置く企業の重要性も高まった。1960年代から1970年代にかけて，韓国や台湾の一部のメーカーが海外，通常他の新興市場に投資し始めた。それら企業はたいてい小規模で，労働集約型であった。アジアやラテンアメリカを拠点とする企業の第2の波が1980年代からグローバルに拡大していったが，それは時に保護された国内市場において規模を拡大させ企業力を高めていった後のことである。その傾向は電子機器，自動車，電気通信などの組立ベースおよび知識ベースの産業において顕著であった。これらの投資は，時に韓国の財閥（chaebol）やラテンアメリカのグルポス・エコノミー（grupos economicos）など，新興市場を特徴づける企業集団に所属する企業によるものである（Amsden, 2003; Kosacoff, 2002; Khanna and Palepu,

2006; Barbern, 2014)。

　新興企業がグローバル資本主義において重要な活動主体になるには，いくつかの要因が求められていた。時に彼らは，下請け等の連携を通じて，顧客として現在の西洋企業や日本企業に依存することが可能であった（Mathews, 2002)。マネジメント教育が普及していったこと，有数のアメリカのビジネススクールへの留学生が増加していったことにより，十分に教育を受け，グローバル志向の経営者が主要企業以外にも誕生することとなった。最終的に，国有または部分的に所有する新世代の企業が誕生し，そのような企業は，民間企業のように株主利益を追求することが求められるという制約を受けずにグローバルに事業を展開していった。国有企業の成長は特に中国で顕著であり，国家の支援によって高技術の分野でも競争の激しい分野であっても，地元である中国企業が出現していった。例えば，インターネット関連会社であるファーウェイ（Huawei)，ゴールドウインド（Xinjiang Goldwind）のような風力・太陽エネルギー企業が挙げられる。世界のトップ10タービンメーカーの中国企業数は，2006年から2010年にかけて0から4に増加した（Buckley, Voss, Cross and Clegg, 2011; Clifford, 2015; Jones, 2017)。

　グローバル企業が劇的に成長していったのが自国からであることは明白である。多国籍企業・サプライヤー間の積極的なリンケージがみられたにもかかわらず，同分野，特に発展途上国における，多国籍企業から現地企業への波及効果は，ほとんど，あるいは全く見られなかった。外資系の関連会社は，多くの場合仕様や納品目標を厳しく設定していた一方，現地企業に支援やアドバイスを進んで行っていた。多国籍企業は，これまで通り競合他社に重要技術に関わる情報が漏洩することを恐れていた。多くの発展途上国では，現地企業も依然として多国籍企業と競争する能力が不足しており，技術の差が大きくなればなるほど，この溝を埋めることが難しかった。（Alfaro and Rodriquez-Claire, 2004)。政府は，自由貿易地域や輸出加工区を指定することによって，外国企業を誘致し，産業全体を創造しようとした。しかし，アジア，アフリカ，中南米を問わず，ほとんどの輸出加工区は，低付加価値，低技術の産業のバリューチェーンしか形成することができず，その試みは失敗に終わった（Steinfield, 2004; Cling, Razafindrakoto, Roubaud, 2005)。

　グローバル企業が収益機会を求めるため国境を越えて資源を移動させるにつれ，彼らはまた，対抗するというよりその傾向を強化していった。グローバル

企業は，経済活動を分散させる技術を持ち合わせているにもかかわらず，「グローバル都市」やシリコンバレーやバンガロールといった地域で高付加価値活動を集積させる中心的な役割を果たしていた。以前の時代との大きな違いは，アメリカ企業が国内の仕事を外国に「アウトソーシング」し始めたことであろう。例えば，アップル（Apple）は台湾のフォックスコン（Foxconn，鴻海精密工業）にiPhoneの製造を外部委託し，同社はそれを中国で製造していた。2016年には，中国の鄭州にあるフォックスコンの工場で世界のiPhoneの半数が作られたが，そこではベンチャー企業が地方政府から巨額の補助金を受け取っていた（Barboza, 2016）。アメリカにおける国内雇用の喪失と空洞化に関する証拠は，単純ではない。縦断的な研究では，国内雇用を脅かす主要な存在が政治的要因であるという説明を一般的に支持していない（Harrison, McMillan and Null, 2007）。しかし，グローバル企業が第2次グローバル経済の特徴となった貧富の差の拡大に多大な影響を与えていることは，疑いの余地がない。株主価値理論の急速な台頭とストックオプションの急速な拡大により，最高経営責任者は，特にアメリカでは実質所得が低水準のまま抑えられていたにもかかわらず，非常に大きな報酬を受けていた。第2次グローバル経済は，報告義務が不透明であるケイマン諸島のような海外金融センターを通じて資金を移転することによって促進された，大規模なグローバル企業間での広範囲に及ぶマネーゲーム，あからさまな企業不祥事と特徴づけることもできる（Salter, 2008; Balleisen, 2017）。

5　2008年以降の新たな反グローバル化の時代におけるグローバル企業

　以前のグローバリゼーションの時代と同様，金融危機はグローバル経済に大きな衝撃を与えた。2008年〜2009年の世界金融危機は，それ自身は30年にわたって資本主義が金融化していった一環として起こった結果と考えられ，金融サービス業界において，1930年代から1970年代にほとんどの政府によって厳しく規制されていたものが緩和されたことによって起こったものである。1950年時点で，金融部門はアメリカの企業利益の8％でしかなかったが，1990年までには20％，2003年には34％まで上昇した。世界の金融資産は，1990年の56兆ドルから，2007年には206兆ドルにまで増加した。リーマン・ブラザーズの破綻が世界的な金融危機をもたらした以前から，金融化は，1997年のアジアにおけ

る通貨危機および株式市場の暴落，2000年のアメリカおよびその他地域の株式市場の暴落といった，多くの金融危機を発生させていた。

　世界的な金融危機は深刻な経済不況をもたらしたが，より根本的には，自由主義的なグローバル資本主義がもたらす利益に対する心象の変化をもたらした。政策当局は，グローバル企業，特に当初は金融サービスに対してさらに規制をかける方向へと変化していった。関税引き下げに関するさらなる国際協定がなくなり，ドーハ周辺の多国間貿易交渉が失速していった。関税水準は引き上げなかったが，政府はそれ以外の多数の保護貿易主義的な非関税措置をとった。2008年以降，ミクロ的な保護貿易主義が急増していき，例えば現地調達規制といった政策が広範に採用されていた。ある研究調査では，2008年から2016年にかけて3,500の新しい保護貿易主義的な事象が確認できたとのことである。この政策転換が一因となって，資本と貿易の流れがかなり停滞していった。生産高に対する世界貿易の比率は，2008年から2016年にかけては，基本的に横ばいであった。海外直接投資は2007年のピーク時の1.9兆ドルから2014年の1.2兆ドルまで下落した（Hufbauer and Jung, 2016; Ghemawat and Altman, 2017）。

　景気低迷の中にあって，自由主義的で外国人への偏見がない資本主義に嫌悪感を抱く多数の愛国主義的な政府が政権を握り，自国優先の政策をとるようになった。この傾向は，トルコ，タイ，フィリピンと同様にロシアといった新興市場で初めて見られるようになったが，それに続いて，極端な不平等，高水準の移民という特徴が見られるいくつかの西洋諸国にも広がった。移住者の流れを制限したいという国民の要望によって動機づけられた2016年のEU離脱というイギリスの決断は，ヨーロッパにおける多国籍なサプライチェーンを崩壊させ，世界有数のグローバル金融センターとして存在していたロンドンが崩壊する可能性がある。翌年，アメリカではドナルド・トランプ氏の大統領就任後，貿易保護主義者が急増し，移民排除が叫ばれるようになり，TPP協定，2015年に締結されたパリ協定から離脱することとなった。

　この政治的，経済的環境によって，企業の国際戦略はより困難になっていった。第2次グローバル経済全盛の時代にグローバル化した新興企業の中には，経営上，財務上の課題に直面したものもあった。そのような企業の中には，タタグループや鉄鋼会社のアルセロール・ミタルといったインド企業があり，西洋や他の主要市場において買収が困難になっていった。グローバル化した多くのブラジル企業は，2014年に国内で発生した大規模な汚職事件に巻き込まれた。

しかし，多くの新興企業は成功を収め，西洋に所在する企業にとってグローバルな競争相手として存在している。

以前の反グローバル化時代のように，グローバル企業は愛国主義的な政府に順応しようとした。2016年にシスコは，かつて中国においてインターネット網の形成に多大な影響を与える存在であったが，中国政府がファーウェイといった国内企業を支持するにつれて事業が縮小し，合弁企業を設立することで，中国の事業と現地企業のインスパー（Inspur）社を統合させることとなった。アメリカ大統領就任に先立って発信された，2017年1月のドナルド・トランプ氏の公式ツイッターがもたらしたのは，フォード自動車（Ford Motor Company）がメキシコのサン・ルイス・ポトシ州（San Luis Potosi）における16億ドルの自動車製造工場建設の計画を取りやめるという結果であった。交渉力の強い企業は，アメリカ政府と特別に交渉しようとした。2016年，ブレグジット（Brexit）（EUから英国が脱退すること）の投票の後，イギリス政府は，日本の自動車メーカーである日産に，ブレグジットの交渉によって，企業がEU域内への販売を妨げる貿易障壁が生じるのであれば，特別なインセンティブを提供することを約束した。制度的構造が弱体化するにつれて，グローバル企業は政府との特別な交渉によって自社を守ろうとしている。

6　結　論

企業は1840年以降，グローバル資本主義を普及させる強力な主体となっている。西洋経済圏が工業化されていき，グローバル企業は，財務，組織，文化的資産，技術，国境を越えたイデオロギーを移転することによって，市場を創造し，双方が利益を上げられるシステムを構築していった。彼らは貿易を成長させる中心的な役割を果たしており，時に自国内で組織化されている。彼らは，直近2世紀にわたるグローバル化の波を形成した存在であり，それに対応した存在であった。グローバル企業で採用された組織形態は，企業によってかなり異なっていた。実際，そのような変化の全体像を把握すること，会計手法がどうあるべきかは，今後の重要な研究課題となるだろう。

グローバル企業は，反グローバル化をもたらす主体でもあった。なぜなら，富や収益の差を解消させる存在というよりむしろ，促進させる存在として機能していたからである。企業は，知識と技術を移転させるには十分な役割を果た

していない存在であることが示された。第1次グローバル経済時，多国籍企業が保有する資産とそれに関連する投資は，極めて「エンクレービスト」(enclavist：飛び地に存在するもの) 的な存在として捉えられ，西側帝国主義体制や独裁体制による制度的取り決めに影響を受けている。西洋企業は，西洋以外の多くの国々の成長を制限した組織的，社会的規範を破壊したというよりむしろ強化していた。彼らは時に，結果として，問題を解決するというより，問題を生じさせていた。最近のグローバル化の時代において，西洋企業の戦略は，植民地時代の慣習を大きく乗り越えたが，現地経済へのリンケージ効果や波及効果は，大抵極めて低いものであった。最も魅力的と思える場所で付加価値活動を行おうと決断する能力やモチベーションが意味するのは，彼らが知識の拡散を促進させるというより，クラスタリングを強化しようとしていたということである。経営史の研究者は，グローバルビジネスを促進した側面ばかりに焦点を合わせており，その影響についてほとんど注目していない。次世代の研究は，知識の移転だけでなく，格差，ジェンダー，民族，環境保持といった事象に対する影響により注目すべきであろう。

　明らかに，第2次グローバル経済時，西洋と日本の企業がグローバル市場とイノベーションの中心であった時代は，本拠地が中国，インド，湾岸アラブ諸国といった地域で発展し，それら企業と対等に競争できる企業が中心となる時代に移行し始めた。この転換がいつ起こったかについてのさらなる研究が求められる。これには，経営史研究者が，西洋や日本から焦点を変えていくことが求められるだろう。富が西洋に移転し，世界最大の経済圏として中国が統合していくにつれ，特に，アメリカにおける制度的構造の脆弱性が増大していくという傾向が促進され，EUは，それら地域に基づく企業の競争力をさらに弱くすることが確実視されている。

参考文献

Alfaro, L. and Rodriguez-Clare, A. (2004) "Multinationals and Linkages: An Empirical Investigation," *Economia*, 4．2, pp.113-69.
Aleen, R. C. (2014) "The Spread of Manufacturing," in L. Neal and J. G. Williamson (eds.) *The Cambridge History of Capitalism*, Vol. 2 (Cambridge: Cambridge University Press), 22-46.
Ammann, D. (2009) *The Secret Lives of Marc Rich*, New York: St. Martin's Press.

Amsden, A. H. (2003) *The Rise of "the Rest" : Challenges to the West from Late-Industrializing Countries*, Oxford University Press.

Balleisen, E. J. (2017) *Fraud: An American History from Barnum to Madoff*, Princeton: Princeton University Press.

Barber, M. I. (2014) "Multinacionales latinomericanas en perspectiva comparada, Teoria e historia," *Catedra Corona, Universidad de los Andes*, 23.

Barboza, D. (2016) "How China built "iPhone City" with billions in Perks for Apple's Partner," *New York Times*, December 29 2016.

Beatty, E. (2003) "Approaches to technology transfer in History and the Case of Nineteenth Century Mexico," *Comparative Technology Transfer and Society*, 1, 2, pp.167-200.

Beatty, E. (2009) "Bottles for Beer. The business of Technological Innovation in Mexico, 1890-1920," *Business History Review*, 83, pp. 317-348.

Bergquist, A-K and Lindmark, M. (2016) "Sustainability and Shared Value in the Interwar Swedish Copper Industry," *Business History Review*, 90, 2.

Bordo, M. D., Taylor, A. M., and Williamson, J. G. (2003) *Globalization in Historical Perspective*, University of Chicago Press.

Bostock, F. and Jones, G. (1994) "Foreign Multinationals in British Manufacturing, 1850-1962," *Business History*, 36/1, pp. 89-126.

Broehl, W. G. (1992) *Cargill, Trading the World's Grain*, Hanover, NH: University Press of New England.

Broehl, W. G. (1998) *Cargill, Going Global*, Hanover, NH: University Press of New England.

Brown, R.A. (1994) *Capital and Entrepreneurship in South East Asia*, London: Macmillan.

Brown, R.A. (2000) *Chinese Big Business and the Wealth of Asian Nations*, London: Palgrave.

Bruland, K. and Mowery, D. C. (2014) "Technology and the spread of Capitalism," in L. Neal and J. G. Williamson (eds.) *The Cambridge History of Capitalism*, Vol. 2. (Cambridge University Press), pp. 82-126.

Buckley, P. J., Voss, H., Cross, A. R. and Clegg, L. J. (2011) "The emergence of Chinese firm as multinationals: the influence of the home institutional environment," in R. Pearce (ed.) *China and the Multinationals, International Business and the Entry of China into the Global economy*, Northampton, MA: Edward Elgar, pp. 125-157.

Carstensen, F. V. (1984) *American Enterprise in Foreign Markets. Singer and International Harvester in Imperial Russia*, Chapel Hill: University of North Carolina Press.

Chandler, A. D. (1962) *Strategy and Structure*, Cambridge, MA: MIT Press.

Chandler, A. D. (1977) *The Visible Hand*, Cambridge, MA: Harvard University Press.

Chandler, A. D. (1990) *Scale and Scope*, Cambridge, MA: Harvard University Press.
Clifford, M. L. (2015) *The Greening of Asia*, New York: Columbia University Press.
Cling, J. Razafindrakoto, M. and Roubaud, F. (2005) "Export processing zones in Madagascar," A success story under threat?" *World Development*, 33, 5, pp. 785-803.
Dunning, J. H. and Lundan, S. M. (2008) *Multinational Enterprises and the Global Economy*, Second edition, Northampton MA: Edward Elgar.
Fear, J. (2008) "Cartels," in Jones, G. and Zeitlin, J. (eds.) *The Oxford Handbook of Business History*, Oxford University Press, pp. 268-292.
Ferguson, N. (2009) "Siegmund Warburg, the City of London and the financial roots of European integration," *Business History*, 51, 3, pp.364-382.
Fizgerald, R. (2015) *The risk of the Global Company. Multinationals and Making of the Modern World*, Cambridge: Cambridge University Press.
Geyikdagi, V. N. (2011) "French Direct Investments in the Ottoman Empire before World War 1", *Enterprise & Society*, 12, 1, pp. 525-561.
Ghemawat, P. and Altman, S. A. (2016) *DHL Global Connectedness Index 2016: The State of Globalization in an Age of Ambiguity*, Deutsche Post DHL.
Godley, A. (2006) "Selling the Sewing Machine around the World: Singer's International Marketing Strategies, 1850-1920", *Enterprise & Society*, 7, 2, pp. 266-314.
Gordon, A. (2011) *Fabricating Consumers: The Sewing Machine in Modern Japan*, Berkeley: University of California Press.
Grazia, V. De (2005) *Irresistible Empire. America's Advance though 20th-century Europe*, Cambridge, MA: Harvard University Press.
Guez, S. (1998) "The development of Swiss trading companies in the twentieth century," in G. Jones (ed.) *The Multinational Traders*, London: Routledge, pp. 150-172.
Harlaftis, G. (1993) *A History of Greek-owned Shipping*, London: Routledge.
Harlaftis, G. (2014) "The Onassis Global Shipping Business, 1920s-1950s," *Business History Review*, 88, 2, pp. 241-271.
Harlaftis, G. and Theotokas, J. (2004) "European Family Firms in International Business: British and Greek TrampShipping Firms," *Business History*, 46, 2, pp. 219-55.
Harrison, A. E., McMillan, M. S. and Null, C. (2007) "U.S. Multinational Activity Abroad and U.S. Jobs: Substitutes or Complements?," *Industrial Relations: A Journal of Economy and Society*, 46, 2, pp. 347-365.
Hausman, W. J., Hertner, P. and Wilkins, M. (2008) *Global Electrification, Multinational Enterprise and International Finance in the History of Light and Power, 1878-2007*, Cambridge: Cambridge University Press.
Helleiner, E. C. (1994) *States and the Re-emergence of Global Finance*, Ithaca: Cornell University Press.

Hufbauer, G. C. and Jung, E. (2016) "Why Has Trade Stopped Growing? Not Much Liberalization and Lots of Micro-Protection," *Perterson Institute for International Economics*, March.
Jones, G. (1992) "International financial centres in Asia, the Middle East and Australia: a historical perspective," in Y. Cassis (ed.) *Finance and Financiers in European History, 1880-1960*, Cambridge University Press, pp. 405-28.
Jones, G. (1993) *British Multinational Banking 1830-1990*, Oxford: Clarendon Press.
Jones, G. (ed.) (1998) *The Multinational Traders*, London: Routledge.
Jones, G. (2000) *Merchants to Multinationals*, Oxford University Press.
Jones, G. (2005a) *Multinationals and Global Capitalism. From the Nineteenth to the Twenty-First Century*, Oxford University Press.
Jones, G. (2005b) *Renewing Unilever, Transformation and Tradition*, Oxford University Press.
Jones, G. (2010) *Beauty Imagined, A History of the Global Beauty industry*, Oxford: Oxford University Press.
Jones, G. (2013) *Entrepreneurship and Multinationals, Global Business and the Making of the Modern World*, Cheltenham: Edward Elgar.
Jones, G. (2014) "Firms and Global Capitalism," in L. Neal and J. G. Williamson (eds.) *The Cambridge History of Capitalism*, vol. 2, (Cambridge: Cambridge University Press), 169-200.
Jones, G. (2017) *Profits and Sustainability*, A History of Green Entrepreneurship, Oxford: Oxford University Press.
Jones, G. and Bostock, F. (1996) "U. S. Multinationals in British Manufacturing before 1962", *Business History Review*, 70, 1, pp. 207-256.
Jones, G. and Lubinski, C. (2012) "Managing Political Risk in Global Business: Beiersdorf 1914-1990", *Business History Review*, 13, 1, pp. 85-119.
Jones, G. and Miskell, P. (2005) "European Integration and Corporate Restructuring, The Strategy of Unilever c1957-c1990," *Economic History Review*, LVII, pp. 113-139.
Jonker, J. and Sluyterman, K. (2000) *At home on the world market*, The Hague: Sdu Uitgevers.
Khanna, T. and Palepu, K. G. (2006) "Emerging Giants: Building World-Class Companies in Developing Countries," *Harvard Business Review*, 84, 10, pp. 60-69.
Kirby, W. C. (2006) "China's Internationalization in the Early People's Republic: Dreams of a Socialist World," *China Quarterly*, 188, pp. 870-890.
Kipping, M. (1999) "American Management Consulting Companies in Western Europe, 1920-1990: Products, Reputation and Relationships," *Business History Review*, 73, 2, pp. 190-220.
Kosacoff, B. (2002) *Going Global from Latin America: the ARCOR Case*, Buenos

Aires: McGraw-Hill Interamericana.

Magee, G. B. and Thompson, A. S. (2010) *Empire and Globalization, Networks of People, Goods and Capital in the British World, c1850-1914*, Cambridge University Press.

Mathews, J. A. (2002) *Dragon Multinational, A New Model for Global Growth*, Oxford University Press.

McKenna, C. D. (2006) *The World's Newest Profession, Management Consulting in the Twentieth Century*, Cambridge University Press.

Miller, M. (2011) *Europe and the Maritime World*, Cambridge University Press, 2011.

Minoglou, I. P. and Louri, H. (1997) "Diaspora Entrepreneurial Networks in the Black sea and Greece, 1870-1917", *Journal of European Economic History*, 26, 1, pp. 69-104.

Moreno, J. (2003) *Yankee Don't Go Home*, Chapel Hill: University of North Carolina Press.

Muller, S. M. (2016) *Wiring the world: the social and cultural creation of global telegraph network*, New York: Columbia University Press.

Munro, J. F. (2003) *Maritime Enterprise and Empire*, Woodbridge: Boydell.

Nanda, B. R. (2003) *In Gandhi's Footsteps: The Life and Times of Jamnalal Bajaj*, Oxford University Press.

Ogle, V. (2017) "Archipelago Capitalism: Tax Havens, Offshore Money, and the State, 1940s-1970s," *American Historical Review*.

Olsson, U. (1993) "Securing the Markets, Swedish multinationals in a historical perspective," in Jones, G. and Schroter, H. G. (eds.), *The Rise of Multinationals in Continental Europe*, Aldershot: Edward Elgar.

Piketty, T. (2014) *Capital in the Twenty-First Century*, Cambridge, Mass: Belknap Press.

Piquet, C. (2004) "The Suez Company's Concession in Egypt, 1854-1956: Modern Infrastructure and Local Economic Development," *Enterprise & Society*, 5, 1, pp. 107-127.

Quek, M. (2012) "Globalizing the hotel industry 1946-1968: a multinational case study of the Intercontinental Hotel Corporation," *Business History*, 54, 2, pp. 201-226.

Roberts, R. (ed.) (1994) *International Financial Centres*, Vol. 1, Aldershot: Edward Elgar.

Salter, M. S. (2008) *Innovation Corrupted: The Origins and Legacy of Enron's Collapse*, Boston: Harvard Business School Press.

Schenk, K. (2001) *Hong Kong as an International Financial Centre: emergence and development 1945-65*, London: Routledge.

Schenk, K. (2011) "The Re-emergence of Hong Kong as an International Financial Centre, 1960-1978," in Quennou elle-Corre, L. and Cassis, Y. (eds.), *Financial*

Centres and International Capital Flows in the Nineteenth and Twentieth Centuries, Oxford University Press, pp. 199-253.
Jones, G. and Schroter, H. G. (eds.) (1993) *The Rise of Multinationals in Continental Europe*, Aldershot: Edward Elgar.
Shapiro, H. (1994) *Engines of Growth, The State and Transnational Auto Companies in Brazil*, Cambridge University Press.
Topik, S. Marichal, C. and Frank, Z. (eds.) (2006) *From Silver to Cocaine, Latin American Commodity Chains and the Building of the World Economy, 1500-2000*, Durham: Duke University Press.
Tripathi, D. (2004) *The Oxford History of Indian Business*, Oxford University Press.
UNCTAD, *World Investment Report*, various years.
West, D. C. (1987) "From T-square to T-plan: the London Office of the J. Walter Thompson Advertizing Agency, 1919-1970," *Business History*, 29, pp. 467-501.
Wilkins, M. and F. E. Hill (1964) *American Business Abroad: Ford on Six Continents*, Detroit, MI: Wayne State University Press.
Wilkins, M. (1970) *The Emergence of Multinational Enterprise*, Cambridge, MA: Harvard University Press.
Wilkins, M. (1974) *The Maturing of Multinational Enterprise*, Cambridge, MA: Harvard University Press.
Wilkins, M. (1988) "The Free-Standing Company, 1870-1914: An Important Type of British Foreign Direct Investment," *Economic History Review*, XLI, 2, pp. 259-85.
Wilkins, M. (1989) *The History of Foreign Investment in the United States before 1914*, Cambridge, MA: Harvard University Press.
Wilkins, M. (2002) "An Overview of Foreign Companies in the United States, 1945-2000," in Jones, G. and GalvezMunoz, L. (eds.), *Foreign Multinationals in the United States*, London: Routledge, pp.18-49.
Wilkins, M. (2004) *The History of Foreign Investment in the United States, 1914-1945*, Cambridge, MA: Harvard University Press.
Wilkins, M. and H. Schroter, (eds.) (1998) *The Free Standing Company in the World Economy, 1836-1996*, Oxford University Press.
Williamson, J. G. (2010) "Five centuries of Latin American income inequality," *Revista de Historia Economica/Journal of Iberian and Latin American Economic History*, 28, 2, pp. 227-252.
Yonekawa, S. (1990) *General Trading Companies: A Comparative and Historical Study*, Tokyo: United Nations University Press.

第2章

バンカーはなぜ経営者になったのか
－それは良いことなのか

1　序論：銀行，バンカー，危機

　銀行は，昔からさまざまな理由で"特別な存在"である（Benston, 2004）。これらの理由の中で，銀行の根本的な役割は，広範囲な金融システムの一部として，経済の成長と現代化に貢献し，今後，その重要性を増やしていく（e.g. Sylla, 2002）。この役割はなぜ当局（宗教団体と政府）がいつも銀行とそのほかの金融機関に対して特別な注意を払うのかということを説明することができる（Homer and Sylla, 2005；Cassis et al. 2016）。特に，周期的に発生する金融危機の中で，経済における銀行の根本的な役割は最も明確に表している（e.g. Reinhart and Rogoff, 2009；Cassis, 2011）。最近の金融危機は2007年から2008年まで発生し，その影響が未だに続いている。日本ではリーマン・ショック，また世界金融危機（Global Financial Crisis：GFC）とも呼ばれる。また，各国の経済に与えた影響を，1930年代の大恐慌による経済への破壊的な影響と比較して，この金融危機を大不況と呼ぶこともある（2つの金融危機の比較はTemin, 2000を参照）。

　この金融危機が主要な国々の隅々まで広範囲に影響を及ぼした。それを引き起こしたことには，銀行が重大な責任を負っている。銀行の責任を明らかにするために，日本で金融危機のことをリーマン・ショック（Lehman shock）と呼ぶ理由を説明する。2008年の金融危機で倒産したリーマン・ブラザーズ（Lehman Brothers）は，かつて米国にある4大投資銀行の1つであった。その他，ベアー・スターンズ（Bear Stearns）は投資銀行でもあり，証券会社でもある。2008年3月，ベアー・スターンズは支払い不能に陥って，倒産する前に，JPモルガン・チェース（JP Morgan Chase）に買収された。金融危機勃発と，金融機関の破綻のより深い要因を探るには，米国の地方銀行の経営まで

たどる。

　米国の地方銀行は支払い能力がない人に対して，住宅の購買意欲をかき立て，"プライム（prime）"と呼ばれる利息の住宅ローンを提供した。このようなサブプライム（sub-prime）住宅ローンの債権をまとめ，格付け機関と共謀して高い格付けの証券化商品として，ベアー・スターンズとリーマン・ブラザーズといった投資銀行のような投資家に販売した。販売促進の終了に伴い，金利が上昇した。したがって，住宅所有者の債務不履行が生じて，証券化商品の価値もなくなった。それより深刻な影響は，金融システムの安定性を揺るがして，破綻させたことである（Gorton and Metrick, 2012）。

　その結果，銀行の経営に大きな問題があると取り上げられて，資産担保証券の価値がなくなり，リーマン・ブラザーズとベアー・スターンズは経営破綻に追い込まれた。しかしながらその他の金融機関は"大き過ぎて潰せない"と考えられた。そのため，それらがシステムにおける役割を考慮して，政府は金融機関に対して救済措置を行った。実は，米国と英国においてさえ，巨大な費用を負担したのは納税者である（Langley, 2015）。

　金融危機をもたらした要因を考えると，問題の進展と金融機関の失敗が規制当局の介入によって顕著化されたということより，1980年代以降の政府による金融業界の規制緩和（e.g. Financial Crisis Inquiry Commission, 2011；Slocik, 2012）と金融技術の進化である。それらの要因は過去の金融危機の際にも存在し，世間から強く批判された。金融危機に対応するために，米国ではドッド＝フランク・ウォール街改革・消費者保護法（Dodd-Frank Act）を実施し，金融システムの再調整を試みた。また，バーゼルⅢと呼ばれる銀行資本規制は，将来の危機を回避できるために，銀行に対して準備金を増やすことを要求する（バーゼルⅢの詳細についてhttps://www.bis.org/bcbs/basel3.comを参照）。

　金融危機をもたらした責任に関する調査では，2008年の金融危機の発生によってウォール街とバンカーたちとの世間の信用は失われたと指摘した（Owens, 2012）。特に驚くことではないが，過去においてもこのような無謀な不正行為によって銀行経営の失敗を引き起こしたことがある。

　1995年，ニック・リーソン（Nick Lesson）は英国のベアリングス銀行（Barings bank）の名誉を傷つけた。また，ジェローム・ケルビエル（Jérôme Kerviel）とロンドンのクジラ（London Whale）と呼ばれるブルーノ・イクシル（Bruno Iksil）はそれぞれ，2008年でソシエテ・ジェネラル銀行（Société

Générale）と2012年，JPモルガンで数十億ドルの損失を出した。しかし，銀行役員の中で有罪判決となったのは，バンク・オブ・アメリカ（Bank of America）のレベッカ・マリオネ（Rebecca Mairone）であった。マリオネは結婚する前にスティール（Steele）という名前を使っていた。彼女は地方銀行で働いていたとき，自ずとプログラムを実行し，"高速のスイムレーン（High Speed Swim Lane）"もしくは，ハッスル（hustle）とも呼ばれる。その後，2008年その地方銀行がバンク・オブ・アメリカに買収されて，彼女の行動は財務問題を引き起こした。それにもかかわらず，バンク・オブ・アメリカを含めて，いくつかの銀行は金融危機を招いた責任を追求する訴訟において，和解するために，巨額な罰金を支払った。

　本章で問われる問題は，バンカーたちや銀行が顧客，自分の組織，さらに経済全体に対して不利益を与えることに関して，不十分な規制と，一部の個人の無謀な不正行為が要因であるかを検討することである。近年の案件で見られるように，強化された監視は問題を発見することができるが，厳しい規制は不正行為を防ぐことができない。例えば，2011年から，ウェルズ・ファーゴ（Wells Fargo）という資産規模全米第3位の銀行では，銀行の従業員は顧客の許可なく，2百万の新規口座を開設し，有料サービスの契約を結んだ。また，顧客の許可がないまま，クレジットカードを発行し，ネットバンキングの口座を開設するために架空のメールアドレスを作った。ある調査レポートによると，規制当局の管理官は「銀行の従業員は目標を達成し，賞与を得る目的で顧客の許可を得ずに，新規口座を開設していた」，「現在および過去の多くのウェルズの銀行の従業員は，できるだけ多くの口座を開設するようにという極端なプレッシャーを感じていたと言った」と述べた（Corkery, 2016b）。

　このケースでは，世界的な金融危機と経済危機には至らなくても，ウェルズ・ファーゴに対して1億8,500万ドルの罰金が課され，最高経営責任者（CEO）が辞任となった。このケースで見られる持続性がない従業員の行動は，サブプライム住宅ローンを販売する銀行の従業員の動機と非常に似ている。したがって，それは金融危機の起因の可能性を示唆する。全体的に考えると，これらの行動は明らかに個人的な財政的圧力によって引き起こされるものではない。最近の調査では，金融システムの階層の下位レベルにおいて時々不正な行為を起こさせることを発見した（Hollow, 2014）。同調査では，より多くの上位レベルにおいて組織全体の利益よりも個人的な報酬が重視される傾向があることを

指摘する（同書174頁）。したがって，この問題をもたらした要因は，銀行やその経営幹部が従業員にこのようなプレッシャーをかけることである。換言すれば，これらの問題には体系的な要因があり，規制だけに頼って根絶することができない。

　1990年代初期のスウェーデンの金融危機の原因について詳しく分析することによって，規制緩和は根本的な要因であるという結論を導き出した。Engwall (1994) による先駆的な研究では (e.g. Englund, 1999)，銀行員の模倣行動 (DiMaggio and Powell, 1983) と呼ばれることがあると述べる。これは，「昔の伝統的かつ保守的な機関と見なされた銀行が大企業の行動様式を採用することによって近代化すべき」ということである (Engwall, 1994：234)。ここで，彼が提案したものには，コンサルタント（ボストン・コンサルティング・グループとマッキンゼーなど）と戦略研究に基づいて成功した産業の指導者たちの考え方が含まれている。すなわち，積極的な販売とマーケティングの取り組みを通じて収益を拡大させ，全体に占める収益の割合を上げ，費用の割合を下げるというものである。これは基本的な知識であるが，Engwall (1994) はそれを実施した前後における銀行経営者の比較を行った。それは，これまでブリッジをやっていた人が，ポーカーをやり始めるようなことである。彼らは新しいゲームに興奮し，賭け金を引き上げて，より多くのリスクを負うことになって，最終的に危機を引き起こした。その結果，必要な政府の救済措置の費用は，スウェーデンの納税者が負担し，GDPの約2％がかかると推定される。当初，銀行の経営改革について提言していたコンサルタントは，現在，銀行の組織構造の再構築を助けるよう依頼された (Englund, 1999)。

　Engwall (1994) が，模範となる企業，コンサルタント，ビジネスメディアがスウェーデンの銀行家の行動の変化を助長させると説明した。しかし，彼は限られた根拠しか提供していない。まず，本章は既存の研究（例えば，Kipping and Westerhuis, 2012: 2014: Engwall, Kipping and Usdiken, 2016）に基づいて，銀行業における「経営化」がスウェーデンやその他の金融危機をもたらす要因であることを明らかにする。次に，本章では他の国の銀行と銀行経営者は約20年前に銀行の改革を支持したことを明らかにする。また，上記に加えて，本章ではコンサルタント，特にマッキンゼー・アンド・カンパニー社はこのプロセスで重要な役割を果たしていることを確認し，さらに，ケーススタディを通してこの役割について分析する。本章の残りの部分で，まず拡大経営

を通して銀行業の発展について述べ，19世紀後半以来の「経営化」の実践を要約する。次に，本章はコンサルタントが銀行家の信念や自己認識だけでなく，事業部制組織やインセンティブ・システムを導入することによって，銀行業界にこの概念とそれに関連する実践を導入する際に，どのように最重要な役割を果たしたかを示す。最後に，これらの変化の長期的な影響と今後の対応策について検討する。

2 背景：20世紀における「経営化」の普及と浸透

　数多くの信頼できる辞書で調べるなかで，経営（management）という言葉の語源は，ラテン語では"manus"や"hand"または，イタリア語では馬の扱いを指す"maneggiare"に由来する。組織やその指導者を指す言葉の早期使用は，18世紀の教会で見つけることができる。例えば，教会は慈善事業を経営する義務がある。もう1つの例は，良好な精神状態，経営能力および偉大な教皇とマキャヴェッリの教説を述べた批判的な論文である（Engwall, 2016: 1-2頁）。タイトルに「経営」（Management）を持つ最初のベストセラーの書籍は，1861年にイザベラ・ビートンによってロンドンで出版されたビートンの家計管理ブック（Beeton's Book of Household Management）である。ビートンの家計管理ブックは10年未満で200万冊を売り上げ，現在も印刷されている。しかし，たとえ，その本は家事使用人の管理についていくつかの提案があっても，本質的には料理本である（Russell, 2010）。

　20世紀初期まで，われわれは今日において経営と呼ばれる活動に似ていることを商業またはビジネス（Commerce or Business）と呼ぶ。このように，19世紀初頭以来，多くの企業の人たちのために，最初に設立した教育プログラムは商学の学位と呼ばれ，ヨーロッパ諸国や日本では，商学部という教育機構が増えて，そのような学位を授与する。初めて，商学専門の教育機関を設立したのは，1819年に創設されてパリに本拠を置くEcole Superieure de Commerce de Paris（ESCP）であり，その前身はEcole Spéciale de Commerce et d'Industrieである。同様の北米の学校では，1908年にハーバード大学の経営学大学院の設立まで，商学という名称を使っていた。そして，新しい用語を用いて，経営学修士（MBA）という学位を創設した。その後，ビジネススクールの学位とMBAの学位は，徐々に世界中で広がっている。特に第2次世界大戦

後，1953年に明治大学は経営学部を設立し，日本の先駆者となった（Engwall他，2016の第4章と第7章）。経営についての専門誌は，businessという用語をタイトルに使って1922年から出版したHarvard Business ReviewとBusiness Journalである。その後，ケンブリッジ大学出版局と連携したシカゴ大学出版局，東京にある丸善，上海にある商務印書館も経営学の専門誌を出版するようになった（ibid., p.139;the journal folded in 2006）。

科学的管理法（Scientific Management）という概念によって，管理（Management）という用語はより広く使用されるようになった。これは，1911年にフレデリック・ウィンスロー・テイラーが書いた書籍のタイトルの『科学的管理法の原理』から派生したものである。この用語は，テイラーによって幅広いシステムを対象に労働生産性を測定し改善するために，開発された。さらに，テイラーは「科学的管理法」の応用と普及に取り組んだ。その他の研究者もテイラーのように，特定の組織ではなく，独立のコンサルタントとして働いた。結果的に，科学的管理は労働の執行に貢献した（Braverman, 1974）。さらに，テイラーと他の多くの科学的管理法の研究者は，彼らが提案したものはオーナー経営者と労働者の間の争いを調和することができると考えた。一部の人は，科学的管理法が設計図としてよりうまく組織化されて，より公平な社会を作ることができると想定した。したがって，科学的管理法は企業という組織の中でテクノクラティック（technocratic）と全体主義の体制（totalitarian regimes）を生み出した。（Maier, 1970）。

科学的管理法は20世紀の最初の数十年の間に世界的な現象となったが，この用語を翻訳すれば，フランス語の"organisation scientijique du travail"また「科学的作業構成」（scientific organization of work）となり，工場労働者の仕事場に大きく反映する。英語では「能率技師」（efficiency engineers）と呼ばれても，経営の初期段階からエンジニアの仕事が含まれるため，これらのシステムを販売するコンサルタントの数は増えていた（例えば，Shenhav 1999）。

用語の転換点は，第2次世界大戦中およびその後に起こり，1916年，フランスの鉱業役員アンリ・ファヨールが発表した本（Administration industrielle et générale）を翻訳したものは，これまでの英語タイトルと異なることによって例証される。これは経営学の古典の1つである。ロンドンのピットマンは両方の翻訳を公表したが，フランスの原本に忠実し，1930年では『産業ならびに一般の管理』（Industrial and General Administration）の書名で出版した。

1949年版は『一般管理と産業管理』(General and Industrial Management) に名称変更された (Engwall 他 2016, 292頁を参照)。管理という概念は一般的なスキルとなり，その適用範囲もさまざまな業種に拡大した。例えば，1980年代，公共部門には「新しい公共管理」(new public management) という概念が生まれた (例えば，Hood, 1991)。この2つの翻訳の本には，管理の重要性に対する信念は，第2次世界大戦における米国の成功によって大きく後押しされた。そして，それは米国の私的および公的な関係者によって，世界に広がった (例えば，Kipping and Bjarnar, 1998; Kudo, Kipping and Schroter, 2004)。**図表2-1**は「管理」という用語 (Management) の出現頻度が20世紀初頭から緩やかに増加し，1940年代以降，急増することを示す。

　管理の実践と経営者 (managers) の特定の役割に関する出現と拡大の進化曲線は，組織においても社会においても似ているようなものである。研究者たちは今日と過去における慣行の比較を行った。その他の研究者は，大規模な造船や製造会社，あるいは産業革命前に世界各地で事業を展開する商社というような，今日の大企業の先駆者に焦点を当てた。しかし，その多くは，18世紀後半に，イギリスで起きたいわゆる第1次産業革命の際に，起こったものである。さらに，第2の産業革命は，約1世紀後にアメリカで最初に広がった。それによって明確に識別可能かつ，より多様な管理職の確立がもたらされた。数千人の労働者を抱える繊維工場，そして数万人や数十万人を雇う鉄鋼工場やその後の自動車工場での，生産の調達から販売までの広範囲の活動において，オーナーは雇われる専門経営者に，標準化された規則および手順に関する導入・監

図表2-1　グーグルブックでの"M/management"の出現頻度（1800〜2000年）

督・施行を依頼した。家族経営の企業においても，雇われる専門経営者はこのような大企業における所有者による経営がなくなった後，企業経営の中心となった（Berle and Means, 1932）。そして，彼らは企業における行動パターンと価値観を社会全体まで広げた（Zunz, 1990）。

　企業は事業部制組織の改革に基づいて，いくつかの地域別または製品別の組織によって構成されるようになった。経営者層はこのような多角化経営または，事業部制組織の導入により，行動範囲も大きくなった。具体的に，会社中枢部は意思決定を行う。そして，詳細な予算管理と財務管理を組み合わせた計画プロセスを用いて，個々の組織を監視する。これまで，企業の直接部門と間接部門が構成される中間管理層の拡大によって，「管理上の過負荷」ということを生じた（Chandler, 1962; Drucker, 1946）。事業部制組織は多様化，競争，複雑などによる「管理上の過負荷」を解決することができる。

　このような組織構造は，当初，デュポン（DuPont），ゼネラル・モーターズ（General Motors），ニュージャージー州のスタンダード・オイル（Standard Oil of New Jersey），シアーズ・ローバック（Sears Roebuck）という米国の4つの独立する会社によって戦時中に開発された。その後，事業部制組織は米国をはじめ，ヨーロッパでも急速に普及した（その概要については，Whittington and Mayer, 2000; Kipping and Westerhuis, 2012を参照）。そして，それは，戦時中に生まれて，「技術経営者」と分類される新時代の経営コンサルタントの支援で導入された。ここでの経営コンサルタントが提供するサービスは組織化関連のものである。さらに，1960年代から，工場の作業現場のではなく，企業戦略に関連するものとなった。その中で，最も著名な経営コンサルタントは，1926年にシカゴで会計学を専門とするジェームズ・マッキンゼー（James O. McKinsey）教授が設立したマッキンゼー・アンド・カンパニー（McKinsey & Company）である。しかし，1937年，ジェームズ・マッキンゼーが若死にした後，ニューヨーク事務所のパートナーがトップレベルのアドバイスに重点を置いていたことで，経営陣も徐々に刷新された（McDonald, 2013）。

　英国だけで集めたデータには，マッキンゼーは，1960年代に100社の大企業が分権化するためにコンサルタントを雇う32件のうち22件に参加した（Channon, 1973: see also Kipping, 1999）。そして，マッキンゼーは次の節で詳しく説明するように，多くの国で大手銀行の経営化も推進した。

3 後発者としての銀行：彼らはいかに「経営化」されるようになったのか

　こうして，経営化は戦間期を通して産業組織に急速に広まり，さらには第2次世界大戦中およびその後に行われた。しかし，個々の銀行は，募集と訓練，組織全体，意思決定の方法において異なっていた。これは，最近創刊された「Administrative Science Quarterly」に掲載された1950年代の銀行における人間関係に関する2つの実証研究によって文書化された（Argyris, 1958: McMurry, 1958, Argyris, 1954を参照）。最初に単独で行われた事例研究は，組織開発と「学習する組織」を研究する先駆者であるクリス・アーガイリス（Chris Argyris）が無記名の銀行を対象とするものである。当時，彼はイェール大学の労使関係センター（Yale University's Labor and Management Center）で研究を行い，1971年にはハーバード大学のビジネススクール（Harvard Business School）に研究拠点を移した。2つ目の調査は，投資銀行と商業銀行で約900人の従業員を対象とするインタビューが行われ，そのうち600人は精神的能力，嗜好および価値に関する試験も実施された。その著者は訓練を受けた心理学者であり，小規模の経営コンサルタント会社のMcMurry, Hamstra and Companyのパートナーであったロバート・N・マクマリー（Robert N. McMurry）である。

　彼はアーガイリスの研究を踏まえて，以下の3つの銀行経営に関する根本的な問題について研究を行った。それはビジネスとしての銀行の本質，その地域における銀行の特別な存在，そして，銀行員を職業と見なす人のタイプである。彼は銀行を「競争環境で最も機能する営利企業」と，その一方「威厳と保守主義を特徴とする機関」と対照させた。ここで，彼は銀行には「法律またはガバナンスの資質」があるものであることを示唆した（McMurry, 1958, 88頁を参照）。しかし，その後の文章には，彼は「経営者の最上位レベルにおける意思決定やリスクの取り扱いが誰にも要求されない」（同書の89頁）というような「大聖堂のような環境」（同書の90頁）について説明した。これは銀行に雇われる人々にとって何を意味するのか？　両方の研究にどこに焦点を当てるべきか？　マクマリーによると，銀行の従業員は「受動依存性の従順型パーソナリティ構成」である（同書の90頁）。そして，「積極的な若者」は「偶然的に」銀行に入ったとしても，すぐに離職するであろう（同書の94頁）。ちなみに，後

にも詳しく説明するが，初めて事業部制組織を導入したザ・ファースト・ナショナル・シティバンク・オブ・ニューヨーク（First National City Bank in New York）と呼ばれたシティバンク（Citibank）の企業史によれば，事業部制組織を導入した前では，職業訓練は1つの長時間がかかる累積的なプロセスである。1950年代半ば，ハーバード大学のビジネススクールの卒業生を受け入れるという試みも「無駄な」ことであると示した（Cleveland and Huertas, 1985, 284-285頁を参照）。

どちらの研究も同様の結論に至り，すなわち，「正しいタイプの従業員の募集」を含むこれらの過去の実践は，「銀行内部と外部における競争の増加」に対応することができない。マクマリー（McMurry, 1958, 106頁を参照）はその問題について下記のように提言した。

「銀行はダイナミックかつ積極的になるべきである。それを実現しなければ，銀行は「金融機関」としての威厳がなくなり，生き残ることもできなくなる。この変革には，創造力を持ちながら，ダイナミックなスタッフによって支えられた強力な最高経営責任者が必要である」。

それはコンサルタント会社の事業を促進するために提言したと思われるが，その後，マクマリーは時代に先駆ける預言者であることが判明した。そして，それは10年後，銀行を経営化という道に押し進めた理由である。さらに，類似した議論であるにもかかわらず，銀行の経営化を後押ししたのは，異なるコンサルティング会社のマッキンゼー・アンド・カンパニーであった。

上記のように，マッキンゼーは工場の作業現場ではなく，組織全体の管理に焦点を当て，戦間期に登場した新しいタイプのコンサルティング会社の1つである。マービン・バウワー（Marvin Bower）はハーバード大学の法学部とビジネススクールから卒業した後，1950年から1967年まで，マッキンゼーで最高経営責任者として務め，1992年に定年退職した後も，影響力（eminence grise）を行使していた。彼のリーダーシップの下で，マッキンゼーは経営学修士の学位を持つ人材を雇うとともに，組織内部には法律事務所のように模倣し，最高経営層への助言を集中し始めた（McKenna, 2006; McDonald, 2013）。その結果，チャンドラーも指摘したように，マッキンゼーは米国で多くの企業が初めて分社化と経営化を導入することに大きく関わって，成功し，西欧にも進出した（Chandler, 1962）。次の研究でその詳細について検討する（Kipping, 1999; McKenna, 2006を参照）。**図表２－２**が示すように，銀行業における事業

部制組織に関する即存研究が少ない。

　マッキンゼーが，事業部制組織を銀行部門に普及させることに関心を示したのは，1967年だったと思われ，最初にニューヨークに拠点を置くパートナーであるエヴァレット・スミス（E. Everett Smith）によって動かされたとされる。彼の研究は，コートニー・C・ブラウン（Courtney C. Brown）との１つの共著を除いて，ほとんど知られていない（Brown and Smith, 1957）。コートニー・C・ブラウンは1954年から1969年までコロンビア・ビジネス・スクール（Columbia's Graduate School of Business）で大学院長として務めた。1959年11月，彼が務めたビジネススクールは商業銀行管理プログラムを開講した。

図表２－２　銀行における事業部制組織を導入するプロジェクト

年次	銀行	国	コンサルタント	参考文献
1967-1969	Fist National City	米国	マッキンゼー	Cleveland & Huertas 1985; Zweig 1995
1967-1972	National Westminster	英国	マッキンゼー	Channon 1977; own research
1968-1978	AMRO	オランダ	マッキンゼー	Arnoldus 2000; Arnoldus & Dankers 2005; Kipping & Westerhuis 2012
1969-1972 1974-1975	Barclays	英国	マッキンゼー	Channon 1977; Ackrill & Hannah 2001
1969-1972	Dresdner Bank	ドイツ	マッキンゼー	筆者の研究
1970-1973	Crédit Lyonnais	フランス	マッキンゼー；CEGOS	筆者の研究
1971-1973	Lloyds	英国	マッキンゼー（注）	Channon 1977
1971-1973	Midland	英国	マッキンゼー	Channon 1977; Holmes & Green 1986
1971	Nationwide	英国	マッキンゼー	Cassell 1984
1972	ABN	オランダ	アーサー・D・リトル	Arnoldus 2000; Arnoldus & Dankers 2005; Kipping & Westerhuis 2012
1972	Rabobank	オランダ	Berenschot	Arnoldus & Dankers 2005
1972	Banco de Bilbao	スペイン	Urwick Intl	筆者の研究
1979	住友銀行	日本	マッキンゼー	Anon 1999; McDonald 2013
1980年代	複数の銀行	スウェーデン	マッキンゼー，その他	Engwall 1994
1980年代	複数の銀行	イタリア	マッキンゼー	筆者の研究

注：文献には，コンサルタントの社名が述べられていないが，筆者は銀行に対して製造業企業の経営方式を模倣させることとその効果に基づいて，そのコンサルタントがマッキンゼーである可能性が高いと考える。
出所：筆者作成。

スミスの銀行経営に関する最初の公的声明は，1967年に米国銀行協会（American Bankers Association）で行ったスピーチであった。その後，季刊『マッキンゼー』(The McKinsey Quarterly) で「銀行経営チャレンジ (Bank Management: The Unmet Challenge)」のタイトルで改訂版が掲載された (Smith, 1967)。そして，ロンドンで月刊誌のザ・バンカー (The Banker) で掲載され，世界中の銀行関係者に読まれた。もう1つのスピーチは，1968年の第43回の全米銀行監査協会の全国大会（the 43rd National Conference of the National Association for Bank Audit）で発表し，「明日のバンカー：専門家なのか，ビジネスマンなのか」(Tomorrow's Banker: Professional or Businessman?) のタイトルで季刊『マッキンゼー』に掲載された (Smith, 1968)。コンサルタント会社はまた，準備都市銀行協会（Association of Reserve City Bankers）で「将来の銀行経営の発展 (Developing Future Bank Management)」と題し，銀行研究基金の受託者 (Trustees of the Banking Research Fund) に関するより詳細なレポートを執筆した。このレポートは1968年4月に発行されたが，その基礎となる作業は早期に行われたことが，スミスのスピーチと著書によって確認できる。

　これらの出版物およびレポートに含まれる提案は，マッキンゼーが主導した銀行組織の改革に関する根拠と詳細な計画を提示している（詳細はKipping and Westerhuis, 2014を参照）。また，銀行の記録保管所にある書類はそのことを証明し，マッキンゼーはどのようにクライアントと議論するかについて記録した。

　スミスとマッキンゼーが主張した論点は，10年前にマクマリー (McMurry, 1958) が提唱したものと著しく類似している。彼らは銀行における根本的な変革が競争の激化につながっていると述べた。具体的に，現行の組織構造の欠陥と人材不足という課題を解決するためには，銀行の組織，報酬制度，さらに重要なのは，募集する人材像を変える必要がある。

　そして，Engwall (1994) もスウェーデンの銀行に関する研究でも指摘したように，銀行による競争力向上の改革を分析するために，異なる業界の企業行動と比較して見る必要がある。このような比較が可能となるのは，その後，1964年に出版された長年ゼネラル・モーターズの社長，会長兼CEOアルフレッド・スローン (Alfred P. Sloan) の回顧録があるからである。彼は自ら書いた回顧録の「GMとともに」(My Years with General Motors) で戦争中に起こっ

た組織改革について詳しく述べた。ドラッカー（Drucker, 1946）とその後のチャンドラー（Chandler, 1962）によって，初めてそれをより体系的に分析した（McDonald and Seligman, 2003）。スミスも演説の中でスローンを言及した。そして，戦間期の工業企業と銀行業には，直面している状況と，事業の規模拡大と多様化を重視するというような類似点を見出した。

　今日，彼らは金融業界に特化した企業から多業界でビジネスを展開する企業に変わっていった。すなわち，銀行は停滞した伝統的な銀行業務から撤退し，金融コングロマリットになった。このような改革は効果が大きい一方，企業経営におけるリスクが大きくなる。例えば，これまでより大きな船が漂わせておかれるならば，船に対する支配力が失われる恐れもある。1920年代に経営理念と経営慣行に取り組ませた複雑さと競争の激化は，今日の金融コングロマリットの経営者たちの前に現れている（Smith, 1968, 55頁）。

コンサルタントは企業に対して経営上の制御不能という「恐怖」を使って，脅かした（Ernst and Kieser, 2002）。したがって，企業はコンサルタントが提供するサービスに「依存」しており，コンサルタントに経営者の採用基準を作ってもらう。しかし，産業間で共通するのは，題課を提示するのだけではなく，解決策も提示することである。スミスは産業に属する特質の観点から，この２つを対照したうえで，強調した（1967, 37-38頁）。彼が行った米国銀行協会でのスピーチは，『マッキンゼー』（The McKinsey Quarterly）と『ザ・バンカー』（The Banker）に掲載され，以来，広く読まれた。下記の文章は，そのスピーチの一部を抜粋したものである。

　競争力が高い企業は，経済的利益を追求するために，利益計画と予算策定を行う。そして，定量的な評価と結果を用いて，従業員に対して個人責任感を求めている。しかし，銀行には，全体的に，資質評価方法で主観的な業績評価を行う傾向がある。その結果，このような評価方法は，従業員のモチベーションと企業の競争力を低下させた。

つまり，銀行は競争力を高めるために，GMが戦争中で開発した経営理念と管理方法を取り入れるべきである。しかし，スミスによれば，「銀行業務が標

準化されるが，それに関する必要な管理スキルの範囲は非常に大きい」(Smith, 1968, 49頁を参照)。それは，サービスデザイン，マーケティング戦略，施設配置，費用水準，人材計画と開発，予算管理，コンピュータシステムの能力を含む。さらに，スミス (Smith) は効果的な組織構造がそれらの活動を統制し，制御し，そして，連動することを提供しなければならないと述べた。それは，ファヨールが経営者の仕事について述べたように聞こえた（上記参照）。しかし，スミスは「最も多くの種類の企業をリードする企業が共有する組織理念と経営手法の共通の中核」の存在を強調した (Smith, 1968, 50頁を参照) が，彼は「金融コングロマリットを運営するには，経営管理の原則と組織構造を効果的に適用するために，徹底した経営理論と政策の変化」が必要であると考えた (Smith, 1968, 53頁を参照)。彼はまた，これらの改革には，在職している社員の中に「真の経営者」(true managers) がいないため，「拡大するコングロマリット事業に関わる正社員によって構成される経営陣が必要であると強調した（同書の52頁）。

　スミスとマッキンゼーは，1967年代中頃から，米国では今日のシティバンク (Citibank) の前身であるファースト・ナショナル・シティバンク (First National City Bank)，英国では，ナショナル・プロビンシャル銀行 (National Provincial Bank) と合併し，ナットウエスト (Natwest) と省略して呼ばれるナショナル・ウエストミンスター銀行 (National Westminster Bank) を設立したウェストミンスター銀行 (Westminster Bank) でこれらの提案を実践する機会を与えられた。当然のことながら，両方のケースとも，より管理的なアプローチと組み合わされ，より分散化する事業部制組織の必要性を強調した。したがって，シティバンクの予備報告書は，2つの問題を提起し，その方向を明確に示した。1. シティバンクは各市場に対して，健全に組織されるのか？　最適な利益のために組織されるのか？　2. シティバンクは，金融コングロマリットとしての進化に向けた経営トップの指導力を十分に発揮するために組織されるのか？ (Cleveland and Huertas, 1985, 279頁を参照)。銀行の歴史が際立つにつれて，新しい組織構造を導入することは解決策の一部にすぎない。すなわち，ファースト・ナショナル・シティバンクを運営するには1人の経営者が必要なだけではなく，優秀な経営陣が必要である。そして，経営者はもはや職業訓練では「遅く，累積的な」ものを受けるのではなく，利益拡大とモチベーションの向上のために，明確な行動目標を持たせる方法として，インセン

ティブと管理システムを導入した（同書の284-287頁）。ウェストミンスター銀行では，マッキンゼーは初めて，収益性を向上するために招かれた。しかし，合弁によって設立されたナットウエストには，組織構造の改革が必要だとコンサルタントが考えた。彼らは国内，国際および関連する金融サービス部門を創設した。国内，国際の部門は，地域ごとにさらに細分化され，各地域に追加の管理職の設置が必要とされた。マッキンゼーは業務マニュアルを作成し，採用選考と職業訓練に参加したことで，シティバンクで同じように必要なインセンティブと管理システムを開発した（Channon, 1977, 56-58頁および筆者の研究）。

最も広く研究されているケースは，オランダのAMRO銀行（AMRO bank）である（Arnoldus, 2000；Arnoldus and Dankers, 2005；Kipping and Westerhuis, 2012; 2014）。ここでマッキンゼーは，1964年にアムステルダム銀行（Amsterdamsche Bank）とロッテルダム銀行（Rotterdamsche Bank）の合併の後，1968年に組織構造の改革に取り組んだが，2つの本部と2人の社長という体制が維持された。両社の社長が米国の企業モデルに精通しており，少なくとも1人は欧州のマッキンゼーの最初の顧客であったアングロ・オランダの石油会社シェル（Anglo-Dutch oil company Shell）の再編成を検討していた人である。ここでのAMRO銀行は特殊なケースである。なぜなら，当時のオランダ企業では経営上の意思決定は，集団によるものであり，すべての業務執行を統括する最高経営責任者さらに，経営（management）という概念は知られなかった（Kipping, 1999）。さらに，マッキンゼーはAMRO銀行で10年以上にわたり独占的関係を築いた。この期間中，AMRO銀行はマッキンゼーが他のオランダの銀行との取引を禁止した（Arnoldus, 2000）。

スミスによる演説や出版物（上記参照）で言及したように，マッキンゼーが「経営理念・政策的変化」を促進した立役者であるということはこの事例で明らかである。その結果として，銀行の最高意思決定機関である取締役会（Raad van Bestuur; Board of Governors）のメンバーとの最初のインタビューの後，コンサルタントは方針策定，説明責任，戦略計画，管理などの専門用語を用いているため，両者の間にコミュニケーション・ギャップが生じたと言及した。経営関連のツールの導入と組織構造の再構築の促進の前に，コンサルタントは「コミュニケーション・ギャップ」に対処するためにすべての役員に，1966年にマッキンゼーの常務取締役として務めたマービン・バウワーが書いた『マッキンゼー 経営の本質 意思と仕組み』（The Will to Manage）という本を配っ

た。この本は，「読むのは簡単で会話的に書かれた本であり，一般的に使われる言葉で専門用語の定義を説明する」というものである（詳細はKipping and Westerhuis, 2014, 387頁を参照）。そして，プロジェクトの残りの期間中，彼らは経営理念を行動指針と銀行業務に浸透させるために改革を推進した（同書）。

　この経営理念は，意思決定において自律的であり，結果に対する説明責任を持つ個人の観念に基づいて進化したが，組織が具体的な目標を定める。これは，銀行業界の伝統的な運営に大きな打撃を与えた。マクマリー（McMurry, 1958）はこれまでの銀行では決定が様々な委員会で集団的に行い，個人がリスクを負わないと述べた。この自己認識と行動が銀行経営者を「バンカー」（bankers）から「経営者」（managers）に変えた。そして，この根本的な変化は，銀行での組織構造に関連する。例えば，ドイツ銀行の場合，合議体の原則（ドイツ語：Kollegialitätsprinzip）よりも個人の責任（ドイツ語：Eigenverantwortung）を重視する。しかし，いくつかの不安と抵抗にもかかわらず，経営陣に当てた手紙で明らかに示したように，マッキンゼーの先見と専門用語は最終的にこれまでの研究事例で成功を実現した（Cassell, 1984を参照）。一般的に，サポートはコンサルタントの上層部，すなわち取締役会から提案したものである。そのため，コンサルタント会社は社内のコミュニケーション方法として新たな組織構造，インセンティブ，管理システムを導入した。それによって部門長や地域経営者というような新しいポジションは創設された（進行中の研究）。

　また，組織構造の改革と体制転換によって，コンサルタントは複雑な社内政治に対処し，既存の組織の規律と風土を一時的に妥協する必要がある（例えば，Kipping and Westerhuis, 2012 のAMROケースを参照）。この新しい経営理念は，下位レベルの管理者，支店管理者，営業担当者に至るまで責任を増加させるという分権的な組織構造の中で守られている。同時に，経営者は収益性向上の目的を実現するために，事業計画，予算管理とインセンティブ・システムを用いて従業員の行動を管理した。これらの改革は，異なるタイプの人々の募集によって可能にした。この異なるタイプの人とは，アーガイリスとマクマリーが説明した「受動的従属性」（passive-dependent-submissive）の人格を持つ「正しいタイプ」（right types）のことである。すなわち，経営言語と利益最大化の基本理念を教えられていたMBA卒業生のことを指す（Ferraro, Pfeffer and Sutton, 2005）。この経営理念を浸透させるには，ビジネススクールが少な

い米国以外の地域ではより多くの時間がかかった（例えば，British Barclays Bankの採用のケースを参照, Hollow and Vik, 2016）。

4 要約とディスカッション：バンカーは本当に経営者であるべきか？

このように，1960年代の終わりからマクマリーや他者が金融部門に対して提案した改革案はアメリカ合衆国と西ヨーロッパの一部の地域に導入され，1970年代後半から日本およびその他の西ヨーロッパ諸国に導入された。そして示されているように，マッキンゼーは，高慢で保守的な銀行「機関」を「大聖堂のような環境」から「近代的な」経営事業へ変える際に重要な役割を果たした。銀行がマクマリーやスミスそして他の者たちのような同時期の観察者たちを信じたことによって，銀行はその提案に従って，「よりダイナミックかつ積極的に」なった。それゆえに，イギリスの事業部制組織に再編された銀行に関して，Channon（1978: 86）は「変化への素早い反応と金融システムに対する侵略の程度も明らかに大きくなったということが現れた」と述べている。そして，米国におけるシティバンクの場合，ClevelandとHuertas（1985: 287）もまた，一層の責任を併せ持つ，より自律性を享受している法人部門（と個人部門）に関する新しい組織構造と政策の利点を強調している。そして「市場部門間の信用リスクにおける差異を認識すること」が不可能とまではいかないとしても困難であると彼らも認めたけれども，最終的には「同時により大きなマーケティングの推進力」を導いている。

10年後同様に変化したシティバンクを評価した時，Zweig（1995: 246, 252-253, 609）は「昔のリレーションシップ・バンカー」の転換に関して「経営崇拝」と「Ivey League M.B.A.の急速に発展する実力主義社会」においてより否定的な結論になっている。彼は，「新たに分権化された組織が，アメリカの銀行業においてこれまでにないレベルの起業家精神を生み出した」と認めたが，同時に「幾人かの経営者が扱うにはあまりにも多すぎる自由が供給された」と証明した。そして他の者たち，コンピュータリース，不動産，税務計画，外国為替取引の間で「爆弾のような危機」が引き起こされることを指摘した。上記のようにEngwall（1994）もまた，スウェーデンの金融危機に関して，バンカーが例えばより積極的にギャンブルを行うことを奨励する法廷の中で正面から非難した。

したがって結局，これらの変化はポジティブであったのか，ネガティブであったのか。銀行部門の変革とそれに続く危機の間に，統計的に有効な因果関係を確立する方法がないので，その質問に確実に答えることは不可能である。（経済の）論理は，すなわち，これらすべての銀行を変革するためのテンプレートとしてのコンサルティングによって使用された産業モデルに関して，そのような関係が存在することを示唆している。その結果，銀行は多くの観点で「正常な」ビジネスになった。多くの観点とは，それらの組織構造，支配と報酬制度，そして非常に重要なものには，「経営者」であることとしてのすべてのレベルにおける彼らの方向性の自己認識がある。しかし，関連する文献から明らかなように，銀行は正常なビジネスではない。ゼネラル・モーターズが行うような自動車の販売は，ローンの販売と同じではない。人々がこれらのローンに対して不履行を起こす時，不動産によって保証されているものであっても，それは担保を提供する銀行だけでなく，証券化によるものや，金融部門全体，銀行と金融の組織全体的な役割，そして，リーマン・ショックの影響が世界中のほとんどの国で実証されているように，広範な経済に対しても影響を及ぼしている。

　数人のすべての観察者（例えば，Hollow, 2014）にとって明白ではないかもしれないが，おそらく明らかであろうことは，変革された銀行組織を方向づけるものが重要な役割を果たしたということである。それらは戦略を設定し，後者の「自律性」にもかかわらず，その組織における他者の行動を操作するインセンティブを提供する。（全国的な「High Speed Swim Lane」プログラムや，上述したようなウェルズファーゴが顧客の許可なく口座を開設したこともしくはそれに相当するその他の行為を参照。）一方，旧システムの下ではこれらの決定はまとめて行われる傾向にあったが，1960年代後半以降の銀行の経営化後，今日では本当に責任は経営陣が取っている。2008年の世界金融危機の後の，銀行の最高経営責任者たちの有罪判決は言うまでもないが，起訴されていないことから，検察と裁判所から逃れたと思われる。

　要するに，振り返って考えてみると，スミスや他の者たちがバンカーはそうすべきであると主張したように，バンカーが経営者にならなかったことは望ましかったかもしれない。しかし現実的には自己認識と同様に，組織構造や報酬とコントロールシステムに関して，銀行とバンカーがどれほど大きく変化したかを考慮すると，時間を戻すことは難しいだろう。したがって，金融危機後の

優先的で主に単なる政策対応であった規制強化を越えて何ができるのか。ここに，ビジネス全般を概観するのに役立つ，坂本（2013：7）が提案したような経営目標の移行がある。経営目標は市場シェアと収益性に焦点を当てたものから，株主価値へ移行した。そして最近ではさらに共通価値に焦点を当てたものになっている。後者のものは現実よりもむしろ熱望の対象であるが，より長期的な視点を支持するために大規模な資産所有者の特定の権力と責任を指摘するものがある（例えば，Barton and Wiseman, 2014）。一方で他の研究者は，より包括的かつ持続可能な経済の発展において，金融市場および資本市場が果たすことができた潜在的にポジティブな役割を強調している（例えば，Zadek, 2016）。

　銀行は，金融市場および資本市場における大規模な資産保有者と重要な行為者の中に存在している。したがって，その問題は，それらの取締役会とCEOが，（彼らの顧客の同意がなくても）より多くの口座を開設するよう従業員に報酬を与えたり，より（危険な）担保を販売したり，（疑わない）投資家のためにそれらを束ねるのではなく，より包括的で長期志向かつ持続可能な経済を促進するという観点から，ポジティブな結果に影響を与えるために1960年代から与えられた組織構造と経営ツールを使用しない理由ということである。多くの人々のために，次の金融危機や経済危機の前に，彼らがこれを実現できることをただ願うばかりである。

参考文献

Ackrill, M. and Hannah, L. (2001) *Barclays: The Business of Banking. 1690-1996*. Cambridge: Cambridge University Press.

Anon (1999) "The Sumitomo Bank. Limited History." In: *International Directory of Company Histories*. Vol. 26. London: St. James Press. [http: www.fundinguniverse.com company-histories/the-sumitomo-bank-limited-history: accessed 22 December 2017]

Argyris, C. (1954) "Human Relations in a Bank." *Harvard Business Review* 32: 63-72.

Argyris, C. (1958) "Some Problems in Conceptualizing Organizational Climate: A Case Study of a Bank." *Administrative Science Quarterly* 2 (4): 501-520.

Arnoldus, D. (2000) "The Role of Consultancies in the Transformation of the Dutch Banking Sector. 1950s to 1990s." *Entreprises et Histoire*. No. 25: 65-81.

Arnoldus, D. and Dankers, J. (2005) "Management Consultancies in the Dutch Banking Sector. 1960s and 1970s." *Business History* 47 (4) : 553- 568.

Barton, D. and Wiseman, M. (2014) "Focusing Capital on the Long Term." *Harvard Business Review* 92 (1/2) : 44- 51.

Benston, G.J. (2004) "What's Special about Banks?" *The Financial Review* 39 (1) : 13- 33.

Berle, A.A. and Means, G.C. (1932) *The Modern Corporation and Private Property.* New York: Macmillan.

Bower, M. (1966) *The Will to Manage: Corporate Success Through Programmed Management.* New York: McGraw-Hill.

Braverman, H. (1974) *Labor and Monopoly Capital: The Degradation of Work in the Twentieth Century.* New York: Monthly Review Press.

Brown, C.C. and Smith, E.E. (1957) (eds.) *The director looks at his job.* New York: Columbia University Press.

Cassell, M. (1984) *Inside Nationwide: One Hundred Year of Co-operation.* London: Nationwide Building Society.

Cassis, Y. (2011) *Crises and Opportunities: The Shaping of Modern Finance.* Oxford: Oxford University Press.

Cassis, Y., Grossman, R.S. and Schenk, C.R. (2016) (eds.) *The Oxford Handbook of Banking and Financial History.* Oxford: Oxford University Press.

Chandler, A.D., Jr (1962) *Strategy and Structure: Chapters in the history of the industrial enterprise.* Cambridge. MA: MIT Press.

Channon, D.F. (1973) *The Strategy and Structure of British Enterprise.* London: Macmillan.

Channon, D.F. (1977) *British Banking Strategy and the international Challenge.* London: Macmillan.

Channon, D.F. (1978) *The Service industries: Strategy, Structure and Financial Performance.* London: Macmillan.

Cleveland, H.B. and Huertas. T.F. (1985) *Citibank 1812-1970.* Cambridge. MA: Harvard University Press.

Corkery, M. (2016a) "Penalty Against Bank of America Overturned in Mortgage Case." *New York Times.* 23 May [https://www.nytimes.com/2016/05/24/business/dealbook/penalty-against-bank-of-america-overturned-in-mortgage-case.html: accessed 22 December 2017]

Corkery, M. (2016b) "Wells Fargo Fined $185 Million for Fraudulently Opening Accounts." *New York Times,* 8 September [https://www.nytimes.com/2016/09/09/business/dealbook/wells-fargo-fined-for-years-of-harmto-customers.html: accessed 22 December 2017]

DiMaggio, P.J. and Powell, W.W. (1983) "The Iron Cage Revisited: Institutional Isomorphism and Collective Rationality in Organizational Fields." *American*

Sociological Review 48 (2) : 147-160.

Drucker, P.F. (1946) *Concept of the Corporation.* London: John Day.

Englund, P. (1999) "The Swedish banking crisis: roots and consequences." *Oxford Review of Economic Policy* 15 (3) : 80-97.

Engwall, L. (1994) "Bridge. poker and banking." In: D.E. Fair and R. Raymond (eds.) *The competitiveness of financial institutions and centres in Europe.* Dordrecht Kluwer Academic Publishers. pp. 227-239.

Engwall, L., Kipping, M. and Osdiken, B. (2016) *Defining Management: Business Schools, Consultants, Media.* New York: Routledge.

Ernst, B. and Kieser, A. (2002) "In Search of Explanations for the Consulting Explosion." In: K. Sahlin-Andersson and L. Engwall (eds.) , *The Expansion of Management Knowledge: Carriers, Flows. and Sources.* Stanford. CA: Stanford University Press, pp. 47-73.

Ferraro, F., Pfeffer, J. and Sutton, R.I. (2005) "Economics language and assumptions: How theories can become self-fulfilling." *Academy of Management Review* 30 (1) : 8-24.

Financial Crisis Inquiry Commission (2011) "The Financial Crisis Inquiry Report Final Report of the National Commission on the Causes of the Financial and Economic Crisis in the United States," 25 January. Washington. D C: Government Printing Office.

Gorton, G. and Metrick, A. (2012) "Securitized banking and the run on repo." *Journal of Financial Economics* 104 (3) : 425-451.

Hollow, M. (2014) "Money, Morals and Motives: An Exploratory Study into Why Bank Managers and Employees Commit Fraud at Work." *Journal of Financial Crime* 21 (2) : 174-190.

Hollow. M. and Vik. P. (2016) "Another Step up the Ladder or Another Foot in the Grave? Re-evaluating the Role of Formal and Informal Training in the Career Development Process within Barclays Bank, 1945-80." *Management & Organizational History* 11 (4) :345-363.

Holmes, A.R. and Green, E. (1986) *Midland. 150 Years of Banking Business.* London: BT Batsford Ltd.

Homer, S. and Sylla, R. (2005) *A History of Interest Rates.* 4m ed. Hoboken, NJ: John Wiley & Sons.

Hood, C.C. (1991) "A Public Management for Ail Seasons?" *Public Administration* 69 (1) : 3-19.

Kipping. M. (1999) "American Management Consulting Companies in Western Europe, 1920 to 1990: Products, Reputation, and Relationships." *Business History Review* 73 (2) : 190-220.

Kipping, M. and Bjarnar, O. (1998) (eds.) *The Americanisation of European Business. The Marshall Plan and the Transfer of US Management Models.* London: Routledge.

Kipping, M. and Westerhuis, G. (2012) "Strategy, Ideology and Structure: The political processes of introducing the M-form in two Dutch banks." In: SJ. Kahl. B.S. Silverman and M.A. Cusumano (eds.) , *History and Strategy*. Bingley: Emerald Group, pp. 187-237 (Advances in *Strategic Management* 29).
Kipping, M. and Westerhuis, G. (2014) "The managerialization of banking: from blueprint to reality." *Management & Organizational History* 9 (4) : 374-393.
Kudo, A., Kipping, M. and Schroter, H. (2004) (eds.) *German and Japanese Business in the Boom Years: Transforming American management and technology models*. London: Routledge.
Langley, P. (2015) *Liquidity Lost: The Governance of the Global Financial Crisis*. Oxford: Oxford University Press.
Maier, C.S. (1970) "Between Taylorism and Technocracy: European Ideologies and the Vision of Industrial Productivity in the 1920's." *Journal of Contemporary History* 5 (2) : 27-61.
McDonald, D. (2013) *The Firm: The story of McKinsey and its secret influence on American business*. New York: Simon & Schuster.
McKenna, C.D. (2006) *The World's Newest Profession: Management consulting in the twentieth century*. New York: Cambridge University Press.
McDonald. J. and Seligman, D. (2003) *A ghost's memoir: The making of Alfred P. Sloan's My Years with General Motors*. Boston. MA: MIT Press.
McMurry, R.N. (1958) "Recruitment. Dependency, and Morale in the Banking Industry." *Administrative Science Quarterly* 3 (1) : 87-117.
Owens, L.A. (2012) "The Polls-Trends: Confidence in Banks, Financial Institutions, and Wall Street. 1971-2011." *Public Opinion Quarterly* 76 (1) : 142-162.
Reinhart, C.M. and Rogoff, K.S. (2009) *This Time Is Different: Eight Centuries of Financial Folly*. Princeton, NJ: Princeton University Press.
Russell. P. (2010) "Mrs. Beeton, the first domestic goddess," *Financial Times*, 3 December [www.ft.com/cms/s/2/be9d9la6-fcd8-lldf-ae2d 00144feab49ahtml#axzz3lHVRsWK3: accessed 9 September 2015] .
Sakamoto, T. (2013) "Japanese Corporate Management Style Today." *Meiji Business Review* 60 (4) : 3-20.
Shenhav, Y. (1999) *Manufacturing Rationality: The Engineering Foundations of the Managerial Revolution*. Oxford: Oxford University Press.
Sloan, A.P., Jr. (1964) *My Years with General Motors*. New York: Doubleday.
Slovik, P. (2012) "Systemically Important Banks and Capital Regulation Challenges." *OECD Economics Department Working Papers*, No. 916, Paris: OECD Publishing [http://dx.doi.org/10.1787/5kg0ps8cq8q6-en: accessed 22 December 2017] .
Smith, E.E. (1967) "Bank Management: The Unmet Challenge." *McKinsey Quarterly* 3 (4) : 29-41 (also published in The Banker, July: 612-620).
Smith, E.E. (1968) "Tomorrow's Banker: Professional or Businessman?" *McKinsey*

Quarterly 4 (4) : 48-55.
Sylla, R. (2002) "Financial Systems and Economic Modernization." *Journal of Economic History* 62 (2) : 279-292.
Temin, P. (2010) "The Great Recession & the Great Depression." *Daedalus* 139 (4) : 115-124.
Whittington. R. and Mayer. M. (2000) . *The European Corporation: Strategy, Structure, and Social Science*. Oxford: Oxford University Press.
Zadek. S. (2016) "Imagining a Sustainable Financial System." In: D. Barton. D. Horvath and M. Kipping (eds.) *Re-imagining Capitalism*. Oxford: Oxford University Press. pp. 193-206.
Zunz. O. (1990) *Making America Corporate. 1870-1920*. Chicago, IL: The University of Chicago Press.
Zweig, P.L. (1995) *Wriston: Walter Wriston, Citibank. and the Rise and Fall of American Financial Supremacy*. New York: Crown Publishers.

第 II 部

株式会社からみた証券市場

第3章

証券市場の歴史

1 コーヒー・ハウスから始まった（1773-1920）

(1) 海外での資金重要と国内の過剰資金

　イギリスで証券取引が日常的に行われるようになったのは，17世紀末以降と言われている。1720年には「南海会社」株式に対する投資熱が高まり株価が高騰したが，いわゆる「泡沫会社法」の制定を契機に投資熱は沈静化し，株価は1720年末にかけ大暴落を起こした。これを南海泡沫事件と呼ぶ。

　1770年以降，産業革命が進展し，1773年ロンドンのシティーの一角にあったコーヒー・ハウス「新ジョナサン」のドアに「株式取引所」という看板が掲げられ，正式な会員組織による取引所が誕生した。そして，1801年にロンドン証券取引所が正式に発足し，証券取引はロンドン証券取引所で行われるようになった。

　18世紀後半から19世紀初頭にかけては，アメリカ独立戦争やナポレオン戦争が続き，戦費を賄うために巨額の国債が発行され，国債の取引を中心に取引所は活況を呈した。

　19世紀に入ると，イギリス植民地諸国が，経済開発やインフラ整備に必要な巨額の資金需要を賄うため，イギリス本国で証券を発行し，資金調達を行った。これは，イギリス国内での資金需要で株式を発行するのではなく国際的な海外での資金需要に対応するものであり，先進国イギリスでの国内での資金過剰が，資金運用としての株式発行を求めていたのである。

　国際資本市場としてのロンドン証券取引所の地位が高まるなかで，ロスチャイルドやベアリングスといったマーチャント・バンクと呼ばれた貿易手形の引受と海外証券発行の引き受けの両方を手掛ける金融業者が登場し，金融業者と

して主導力を発揮するようになった。そうしたマーチャント・バンクの活躍もあり，1920年頃まで，ロンドン証券取引所は世界の金融・資本市場の中心として君臨した[1]。

(2) 流動性と有限責任制度の重要性

　この時代の投資は，海外投資が一般的であり，きわめてリスクの高い投資であった。投資の期間は，天候上の理由や自然の制約から，回収は少なくとも1年ないしそれ以上の期間がかかった。したがって，株式発行は，海外投資でのリスクの高さからの流動性の確保と有限責任の確保が重要であった。

　イギリスは世界に経済的支配網を確立していたが，この支配網の基盤は，豊富で潤沢な資金であった。この資金を活用するには，世界の貿易と直接投資であるが，厳しい政府規制や植民地主義の終焉，世界大戦後の資産没収などで，何度もそれらは大きな壁にぶつかった。しかし，競争での優位性や現地市場に関する知識，さらには長年にわたる人脈などをもとに，1920年頃までイギリスの海外投資は着実に進展したのである。

　しかしこうした海外投資を制度的に保証したのは，まさに株式会社制度であった。株式市場はいつでも「換金化」を保証したし，倒産しても「有限責任制度」でリスクを投資資金だけに限定したからである。

(3) 非日常的な資本の巨額性と固定性

　産業革命以降，産業の中心はイギリスであった。綿工業中心の軽工業では，比較的資本の回転が速いので，いまだ多くは個人企業形態であった。またその当時の英国銀行は，イギリス資本が世界を支配していることもあって，大量の資金を抱えており，綿工業者にも潤沢な資金を貸与していたのである。

図表3－1　財務と証券市場

動向	年代	資金需要	経営主体	株主
コーヒー・ハウスの時代	1773～1920	海外のインフラ	個人大株主	個人大株主
重化学工業の時代	1890～1950	重化学工業	銀行	銀行
自己金融の時代	1950～1980	独占体の維持	経営者	(所有の分散)
機関投資家の時代	1985～現在	資金の効率運用	機関投資家	年金，保険，投資信託

出所：筆者作成。

このように，当時の資金の需要は季節的・一時的なものであった。短期の運転資金は，イギリス企業の国際的活動で需要は高まったものの，それはマーチャント・バンクが対応するだけで十分であった。部分的に要望される長期資金はマーチャント・バンクの信用創造で補完できたし，必要に応じた株式発行で十分に対応することができたのである。

2 重化学工業化で株式資本を必要とした時代（1890-1950）

(1) 拡大した恒常的かつ固定的資本の需要

産業構造が高度化し，資金の回転が固定化・長期化すると，零細な預金では，その運用に耐えられなくなってくる。つまり，銀行の流動性が破綻してしまう。そこで考え出されたのが，資金の株式化である。貸付資金の固定化・長期化を打開するために，資本を株式化し，その株式を銀行に譲渡することによって，銀行の貸付資金の流動化・短期化を実現したのである。つまり譲渡された株式の売却資金で補い，銀行の流動性破綻を解消したのである。また同時に，企業は借入金の制約を打破して，重化学工業資金を十分に確保することができたのである。

1890年代ドイツで株式市場が本格的に花開く時，銀行が融資の担保として引き取った株式を換金化するため株式市場を必要としたのである。当初は重化学工業資金として融資した資金の返済に見合う担保として株式で受け取り，それを株式市場で売却・換金して，返済資金を確保したが，それだけではなく企業の株式を高値で売却して創業者利得までも獲得したのである。

1870年頃から，ドイツにおいては産業構造の高度化が進み，電機や鉄鋼業の著しい発展がみられた。鉄鋼業などの進展は，資金の性格から見れば，大規模で長期的性格を有するものである。銀行の貸付原資は預金であるから，その資金は小規模で短期的性格であった。

こうした相容れない2つの資金をマッチングさせる方法は，株式市場であった。まず，銀行が短期の大量資金を貸し付ける。企業はこれで機械などへ設備投資を行う。しかし短期の貸付金の返済時期はすぐに来るが，設備投資の資金回収はまだできていない。そこで株式会社は返済資金に見合う株式を銀行に渡す。当初は株式証書と貸付金は別々のものだが，企業は返済できないから，預

けていた株式を証券市場で換金化して,銀行に返済する。

　こうしたやり方が一般化すると,銀行も安心して融資できるし,企業も安心して設備投資ができる。こうして株式市場を内在化させることで,短期資金を長期化したのである。そしてこうしたメカニズムが確立すれば,銀行も小規模預金を巨額化して大規模融資に結びつけることができたのである。

　したがって,ドイツにおける銀行と企業との関係を考察するには,産業構造の変遷の認識を把握しておかねばならない。

　後発のドイツはイギリス経済の強い圧力を受けながら,競争力に劣る軽工業を避けて最初から重工業で世界経済に挑戦していった。ルール地方をはじめとして4つの地方では鉄鋼業や機械工業が勃興し始めた。ドイツ銀行をはじめとするいくつかの銀行は,これらの鉄鋼業や機械工業に融資を始めたが,この際その資本の巨額さ固定性ということから,企業形態は株式会社でスタートしたのである。コメンダやソキエタスの企業形態の歴史を有するこれらの地域は,もともと共同で出資する株式会社形態を受け入れる素地が存在したのかもしれない。

　すでに述べたように,株式会社設立における株式引受は銀行が引受業務としてこれに応じた。また巨額の固定資金の融資も銀行が対応した。そして,返済時期に企業は株式を公開・売却してその資金で銀行に返済したのである。

(2) 銀行が企業を支配

　1870年代,銀行による大規模な株式引受によって,株式会社制度の普及が実現され,さまざまな業界において,株式の発行による資本蓄積をつうじて生産規模の拡大が実現された。この拡大を促進した銀行信用もまた,それが株式発行によって回収されることを基礎にして,大きく成長したのである。

　1873年の恐慌によって,多くの銀行,企業が破綻に追い込まれ,ベルリン大銀行などは,ビジネスを国債の取り扱いに変化させるが,この時期,地方銀行の多くは整理されていく。

　産業が重工業化する中で,企業は規模的にも巨大化していくが,これを支えたのが株式会社制度であり,株式の流動化・換金化を内在させることにより,運用の固定化と調達の短期化の矛盾した問題を解決したのである。

　一方,銀行は重工業化の中で貸付資金は長期化していくが,その資金は零細・大量・短期なものであったが,株式担保の裏付けがあれば,固定的・長期

的な貸付資金に転換していくことができたのである。

　そして，こうした転換能力を内在できる銀行と企業のみが，この時代に生き残れたと言うべきであろう。

(3) 金融資本の確立

　しかし，恐慌以降の産業投資は，以前の時期よりもはるかに巨額となり，またその後の企業集中の過程で要求される銀行借入は，単に巨額であるばかりでなく，頻繁に反復して必要とされるものとなっていた。これらのことは，銀行と企業との関係においても，それが以前のように個人的・偶然的なものにとどまりえないものとなっていた。このような展開は，大不況期にさらに卓越した力を持つにいたったベルリンの大銀行をして，ふたたび企業とより強い関係を結ばせるものとなった。他方，このことはまた，地方銀行の限界をいっそう明らかにすることとなった。これらの地方銀行は，巨額な資本信用に応じるだけの資本力を持たなかったばかりでなく，この貸付を回収するために必要な，証券発行を媒介する条件を欠いていたからである。そしてこのことは，ベルリン大銀行による地方銀行の集中という，新たな展開をもたらしたのである。

　これによって，大銀行における証券業務と企業への資本信用業務という2つの業務の内的統合を実現させ，銀行と企業との，いわゆる「金融資本」の確立を実現させるのである[2]。

3 自己金融で証券市場からの資金調達を必要としなくなった時代

(1) 巨額の利益と減価償却

　大企業の財務の側面から証券市場を見てみると，さまざまなことが見えてくる。

　それは1950年前後の，大企業と銀行との関係である。

　重化学工業の発展が資本主義の成長を支えていた時代，銀行は大企業の固定資本の巨大化を，信用創造の大きさと株式会社制度の資本の流動化で対応してきた。しかし，1950年頃になると様相が一変してきた。1つにはまず，企業が巨大化して，その企業が実現する利益も巨大化してきたということである。これは市場の独占化とリンクしたことであるが，その利益は絶対的にも相対的に

も巨額になった。

次にもう一つは,これら巨大企業の重化学工業化した資産の減価償却額が巨額になったということである。企業は投資した固定資産を,40年,50年というスパンで回収するが,この減価償却額が巨大な規模になってくる。

利益と減価償却の資金の巨額化は,大企業の手元資金を潤沢にしてくる。その結果,これまで大きく依存してきた銀行からの長期借入金や株式発行の株式引受を必ずしも必要としなくなってくるのである。

(2) 巨大企業の銀行からの相対的自立化

大企業が固定資金の需要から必ずしも銀行を必要としなくなるということは,大企業がその経営において相対的に自立化するということである。銀行に依存した時代は,経営の意思決定は銀行に握られていた。したがって重要な問題は銀行と協議しながら進められていたということができる。

たしかに自己金融資金が多くなっても,最初の頃は,やはり銀行と協議しながらトップ人事や設備投資など重要な案件は決定されていたに違いない。しかし自己金融が安定・定着してくると,次第に大企業の経営者は銀行からの距離を置くようになってきた。時には相談したが,ある時には独断で意思決定を行った。時々銀行から厳しい批判を招いたが,それでも徐々に銀行から離れていき,「金融資本の時代」は終焉を迎えてきたのである。

(3) 経営者支配

企業を経営者という側面から見ると,1870年代までは個人大株主から強く影響を受けた人物が企業を経営・支配をしていた。しかし企業が大規模化し,株式が大量に発行され,その所有が拡散してくると,個人大株主に代わり個人中小株主が多くなってくる。また株式発行・引受に大きな役割を果たした銀行も同時に,自己金融が強化されると,影響力が小さくなる。それに代わって大企業そのものの存在がクローズ・アップされてくる。

大企業の存在が大きくなっていくなかで,誰がこの大企業を支配したかと言えば,それは経営者であった。経営者は,もちろん企業経営の現場で実際に切り盛りをしていたわけであるが,巨大で複雑な組織をやりくりできる経営者は,まったくの素人では無理なことであり,当然企業経営に明るいテクノラート(専門的な経営技術者),つまり専門的経営者ということになる。

専門的経営者は，当初は経験的に経営戦略，組織運営，財務に能力を発揮していたのであるが，これが重要な仕事であると周知されていくと，次第に実権を握る大きな存在になり，絶対的ではないが相対的に支配者として，君臨するのである[3]。

そしてこの頃から，大学などで経営技術や会計技術が教えられていき，そしてこれが次第に「ビジネススクール」として発展していくのである。

(4) 巨大企業の時代

こうした巨大企業の時代，その舞台はかつてのイギリスやドイツではなく，アメリカであった。アメリカの大企業は，経済学者スウィージーによって「独占資本」と呼ばれ，イギリスの産業資本，ドイツの金融資本とは異なる資本形態となったのである[4]。

こうしてアメリカの巨大企業は1980年代特有の資本形態となり，自己金融および経営者支配を特徴とする企業形態となり，証券市場および金融市場から相対的に自立した存在となっていった[5]。

4　機関投資家がガバナンスで利用する時代

(1) サイレント・パートナーからアグレッシブ・パートナーへ

株式所有の実態を見れば，1980年頃には，その多くを機関投資家が握り始めていた。この理由は多くの先進国で個人の金融資産の運用が，年金や保険，そして投資信託に傾斜していったからである。老若男女すべてといってよい零細な資金が年金，保険，投資信託の金融資産として運用されていったのである。もちろんすべての個人が，年金，保険，投資信託での資金運用を願ったわけではない。しかし，いったん社会が年金や保険の制度によって生活や健康のリスクを回避しようとすると，家計や企業で，これらの制度を利用して様々なリスク管理が行われていくのである。これらのリスク回避のための資金は，きわめて零細であるが，これが一般化・大衆化していくと，その資金は膨大かつ莫大な資金に拡大していく。しかしこの資金は，当初は，相互の救済資金として，きわめて控えめな存在であり，決して能動的な資金ではなかった。したがってその資金的性格から，企業との関係でもサイレント・パートナーと呼ばれ，た

だ存在するだけのおとなしい沈黙の巨大資本であった。

(2) ウォールストリート・ルールからアグレッシブ・ルールへ

　年金，保険，投資信託の投資行動は当初，サイレント・パートナー的なもの静かな投資家であったが，その基金が目減りしたり，他の基金と比較して果実が少なかったりすると，これらの年金，保険，投資信託の機関投資家に対して，大衆はもう一段の果実を実現するよう求める。

　また年金生活者および保険加入者の生活を守るために，政府や公的機関も果実を上げるように機関投資家に制度的に求めるようになる（エリサ法の制定）。

　年金，保険，投資信託による投資の果実は，株価の成長によるキャピタル・ゲインであるが，株価の上昇は永遠に続くものではない。一時的に株価は上昇しても，次の局面では下落することもある。株価は市場での需給関係で決まるから，上昇もするし，下落もするのである[6]。

　株価を恒常的に上昇させるためには何が必要であるかと言えば，株式そのものの価値を上昇させることである。株式の価値は，議決権の行使ができる支配証券価値，利潤分配にあずかることができる利潤証券価値，そしてもう1つは残余財産の分配にあずかれる資産証券価値である。M&Aなどにさらされて時は支配証券としての価値が注目されるが，これは恒常的ではなく，一時的・臨時的である。また資産証券としての価値は，インフレなどで純資産の金額が増加したときに注目される。しかし今日のようにデフレ時代では，必ずしも注目されない。今日，恒常的に注目されるのは，利潤証券としての株式である。

　利潤として注目される指標はROE（自己資本利益率）である。利潤としては，営業利益や経常利益など，さまざまであるが，機関投資家が注目するのは税引き後利益である。利害関係者（仕入先，従業員，銀行，政府など）へのコストを差し引いた後の純利益がここでは対象になる。純利益が恒常的に上昇するよう管理するのである。

　純利益の恒常的上昇は，基本的には顧客の満足を示す売上高であるが，成熟社会では売上高の上昇は望めない。次に仕入れコストの減額であるが，これには取引先との仕入れ交渉がついてまわる。さらに賃金などのコストは従業員との厳しい対立は避けられない。加えて金融コスト，税金コストなども縮減せねばならない。

　したがって，大切なことは，ROEの追求とこれらコストの削減，つまり効

率性指標も重要になってくる。

(3) 株式売却からガバナンスへ

株式市場において，ROEと効率性の実現がうまくいかない場合，株式を売却するが，もし大量に株式を売却すれば，株価の大暴落につながりかねない。そこで機関投資家は大量に株式を売却するのではなくて，会社に社外取締役を送り込むことによって，監視をすることになる。

監視の対象は，言うまでもなく，ROEおよび効率性の向上である。CEOやCFOがちゃんとROE向上のために売上高を引き上げる努力をしているか，コストを削減して売上高が上昇しなくてもROEを引き上げる努力をしているか，会社内部だけでなく優良企業の買収や低収益会社の売却など外部にも配慮しているかを監視するのである。

こうした機関投資家の一連の行動をガバナンスと呼ぶが，株式市場は企業を機関投資家が監視する1つの手段と化したのである[7]。

このように，株式市場は機関投資家と巨大企業の中間に位置して，機関投資家の立場から巨大企業をガバナンスする役割を担っている。したがって，機関投資家のガバナンスの目的が変化すれば，自ずとガバナンスの内容も変化してくる。

2007年の世界金融危機（リーマン・ショック）以降，機関投資家は国際連合の勧めもあって，ESG投資に強い配慮を示している。環境，地域コミュニティー，そして法令遵守など社会性を重視した投資に変化をしている。つまり，ガバナンスの内容が株主価値から社会的価値にシフトしているのである。

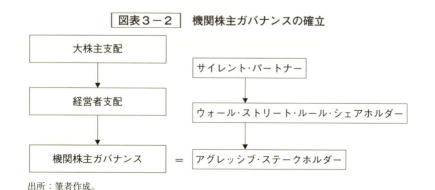

図表3－2　機関株主ガバナンスの確立

出所：筆者作成。

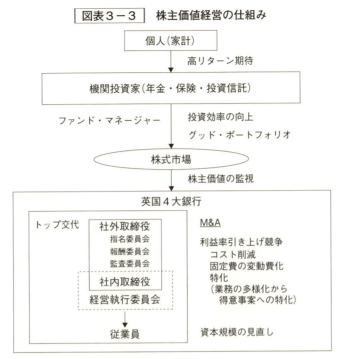

図表3-3　株主価値経営の仕組み

出所：筆者作成。

　こうした株主価値から社会的価値へのガバナンスの変容は，興味深いものではあるが，それでは株式市場が営業価値，株主価値から無縁になったかと言えばそうではない。それは，株価に反映される価値が営業価値，株主価値に加えて社会的価値も含めるものになったということである。

　株式市場は，株式会社の価値を資本還元する場所であるが，その価値と資本還元の方法が変化すれば，株価は異なって反映されてくる。したがって，価値に加えて資本還元の方法も吟味して分析することが肝要である。

追記

　本章は，明治大学経営学研究所『経営論集』第65巻第2・3・4合併号に掲載された拙稿「財務から見た証券市場」に加筆・修正したものである。

> 注

1 日本証券業協会証券教育広報センター・高橋文郎編（2011）『新・証券市場2011』中央経済社．
2 戸原四郎（1961）『ドイツ金融資本の成立過程』東京大学出版会．
3 ヒルファディング著，岡崎次郎訳，都留重人訳（1982）『金融資本論』岩波書店．
4 スウィージー著，都留重人訳（1967）『資本主義発展の理論』新評論．
5 馬場克三（1965）『株式会社金融論』森山書店．
6 三和裕美子（1999）『機関投資家の発展とコーポレート・ガバナンス』日本評論社．
7 坂本恒夫（2012）『イギリス4大銀行の経営行動1985-2010』中央経済社．

第4章

株式発行市場

1 株式による資金調達と有償増資の募集形態

　企業の資金調達方法には主に，内部留保，借入金，社債，株式がある。株式は，株式会社だけが可能な調達方法である。株式・社債の発行や流通を担っているのが証券市場であり，そのうち資金調達のための新株発行が行われるのが「発行市場」，発行された株式を売買するのが「流通市場」である。発行市場では，IPO（Initial Public Offering：株式公開）時の株式発行と会社設立後の増資のいずれかが行われる。

　増資には，株主から払込がある有償増資と，払込のない株式分割に分類される。有償増資は，既存株主に新株を発行する株主割当，特定の第三者に新株を発行する第三者割当，広く一般に株主を募集する公募（株式公開を行わないとできない形態）に分けられる。

2 増資形態の歴史的変遷と近年の増資の状況

　株式による資金調達は，時代とともに用いられる方法が異なっている。第2次世界大戦後は，余剰資金を持っている投資家が少なく，確実に資金調達を達成させるために株主割当増資が最も用いられる方法であった。当時は株券に額面金額が記載されており，増資の際に額面で株式を発行する「額面発行」が行われていた。この額面発行・株主割当による増資の場合，株主は時価にかかわらず株式を額面で購入でき，時価と額面の差額（プレミアム）を受け取ることができることから，株主は増資を引き受けたのである[1]。その後，1970年代から公募増資が多く行われるようになる[2]。その理由は，高度成長期を経て余剰資金を持つ投資家の増加によって相対的に株式へ資金が流れる量が増えたこと，

1980年代後半頃からはバブル経済によって株高となり，本来の価値よりも高く評価されることとなった株式会社が公募による資金調達を積極的に行ったことにある。

バブル崩壊後，財務的に困窮した企業が支援を求め，特定の第三者から資金調達を行ったことで，1990年代～2000年代には第三者割当増資が多く活用された（**図表4－1**参照）。

リーマン・ショック後，悪化した財務体質の改善を目的とした増資が多くみられる。株主資本を増やして自己資本比率の改善を目指したのである。倒産企業の自己資本比率は当然低くなっており，2013年の東京商工リサーチによる調査によると，存続企業の平均が37.9%であったのに対し，倒産企業ではマイナス94.3%であった。2013年以降も公募増資を行う企業が増加しており，近年の公募増資銘柄には，三井住友やみずほ，三菱UFJなど銀行が多いほか，大手製造業の実施も多い。銀行の増資の要因は自己資本比率の規制が強化されたことによる要因が強く，製造業では，アベノミクスによる株式相場・景気回復の流れの中で，積極的な設備投資を実施目的としている企業が多くみられる[3]。

3 現在の大企業の現預金保有額と自己資本比率[4]

現金保有額が少ない場合，企業の「安全性」が低下する。近年の企業の現金・預金額をみると，2016年度における金融・保険業以外の全企業の額は210兆9,590億円に達しており，過去最高を更新している。自己資本比率をみても，バブル崩壊以前までは20%弱を推移していたものが2016年度には40.6%となり，こちらの数字も過去最高を記録している（**図表4－2**参照）。自己資本比率は，自己資本を総資本で除して求められ（自己資本比率（％）＝自己資本／総資本×100），企業が株式によって資金調達を行った割合がわかる。この比率が高ければ，返済の必要がない株式での資金調達が多く，逆に低ければ一定期間後に返済の必要がある負債での資金調達が多いということになる。

具体的に例を挙げると，総資本が100の会社で，株式による資金調達が90，借入金による資金調達が10の会社の場合，株式は純資産の部，借入金は負債の部に分類されるので，90／100の結果に100をかけて90%となり，株式による調達が10，借入金による調達が90の会社は，同様に計算すると10%となる。実際には，株式による資金調達は資本コストを考慮しなければならないため，株式

第4章 株式発行市場

図表4-1 増資形態の変遷

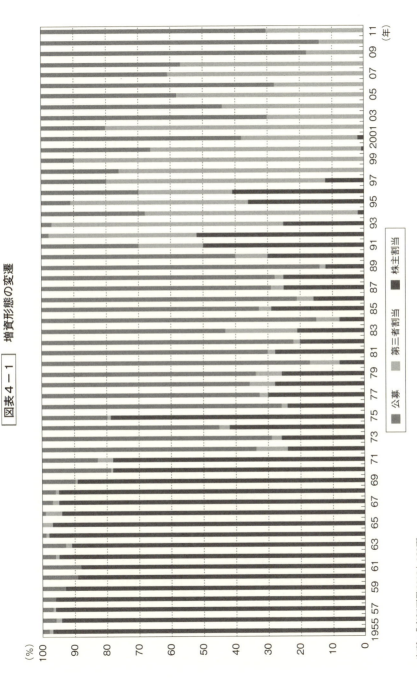

出所:「東証要覧2012」129頁。

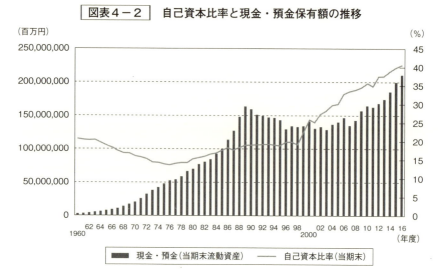

図表4－2　自己資本比率と現金・預金保有額の推移

出所：総務省統計局「法人企業統計」をもとに筆者作成。

による資金調達は「返済の必要がない」という表現は若干の誤解を与える可能性があるが，企業の安全性を高める点を重視すると，負債での資金調達よりも株式による資金調達のほうが好ましい。

4　資金余剰時代における株式発行市場の意義

　企業の安全性を高める株式による資金調達であるが，2016年度の公募増資はITバブル後以来の低水準となっている。図表4－3は2001年以降の有償増資額の推移であるが，2009年に4兆9,680億円まで達した公募増資が，2015年には9,630億円まで減少し，2016年は8月時点ではあるが1,830億円と非常に低水準である。この理由としてはいくつか考えられるが，企業が効率性を求め，過度な資金調達を行わないことが挙げられる。現在，国内外の機関投資家が日本企業の株式を多数保有するようになり，株主利益を測る指標としてROEを重視するようになっている。ROEは当期純利益／株主資本×100％で求められ，投資家の資金である株主資本が有効に活用されているかを評価する指標である[5]。例えば「伊藤レポート」では日本企業のROEを8％以上まで求める点が指摘されており，議決権行使助言会社ISSは過去5年平均ROEが5％を下回

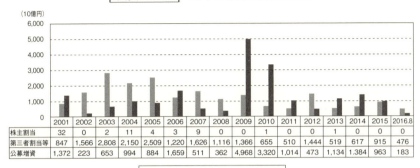

図表4－3　近年の有償増資額の推移

出所：日本証券業協会（2016）『FACTBOOK2016』。

企業の経営トップに反対を推奨している[6]。このように，日本企業のROEが欧米企業と比べて低いということが問題視されているため，ROEの分母を増加させる公募増資を控えている可能性が指摘できる。

また，マイナス金利による歴史的低水準の中，大量資金の調達は社債に移行していることも挙げられる。発行銘柄数は，1998年と比較すると少ないものの，2000年代には350銘柄程度で推移していたものが2016年には501銘柄まで増加している。発行額も106億1,590万円までに達しており，2009年以来の100億円超えとなった（図表4－4）。

一方で，上場企業数は上昇傾向にある。公募額はピーク時と比較して停滞しているものの，リーマン・ショック直後の2009年には23社と低迷したが，2015年には104社まで回復し，2016年8月時点で51社と新規上場を決断する企業が増加している（図表4－5）。

株式による資金調達は，坂本（1990）で示されている財務機能で考えると，以下のとおりである[7]。

- 投下資本量の確保：十分な資金量を調達する
- 財務流動性の確保：支払能力を維持する
- 財務収益性の確保：低コストでの資金調達を可能にする
- 支配の確保（経営権の確保）：議決権を取得する

資金調達手法の選択は，ペッキングオーダー理論で説明される。この理論は，企業の資金調達は内部留保→借入金→社債→株式という順に選択されるという

68 第Ⅱ部　株式会社からみた証券市場

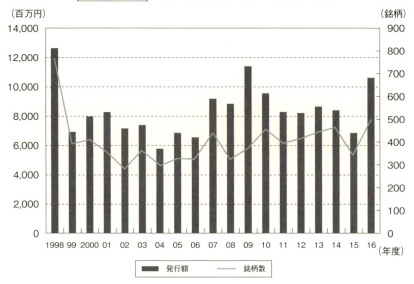

図表4－4　近年の社債発行銘柄・発行額の推移

出所：日本証券業協会ホームページ。
http://www.jsda.or.jp/shiryo/toukei/hakkou/files/hakkougakushoukanngaku.xls

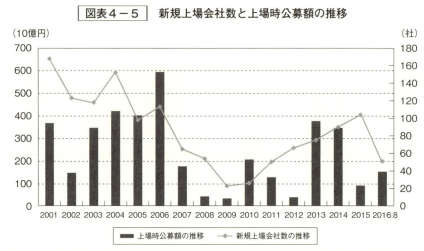

図表4－5　新規上場会社数と上場時公募額の推移

出所：日本証券業協会（2016）『FACTBOOK2016』。

もので，企業の内部情報を公開する必要のない内部留保がまず選択され，内部留保では賄いきれない場合には金融機関にのみ説明することで調達が可能となる借入金を，以降，購入してもらうために投資家へ詳細な情報開示が必要となる社債，株式という流れとなると想定されている。一般的に，公募増資の実施を発表すると株式の希薄化を招くと認識されて株価は下落する傾向があるが，これはこの理論から考えると，株式を発行すると経営者が決断したということを，外部の投資家は「現在の株価は経営者から見ると割高と考えている」と推測し，保有株式の売却という行動を起こすためである。株価（日経平均株価）上昇時に公募増資が増加する傾向がみられることからも，この理論と整合的であろう（図表4－6）。

　株価下落を引き起こし，ROEを下落させる恐れのある株式による資金調達は慎重に行われるが，一定の局面においては積極的に活用されている。例えば，2002～2003年のITバブル後や，2008～2009年のリーマン・ショック後など，景気低迷からの回復時においては，財務的な健全性を確保するため株式による資金調達を実施した。2013～2014年のアベノミクス前後などの景気上昇時は，設備投資，M&Aのための大量資金を調達している（投下資本量の確保）。一方で，2014年度の日本企業全体の留保利益は24兆円，利益剰余金（内部留保）は過去最高の354兆円となっており，目下の資金調達需要を満たす，言い換え

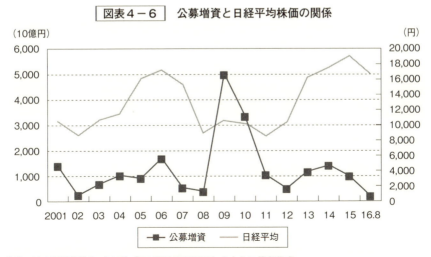

図表4－6　公募増資と日経平均株価の関係

出所：日本証券業協会（2016）『FACTBOOK2016』をもとに筆者作成。

ると投下資本量の確保のための株式発行市場から，将来の資金需要に備えておくための株式発行市場という側面が強くなっている時代であると言える。そのために流通市場において評価されるよう行動し，高株価を維持することが企業には求められている。流通市場で多大な影響力を持つ機関投資家が，株式発行市場にも影響を与える存在へと変化しているのである。

注

1　江川（2008）61-62頁。
2　日本において公募増資を初めて行った会社は日本楽器製造（現ヤマハ）であり，1969年に行われた。
3　有償増資の基準形態，増資形態の歴史的変遷については，坂本・鳥居（2015）をもとに作成。
4　本節は，鳥居陽介「第10章　カネのマネジメント」，『実学　企業とマネジメント』をもとに作成。
5　ROEの分子である当期純利益は，営業利益等が用いられる場合もある。
6　「ISS議決権行使助言方針（ポリシー）改定の正式決定について」。
　　https://www.issgovernance.com/file/policy/iss-policy-update-announcement_japanese.pdf
7　坂本（1990）121頁。

参考文献

リチャード・ブリーリー，スチュワート・マイヤーズ，フランクリン・アレン著，藤井眞理子・國枝繁樹監訳（2014）『コーポレート・ファイナンス　第10版（上）』日経BP社。
江川雅子（2008）『株主を重視しない経営』日本経済新聞出版社。
榊原茂樹・岡田克彦編著（2012）『1 からのファイナンス』碩学舎。
坂本恒夫（1990）『企業集団財務論』泉文堂。
坂本恒夫・鳥居陽介編，現代財務管理論研究会著（2015）『テキスト財務管理論（第5版）』中央経済社。
佐藤公亮（2012）『ファイナンスの基本』日本実業出版社。
日本証券業協会（2016）『FACTBOOK2016』。
吉沢正広編著（2018）『実学　企業とマネジメント』学文社。

第5章

企業の資金調達と株式市場

1 企業の資金調達の変遷

　戦後から長く続いた高度成長期（1950‐1970年代）の日本の金融制度は，銀行と証券が分離され，間接金融を担う銀行と直接金融を担う証券とに棲み分けされていた（証券取引法65条）。こうした環境の中で企業は，比較的長期に必要な資金は証券市場から調達し，運転資金などの短期資金は銀行借入などの間接金融によって調達するとの考えが一般的であった。特に株式の発行（新規発行・増資）は，金利もかからず返済の必要のない「無料で使える資金」との認識だった。したがって，高度成長期における大規模な設備投資は株式や社債発行によって調達されるべきであった。

　しかし，当時の日本の株式市場には規制が多く，株式上場や増資（額面発行が一般的）には多くの時間とコストが必要だった。高度成長期の旺盛な資金需要を賄ったのがメインバンク制度を基盤とした銀行借入だった。日本経済は銀行から事業会社へ資金を供給する間接金融で高度経済成長を実現した。

　この結果，企業の資金調達に占める借入金の割合が増加し，1951年から1975年までの平均で34.5％（長期借入金16.4％，短期借入金18.1％）に達した（図表5－1）。また増資や社債の発行であっても，その引受先が銀行や生保などの金融機関になる場合も多く，日本企業に特有の株式持ち合い制度を形成する要因となった。高度成長期の旺盛な資金需要は，利益剰余金などの内部資金だけでは賄えず，借入金などの外部資金に依存する構造ができた。この金融制度（メインバンク制）を背景に日本の銀行も発展した。

　しかし，銀行借入を中心とした資金調達は，1970年のニクソンショックや1973年のオイルショックを境に次第に陰りが出始め，1975年から1985年までの資金調達に占める借入金の割合は平均14.6％（長期借入金4.3％，短期借入金

10.3%) にまで低下した。長期借入金の低下を補う形で増資（9.1%）や社債の発行（8.6%）が増加に転じた（**図表5－1**）。1970年代，証券会社は，時価発行増資を引き受け，株式持ち合いを促進する役割を果たし，株価は徐々に高騰し，証券会社にビジネスチャンスが訪れた。1980年代は「銀行よさようなら，証券よこんにちは」という流れが加速するにつれて，銀行の業績も停滞するようになった。

　この流れに拍車をかけたのが「プラザ合意」であった。1985年9月22日ベイカー米財務長官が主催した5カ国（G5）蔵相・中央銀行総裁会議（日本からは竹下登大蔵大臣が出席）はドル高是正がテーマとなった。これは，日本の自動車産業や半導体産業が国際競争力を強め日本の貿易黒字が問題となっていたためである。プラザ合意直前に1ドル240円だった円相場は1987年に120円台へと高騰し，特に日本の輸出産業を直撃した。いわゆる円高不況である。こうした事態に対処するため，日本政府および日銀は公定歩合を引き下げ，金融緩和を実施した。金利の低下によって銀行の業績はさらに悪化した。こうした事態を打開すべく，政府は，銀行業界からの要望の強かった国債の窓口販売やディーリングを銀行に認める規制緩和を行った。

　1987年のNTTの東証への株式上場は株式ブームをもたらした。初値は160万円を付け，同年4月には318万円となった。しかし，ベーカー米財務長官がドイツ（当時の西ドイツ）の金融引き締め政策を批判したことで，市場はドル安を容認と判断し，株価が大幅に下落した。1987年10月のブラックマンデーである。米国では，ブラックマンデーの影響が長引き，株価は回復せず，双子の赤字（貿易赤字と財政赤字）に悩まされ，ゼネラル・エレクトリック（General Electric: GE）やゼネラル・モーターズ（General Motors）など米国を代表する大企業が赤字に転落した。米国経済が戦後に直面した最も苦しい時代だった。

　一方，日本の株式市場もブラックマンデーの影響を受けて大幅に下落したが，その後，「日本企業の実力からすれば，現在の株価は明らかに行き過ぎ」との認識が強気の投資家に広がり，証券会社の積極的な自己売買も加わって，半年後の1988年4月には日経平均株価はブラックマンデー以前の水準を回復した。株価の回復とともに証券取引は急速に拡大し，金融緩和政策で余った資金が株や不動産に向かった。企業は設備投資よりも株や不動産に投資する財テクに傾斜していった。この結果1989年12月29日に日経平均株価は史上最高株価38,915円87銭をつけた。こうした株式市場が活況を呈するなかで1986年から1990年ま

での資金調達に占める借入金の割合は平均8％（長期借入金3.4%，短期借入金4.6%）と大幅に低下したのに対し，増資（13.5%）や社債（16.0%）が増加した（**図表5－1**）。この当時はまだ，エクイティ・ファイナンス（新株発行を伴う資金調達）は金利の負担も返済期限もない長期の有利な資金調達手段と考えられていた。

　1989年に政府・日銀は，公定歩合を引き上げて金融引締に入るとともに不動産向け融資の総量規制や金融機関の土地関連融資の抑制政策を実施し，地価の高騰を抑え込もうとした。土地の高騰は抑え込んだが，同時にこの政策はバブル崩壊の引き金ともなった。日経平均株価は1990年10月に20,000円まで下落し，東証の取引量もバブル全盛期の1989年から1995年までに3分の1の水準にまで落ち込んだ。株価と地価の下落は，株に多額の投資を行い，土地を担保に融資を拡大してきた金融機関を直撃した。金融機関は含み損と不良債権に悩まされ，1997年には北海道拓殖銀行が破たん，山一證券が廃業するなど，大手金融機関が倒産する事態となり金融恐慌の恐れもあった。政府は金融恐慌を回避すべく，公的資金を注入して金融機関を救済したが，同時に金融機関の再編も進んだ。

　図表5－2に示すようにバブル崩壊後（1997年から2001年）の企業の資金需要は大幅に落ち込み，エクイティ・ファイナンスや社債，借入金による資金調達（外部資金）が減少した。1997年から2001年までの資金調達に占める割合は，増資5.4%，社債マイナス1.6%，借入金マイナス12.7%（長期借入金マイナス7.0%，短期借入金5.7%）と大幅に低下した（**図表5－1**）。

　こうした状況を改善するために政府は1997年末から金融市場の規制緩和（金融ビッグバン）を進め，投資信託の商品多様化，証券総合口座の導入，証券デリバティブの全面解禁，銀行等の投資信託の窓口販売の導入，インターネット証券会社の新規参入，ラップ口座の解禁，株式媒介委託手数料の自由化，証券会社の免許制から原則登録制への移行，株式売買委託手数料の完全自由化などが実施された。さらに，ベンチャーなど新興企業向けの市場として，東証に1999年11月にマザーズ市場が，2000年5月には大証のナスダック・ジャパン市場が（その後ヘラクレス市場となり，新ジャスダックに統合された）がそれぞれ整備された。

　金融機関は，不良債権の処理を進めるとともに，含み損を解消するため株式の売却を進めた。この結果，金融機関と企業，企業と企業の間での株式持ち合いの構造が崩れ，代わりに登場したのが外国人投資家と年金基金などの機関投

資家であった。日本企業でも「株主価値の向上」が求められるようになり、株価や配当政策を前面に掲げた経営戦略が採用されるようになった。このころから資本コストという概念が認識されるようになり、エクイティ・ファイナンスは、企業にとって「返済の必要のない無利子の資金」との考えは通用しなくなった。株主資本利益率（Return on Equity: ROE）や経済的付加価値（Economic Value Added: EVA）といった株主価値を重視する指標が経営目標となった。企業はROEを向上させるために①利益の改善、②資本の減少（自社株買いと配当）が必要である。しかし、日本企業は長引く不況の中で利益の増加は難しく、資本政策に頼らざるを得なくなった。こうした状況の中では、エクイティ・ファイナンスによる資金調達は難しく、内部資金（減価償却や内部留保）の範囲内での投資にならざるを得なくなった。逆に言えば、資金需要は少なく、内部資金だけの投資で十分であり、コストのかかる外部資金に頼る必要がなかったわけである。

　長引く不況の中で日本企業は選択と集中を進め、効率を高めてコスト削減を行ってきた。その結果、事業会社の業績は徐々に回復し、リーマン・ショックや東日本大震災などのようなリスクに備えて手持ち資金を積み増すことができるようになった。全産業平均の自己資本比率は、2000年（22.3%）、2010年（34.5%）、2016年（40.6%）と増加した。

　2013年、黒田東彦氏が日銀総裁に就任すると「異次元の金融緩和」が実施さ

図表5－1　資金調達（フロー）の構成比

年度 調達内訳	1951 -75	1976 -85	1986 -90	1991 -96	1997 -2001	2002 -06	2007 -11	2012 -16
内部資金合計	27.8	51.7	42.8	109.8	108.8	149.0	109.2	113.9
増資	5.6	9.1	13.5	-2.6	5.4	-22.4	-13.9	-23.7
社債	5.2	8.6	16.0	14.6	-1.6	-1.8	0.0	2.5
借入金合計	34.5	14.6	8.0	4.1	-12.7	-24.8	4.6	7.3
（長期借入金）	16.4	4.3	3.4	13.0	-7.0	-9.9	4.6	7.0
（短期借入金）	18.1	10.3	4.6	-8.9	-5.7	-14.9	0.0	0.3
その他	26.9	16.0	19.7	-25.9	0.1	0.0	0.1	
外部資金合計	72.2	48.3	57.2	-9.8	-8.8	-49.0	-9.2	-13.9

注：資金調達合計（内部資金＋外部資金）＝100とした割合（％）。
出所：財務省『法人企業統計調査　資金調達の推移』をもとに筆者作成。

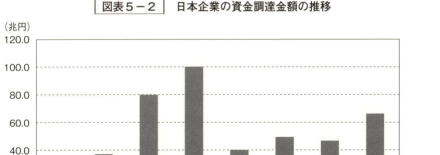

図表5-2　日本企業の資金調達金額の推移

注：内部資金（内部留保，減価償却の範囲）での資金調達を含む。
出所：財務省『法人企業統計調査　資金調達の推移』をもとに筆者作成。

れた。さらに2016年1月にマイナス金利政策，同年9月には長短金利操作が採用された。政策金利がマイナスとなった結果，企業は低金利での社債の発行が可能となるとともに，銀行からの低利で借り入れができるようになったことで，資本コストの高いエクイティ・ファイナンスではなく，長期資金を社債や銀行借入で調達することが多くなってきた。エクイティ・ファイナンスは資本コストが高いだけでなく，資本が増加するので利益は同じでもROEが悪化する。また資本も希釈化するので投資家には歓迎されない。

2　株式市場に影響を及ぼす金融緩和政策と企業の財務戦略

日銀は異次元の金融緩和を進めるなかで，年6兆円のレベルで上場投資信託（Exchange Trade Fund: ETF）を購入しており，株価を支えている。日本経済新聞社の推定によると，日銀が買い入れたETFの残高は時価ベースではすでに20兆円を大きく超え，「保有残高は日本株全体でみると3％超に達しており『株価の形成をゆがめている』との批判も出始めた」[1]という。すでに日銀の累計買越額は外国人投資家のそれに近づくとの観測も出ている。

さらに日銀が筆頭株主になる企業も出ており，例えば，2017年8月現在で日銀の間接保有割合は，アドバンテスト（17.6％），ファーストリテイリング

(15.8%），太陽誘電（15.0%），TDK（14.3%），ユニー・ファミリーマートホールディングス（14.2%）など，10%を超える企業は20社に達した。

　また，ROEの向上を狙って自社株買いも急増している。2015年の自社株買い実施額は5兆3千億円を超えて過去最大となった。資本効率の向上を株主から求められる企業は，自社株買いや配当によって資本を圧縮しようとする。これが自社株買いの急増や増配の要因である。資本を圧縮して，社債の発行や銀行借入などの負債を増やせばROEは改善するからである。折りしも日銀によるマイナス金利政策の影響で，安い金利で社債を発行したり，銀行から借り入れたりすることが可能となり，企業財務からすれば，高い株主資本コストを負担してまで増資するよりも，社債や銀行借入などで資金調達をしたほうが有利であり，しかも株主に説明しやすい。しかし，自社株買いの急増は，日銀のETFの大量購入と同じように株式市場の「株価をゆがめる」ことにもつながる。極端な例では，社債や銀行借入で調達した資金を自社株買いに手当するような企業も出ている。

　株式市場で取引されている株式はそれほど多くない。東証の合計時価総額は688兆7千億円（2017年11月30日）に対して1日平均取引額3兆2千億円（2017年度）であり，その比率は0.46%に過ぎない。1%以下の取引で株価が決定されている計算になる。さらに「売買代金をカサ上げしているとみられるのが実はHFTの存在である。HFTはHigh Frequency Trading（高頻度取引）の略だ。最新技術を駆使して1秒間に数千回もの売買の発注やキャンセルを繰り返す。人手を介さず，コンピュータシステムにあらかじめ組み込まれたプログラムで株価や出来高などに応じて自動的に売買注文を執行する『アルゴリズム取引』の一種だ」[2]。

3 株式市場の変質

　本来，株価は，企業の現在の業績とともに，企業の将来像を反映して決定されるべきものである。だから株価は企業価値を表す客観的な指標とされてきた。しかし，すでに述べたように金融緩和や日銀のETFの大量購入，企業の自社株買い，さらにはHFTなどにより「現在の株価は企業の経営実態」を評価していない。

　日銀は2017年以降も年間6兆円規模のETF購入を続けるとみられており，

株価に及ぼす影響は今後も続くとみられる。欧米企業に比較してROEが低いといわれる企業が，今後もROEを意識した経営を推進することに変わりがなく，世界的にアクティビスト投資家が影響力を強めている現状を考えれば，ますます自社株買いは増加するであろう。アクティビストは自社株買いと配当などで株主への利益還元を強く求めるからである。

例えば，米ゼネラル・エレクトリック社は，トライアン・ファンド（Trian Fund Management）の最高投資責任者エド・ガーデン（Ed. Garden）氏を取締役に迎えた。GEの元CEOジェフ・イメルト（Jeff Immelt）氏の在任期間中の株主リターンはわずか6％に過ぎず，それは，GEの株価が下落傾向にあったからである。トライアン・ファンドは有力なアクティビストであり，いわゆる「物言う株主」である。エド・ガーデン氏の就任は，時価総額2,000億ドルの米製造業のGEも株価を意識した経営にシフトすることを意味している。

他の事例では，東芝は債務超過になるのを避けるために6,000億の増資を決定したが，その投資家には海外のアクティビストが多く含まれていた。彼らがどんな要求を東芝経営者に出してくるのかは現時点では分からないが，株主への利益還元を求めることは間違いないであろう。アクティビストが東芝の株主になることで，ようやく決まった東芝メモリの売却にも疑問符がつくかもしれない。

このような世界的な経営環境の中では「株価はゆがめられ」，資金調達の1つの手段としての株式市場の役割は薄れ，単にキャピタルゲインを求める市場になっていくのではないかと危惧される。こうした現状を反映したかのように，公募増資による株式発行は急速に落ち込んでいる。「2016年1～6月の公募増資は305億円と前年同期（3,169億円）比で9割減り，1998年以来の低い水準になった。「一方，自社株買いや社債発行は活発だ。積み上がった資本を圧縮しつつ，低金利を追い風に社債で必要な資金は調達する構図だ。株主の視線が厳しくなるなか，企業の財務戦略は『経営の安定から資本効率へ』と軸足を移し始めている」[3]というのが現在の株式市場と企業の財務戦略である。

債券市場での資金調達が活発になるなかで，株式市場は，企業と投資家は共通の目標である株価の上昇を狙って，さまざまな投資戦略や財務戦略が展開される場となっている。現在の株式市場は，あたかもギャンブル場のようである。

4 結論：株式市場のあるべき姿

　株式市場には発行市場と流通市場がある。企業財務からみれば，発行市場は資金調達の機能を，流通市場は株式の流動性（売買可能性）を確保する機能を，それぞれ担っている。投資家だけでなく，企業財務にとっても株式の流動性の確保は重要な問題である。かつては，企業財務の資金調達手段から見れば流通市場の株価は余り意味のなかったが，1970年ごろ時価発行制度が導入されてから，新株発行価格が流通市場の株価に影響を受けるので，資金調達でも流通市場が重要になった。

　また他社の株式を投資目的や資本提携などで保有している企業や金融機関にとっても流通市場で決定される株価はその企業の業績に深く関わってくる。したがって株式市場は常に公正な取引が頻繁に行われていなければならない。そこでは，政治・経済情勢，景気変動，社会変動など経営環境の変化や，企業の業績，経営方針，目標，戦略，組織，構造改革，将来性などさまざまな要因が反映されなければならない。

　しかし，実体はどうだろうか。日銀の金融緩和に伴う大量のETF（上場投資信託）購入，企業の財務戦略による自社株買い，さらにHFT（高頻度取引）によって株価は押し上げられている。これでは，企業の業績や将来性を客観的に表現した株価にはならない。株式市場が有効に機能し，投資家にとっても企業財務にとっても使い勝手の良い市場になるためには以下の点が重要である。

①日銀によるETFの大量購入やめるべきである
　中央銀行が株式を購入する例は先進国にはない。国債を購入するならともかく民間企業の株式を中央銀行が売買すれば，株式市場は完全にゆがむだけでなく，永遠に続けられるものではない。いつか売却する日がやってくる。そのリスクは誰も予測できない。

②企業の自社株買いの禁止―株主への利益還元は配当で
　企業が自社株を買えば，利益は増えなくても資本が減少するのでROEは向上するが，同時に株式市場にも影響を及ぼす。自社株買いは株式相場を下支えするからである。自社株買いが進めば，株式市場の存在価値が危うくなる。企業はROEよりも総資産利益率（Return on Assets: ROA）または

投資収益率（Return on Investment: ROI）を経営目標に置くべきである。なぜなら企業は，株主だけのものではなく，すべてのステークホルダーが関わってくる存在だからである。

③**HFTは禁止したほうが良い**

HFTも株式をかさ上げしているといわれている。HFTの9割が東証に集中しておりそのシェアは売買代金の30パーセント超になっている。HFTの株価への影響はかなり大きくなっており，放置すれば株式市場はトレーダーだけの市場になる。

幸いにも，最近の「もの言う株主」からの提案は，単に配当の増額や自社株買いだけでなく，将来に向けた設備投資や開発投資に加えて，環境対策や社会貢献（ESG投資：Environment Social Governance）を求めるようになってきた。

日本最大の公的機関投資家であるGPIF（年金積立金管理運用独立行政法人：Government Pension Investment Fund）もESG投資に取り組み始めている。GPIFのウェブサイトには「GPIFのように投資額が大きく，資本市場全体に幅広く分散して運用する長期投資家が……長期にわたって安定したリターンを獲得するためには，投資先の個々の企業の価値が持続的に高まることが重要です。資本市場は長期的にみると環境問題や社会問題の影響から逃れられないので，こうした問題が最小化されて社会全体が持続可能になることが，長期の投資リターンを追求するうえでは不可欠といえます。ESGの要素に配慮した投資は長期的にリスク調整後のリターンを改善する効果があると期待できることから，公的年金など投資額の大きい機関投資家のあいだでESG投資に対する関心が高まっています。GPIFは株式を直接保有せず，外部の運用会社を通じて投資しているため，GPIFから運用を受託する金融機関にESGを考慮して投資するよう求めています。とくに運用受託機関が重大なESG課題だと認識する項目については，投資先企業と積極的に「建設的な対話」（エンゲージメント）を行うよう促しています」[4]と述べている。

また金融庁は2014年2月に「日本版スチュワードシップ・コード」として「責任ある機関投資家の諸原則」を制定し，企業の持続的な成長を促す観点から，幅広い機関投資家が企業との建設的な対話を行い，適切に受託者責任を果たすための原則を定めている。

ESG投資や責任ある機関投資家の原則に従えば，株式市場のあるべき姿が見えてくる。株式市場は，企業財務から見れば長期資金を安定的に調達できる市場であり，投資家から見れば投資先企業や事業環境等をよく理解し，その企業価値を正しく表現できる市場でなければならない。したがって，政治や企業によって意図的に高株価が維持されるような株式市場であってはならない。

このように株式市場は，公平で透明性の高い市場が求められているが，ESG投資や日本版スチュワードシップ・コードがその役割を本当に担うことができるのだろうか。残念ながらESGの評価基準は曖昧であり，企業も赤字になってまでESGを重視した経営はできない。投資家にしてもESG評価が高くても業績が悪化している企業に投資をすることは難しい。こうした問題をいかに解決していくか，これが今後の大きな課題である。

注

1 『日本経済新聞』2017年10月18日付「日銀ETF残高，20兆円突破　株価への影響力一段と　自己資本の3倍　日銀，効果・副作用両にらみ」。
2 「会社四季報オンラインここまできた超高速取引の威力」https://shikiho.jp/tk/news/articles/, 2018年1月4日最終アクセス日。
3 『日本経済新聞』2016年7月8日付「企業の株式発行急減　公募増資18年ぶり低水準　財務戦略，効率に軸足」。
4 GPIFウェブサイト「GPIFのESG投資への取り組み」http://www.gpif.go.jp/operation/esg.html#c, 2018年1月4日最終アクセス日。

参考文献

鳥居陽介（2017）『株式所有構造の変遷と経営財務』中央経済社。
松村勝弘（2007）『企業価値向上のためのファイナンス入門―M&A時代の財務戦略』中央経済社。

第6章

株式所有[1]

1 株主の種類と株式保有目的

　株式会社は株式を発行して資金調達を行うが，株式を購入した投資家は株主となり，資金の支払いの対価として3つの権利を受け取る。1つ目は，剰余金の配当を受ける権利（剰余金配当請求権）である。これは，会社から利益配当を受ける権利で，基本的には出資額（保有株式数）に応じた配当を受け取ることができる。2つ目は残余財産の分配を受ける権利（残余財産分配請求権）である。会社清算時に残余財産の分配を受ける権利である。ただし，継続企業（ゴーイングコンサーン）が通常である状況では，この権利が行使されることはほとんどない[2]。3つ目が株主総会における議決権である。株主総会で提案される議案の評決に関わる権利であり，複数議決権株式など例外はあるが，基本的には1株1議決権である[3]。株式会社においては，多数の株式を保有する大株主が多くの議決権を保有することで，企業（上場企業）に多大な影響を与えている。

　会社を設立するとき，創業者，場合によっては数名を加えた者が資金を拠出し，彼ら自身が会社を経営する。会社保有者（株主）と経営者が一致している状態である。その後，会社発展の過程において，より多くの資金を必要とする場合がある。自己資金で賄えなくなったとき，株式会社は株式をさらに発行し，投資家がその株式を購入し資金を会社に支払う。この過程を経ていくと，株式会社設立当初の株式総数よりも増えることになり，言い換えるとそれだけ株主も増えていく。株式には議決権があるが，株式が多数に分散されると，それまで大株主だった会社保有者（経営者）の持株比率は減少し，少数株主は株主総会において自身の意見は反映されにくくなる。また，会社の大規模化に伴って，会社経営もより専門知識が求められるようになり，専門の経営者が雇われるこ

とがある。これが，バーリ＝ミーンズが明らかにした「所有と経営の分離」である。株式会社の大規模化によって，会社保有者（株主）と経営者が分離した状態である。バーリ＝ミーンズはアメリカ企業の支配状況を分類し，経営者支配が全体の44％を占めていることを明らかにした。

そもそも，株式を保有する投資家はどのようなものが存在するのか。各投資

図表６−１　株主の種類と主要な株式保有目的

種類	大きな比重を占める保有目的	企業を見る主な視点
個人投資家	キャピタルゲイン・インカムゲイン，出資会社のファン	株価，配当，利益率，株主優待，会社概要（社会性）
機関投資家（投資信託，年金基金，生命保険）	キャピタルゲイン・インカムゲイン	株価，配当，利益率，企業価値，安定性，成長性，過小評価性，SRI（環境配慮などの社会性），ガバナンス，日本経済，株式市場の状況（インデックス投資）
ファンド	キャピタルゲイン，経営権（業績を回復させ売却する）	株価，企業価値，過小評価性
創業者	経営権（キャピタルゲイン，インカムゲイン）	株式保有比率
経営者（創業者以外）	経営権，キャピタルゲイン（ストックオプション），愛社精神	株式保有比率，株価，企業価値
自社の従業員	従業員持株会（愛社精神の育成等），キャピタルゲイン・インカムゲイン	安定性，株価（年金運用）
関連会社（子会社，関連会社へ出資する親会社）	経営権（議決権）	業務における自社との関係
他社（取引先などの関係者）	取引関係の維持，インカムゲイン（双方が出資すると持ち合いになり，経営権がメインになる場合も）	業務における自社との関係
他社（ビジネス上無関係）	純投資（キャピタルゲイン・インカムゲイン），あるいは企業集団関係の維持（双方が出資すると持ち合いになり，経営権がメインになる場合も）	株価，配当，利益率，成長性
金融機関	ガバナンス（貸し倒れの回避），取引関係の維持	ガバナンス，業務における自社との関係
政府	経営権	ガバナンス，倒産による社会的インパクト

家はそれぞれの目的で株式を保有する。①キャピタルゲイン（株価の値上がり益），インカムゲイン（配当金）の獲得という純投資目的，②経営者，買収を目指す会社，買収して会社を改善し売却益の獲得を目指す投資家等による経営権（議決権）の取得，それ以外にも，③ESGを重視して投資する機関投資家，特定企業への応援として株式を購入する個人投資家，なども存在するだろう。株式持ち合いは，取引先などの関係者やビジネス上無関係の会社，銀行等が行っているものであるが，現状で株式持ち合いを実施しているのは，取引関係にあるなど，ビジネス上何らかの関係にある企業同士で行われているものが多い。

　株式保有の基本は「株主の権利」であるインカムゲインや議決権の獲得，あるいはキャピタルゲインの獲得にあるが，株式市場には，利益を求めるという意味で効率的に動く株主と，そうでない株主が混在している。株式保有の目的は非常に多様であるので，単純にまとめられるものではないが，株主の種類と大まかな株式保有目的は**図表6－1**のようになろう。

2　日本における支配的株主の変遷

　株式会社においては，多数の株式を保有する大株主が，企業（上場企業）に多大な影響を与えている。時代の節目に支配的株主が変化しており，それら投資家の要求に応えるような経営が行われている。日本における会社の株式所有構造は，戦前は個人大株主である財閥が，第2次世界大戦後の財閥解体から株式持ち合いの形成までは一時的に経営者が，そして株式持ち合いが形成されたことによって法人株主が，バブル崩壊後，株式持ち合いの崩壊と外国人（英米）機関投資家の台頭に伴い機関投資家が中心となっていった。それをまとめたのが**図表6－2**である。現在，株主総会の決議に大きな影響を与える主要株主は，日本証券取引所グループが公表している「株式分布状況調査」によると外国人機関投資家である。外国人，特に英米の機関投資家に株式を保有された日本企業は，株主利益を考慮した経営を迫られるようになった。その一方で個別企業の上位株主名簿を見ると，近年株式保有比率を増大させているのが，日本マスタートラスト信託銀行や日本トラスティ・サービス信託銀行といった「信託口」である（**図表6－3**参照）。

　上記信託銀行は資産管理を専門に行う機関であり，実質的な株主は投資信託

図表6-2　日本における株式保有構造の変遷と経営形態

時代	主要な株式保有者／経営形態	崩壊（変化）の理由
戦前	財閥／財閥支配	財閥解体
	財閥が傘下企業の株式を保有し支配する形態→第2次世界大戦後、財閥解体によって強制的に解消	
戦後〜高度経済成長期まで	財閥企業の常務等、個人／経営者支配	陽和不動産株式買い占め事件、資本の自由化
	財閥が保有していた株式を財閥企業の常務等や個人が保有する→急速に拡大した資金需要への対応が困難になったこと、買収事件が発生し、旧財閥系が再度集結して安定株主工作に走ったことにより個人の比率が減少	
高度経済成長期（1950年代頃〜）	銀行・企業／法人資本主義	バブル崩壊による株価下落、時価会計の導入
	株式持ち合いによって安定株主を確保する→バブル崩壊による株価下落→含み損を考慮しない株式持ち合いが不可能になる→銀行・企業による保有形態が解消へ	
バブル崩壊後（1990年代後半頃〜）	機関投資家／株主価値経営	サブプライムローン問題
	企業が株主の利益を確保するように機関投資家がガバナンスをする→機関投資家（ファンド）の力が強大になりすぎて企業に短期的な利益を求め、また、カネ余りの状況から、証券化商品を組成して、サブプライムローン問題を引き起こした→株主価値経営の見直しが議論される	
世界同時不況後（2008年〜）	機関投資家／共通価値経営	―
	・長期的な視点の投資家 ・会計基準の変更による経営の可視化 ・積極的な議決権行使と対話	

や年金基金といった機関投資家である。その中でも特に注目すべきは、年金積立金管理運用独立行政法人（GPIF）や上場投資信託（ETF）を保有する日本銀行など、近年保有比率が急増している公的な機関投資家であり、「信託口」の中にはこれら機関の資金も含まれている。

図表6－3　トヨタ自動車の上位10大株主

氏名又は名称	所有株式数（千株）	発行済株式総数に対する所有株式数の割合（％）
日本トラスティ・サービス信託銀行㈱	364,338	11.01
㈱豊田自動織機	229,274	6.93
日本マスタートラスト信託銀行㈱	156,668	4.73
日本生命保険（相）	120,605	3.64
ステート ストリート バンク アンド トラスト カンパニー（常任代理人 ㈱みずほ銀行決済営業部）	104,004	3.14
㈱デンソー	86,882	2.62
ジェーピー モルガン チェースバンク（常任代理人 ㈱みずほ銀行決済営業部）	72,050	2.18
三井住友海上火災保険㈱	60,811	1.84
資産管理サービス信託銀行㈱	58,941	1.78
ザ バンク オブ ニューヨーク メロン アズ デポジタリ バンクフォー デポジタリ レシート ホルダーズ（常任代理人 ㈱三井住友銀行）	56,099	1.69

注：2017年3月31日現在。
出所：トヨタ自動車株式会社「2017年3月期有価証券報告書」。

3　実質株主による議決権行使

　「信託口」の議決権行使の方針を決定するのは委託者であり，それは主に機関投資家である。そこで，実質株主である日本版スチュワードシップ・コード受け入れ機関の2014年度と2015年度の議決権行使結果を集計し，「信託口」がどのような行動をとっているかを推察する。この調査で用いるのは，日本版スチュワードシップ・コードを受け入れた機関である。その理由は，同コードを受け入れた機関は，これに従ってこれら機関が議決権行使結果を公表しているからである。2014年6月10日時点で同コードを受け入れている銀行・会社等は合計で127機関であり，2016年3月24日時点では合計で206機関である。2014年6月時点の127機関，2016年3月時点の206機関のうち，議決権行使結果が数値で確認できる71機関（2014年度），91機関（2015年度）を集計したものが**図表6－4**である。各機関が行使する議案数は十数件から10万件台まで幅広いが，

図表6-4 スチュワードシップ受け入れ機関の議決権行使結果

議案	2014年度			2015年度		
	賛成	反対	棄権	賛成	反対	棄権
剰余金処分案	96.29%	3.64%	0.07%	95.94%	4.03%	0.02%
取締役選任	90.13%	9.80%	0.07%	90.15%	9.81%	0.04%
監査役選任	77.58%	22.35%	0.07%	84.46%	15.52%	0.02%
定款一部変更	96.24%	3.67%	0.09%	95.09%	4.88%	0.03%
退職慰労金支給	57.65%	42.02%	0.33%	55.10%	44.83%	0.07%
役員報酬額改定(支給等)	93.53%	6.04%	0.43%	92.30%	7.67%	0.03%
新株予約権発行	81.32%	18.22%	0.46%	82.52%	17.24%	0.24%
会計監査人選任	97.21%	2.79%	0.00%	98.67%	0.83%	0.50%
再構築関連	91.23%	8.77%	0.00%	97.41%	2.59%	0.00%
買収防衛策	50.85%	49.15%	0.00%	50.39%	49.61%	0.00%
その他会社提案	59.49%	40.42%	0.09%	77.94%	22.05%	0.01%
合計	88.05%	11.91%	0.05%	89.56%	10.36%	0.07%

注1:各機関の株主総会における議決権行使結果の集計。国内株式の議決権行使結果であり,機関ごとの集計期間は以下の通り。投信・投資顧問会社等:2014・2015年5〜6月,信託銀行等,生命保険・損害保険会社:2013年〜2014年・2014年〜2015年(4月期〜3月期,7月〜6月等),年金基金等:2014・2015年4月〜6月,2013年〜2014年・2014年〜2015年(7月〜6月,4月〜3月末等)
注2:「再構築関連」は合併,営業譲渡・譲受,株式交換,株式移転,会社分割などが含まれる。
注3:「その他会社提案」は,自己株式取得,法定準備金減少,第三者割当増資,資本減少,株式併合など。機関によっては,買収防衛策に関する議案が「その他会社提案」に含まれている。
出所:各機関の議決権行使結果をもとに筆者作成。

平均すると約1万件(2014年度)と1万3千件(2015年度)であり,反対票の合計比率は2014年度が11.91%,2015年度が10.36%であった。この数字が高いか低いかを判断するためには,例えば六大企業集団によって株式持ち合いが多数行われ,安定株主が企業の多数を占めていた時代と比較する必要があるが,この時代の議決権行使結果は公表されていないため,正確な数字を把握することはできない。しかし,多数の株主総会が同時期に集中して行われ,かつ30分以内で終了するといった状態が問題となっていたことから,当時は反対票が投じられる割合はほとんどなかったと推察され,それと比較すると多くの反対票が投じられていることが言える。

個別の議案で反対票が多く投じられているのが,大きい順で買収防衛策,退職慰労金支給,その他会社提案となっている。機関投資家の議決権行使基準を確認すると,株主利益に反する恐れのあるものについて,精査したうえで反対

票を投じているようである。例えば買収防衛策については，経営や資本効率が改善される余地が大きい企業や恣意的に防衛策が発動される可能性があるケースに反対票を投じている[4]。原則反対としている機関も多いため，半数近い反対票が投じられた。

　集計結果は一部外国資本の機関も含まれているが，この結果を見ると，外国人投資家だけでなく国内機関投資家もほとんど棄権することなく議決権を適正に行使するようになり，それは言い換えると「信託口」として合算されて記載されている株主もそれぞれが議決権を行使しているということであり，一定程度の「物言う株主」として位置づけることができよう。それは企業の立場から見ると，リーマン・ショック後，過度に株主のみを考慮して経営すること見直されているとはいえ，株主利益を考慮した経営を行わなければならないということであろう。

4 公的機関投資家の増大と経営行動

(1) 公的機関投資家による株式保有

　公的機関投資家であるGPIFによる2006年度の国内株式の構成割合は16.65%と比較的高かったが，その後の世界同時不況の影響等もあり2008年度には9.69%まで減少している。その後，市場回復期が訪れることによって株式を保有するだけで時価による配分比率が上昇していった側面も指摘されているが，2016年12月時点での資産構成割合は，基本ポートフォリオを国内株式25%（±9%），外国株式25%（±8%），外国債券15%（±4%），国内債券35%（±10%）と，株式割合を増加させている[5]。同時点での実際の保有割合は，同時点で国内株式23.76%，海外株式23.16%，短期資産6.46%，外国債券13.37%，国内債券33.26%であった（**図表6-5**）。

　また，公的機関投資家として近年存在感を増しているのが日本銀行である[6]。2015年3月末時点における日本銀行による国内株式保有額は，金銭の信託（信託財産株式）が1兆3,490億3,735.4万円，金銭の信託（信託財産指数連動型上場投資信託：ETF）が7兆5,676億2,269.9万円である。2016年9月20日時点では，金銭の信託（信託財産株式）が1兆2,596億161.1万円，金銭の信託（ETF）が9兆3,364億1,285.2万円まで増額されている。ETFはパッシブ運用のため，業

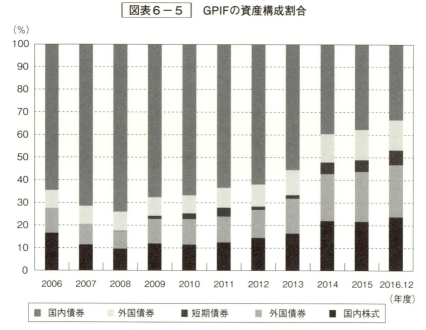

図表6-5 GPIFの資産構成割合

注：各年度は4月から3月までの集計。2016年度のみ，第3四半期時点での構成比率。
出所：GPIF「業務概況書」各年度をもとに筆者作成。

績に関係なく株式を保有される割合が増大し，公正な価格発見機能が維持できなくなる恐れがあるとの指摘がある[7]。また，GPIFの国内株式におけるパッシブ運用の割合は，2015年度末時点で81.5％（保有額は30兆5,809億円）であるため，同様の問題点が指摘されている。

(2) 公的機関投資家の増大が企業に与える影響

では，公的機関投資家はどのような経営を企業に要求するのか。例えば公的機関投資家のうちGPIFは，運用を委託している会社に対して，積極的な議決権行使とエンゲージメントを求めている。GPIFはスチュワードシップ・コードを2014年の制定当初から受け入れている。スチュワードシップ・コードとは，「投資先企業やその事業環境等に関する深い理解に基づく建設的な『目的を持った対話』（エンゲージメント）などを通じて，当該企業の企業価値の向上や持続的成長を促すことにより，『顧客・受益者』（最終受益者を含む）の中長期的な投資リターンの拡大を図る」ための行動指針であり，ここで，投資先企

業の中長期的成長に資する積極的な対話や議決権行使を行うことを原則として定めている。

GPIFの運用受託機関による議決権行使状況を確認すると、2016年4月～6月の株主総会における議決権行使結果は、会社提案総件数169,329件のうち、賛成が155,921件（92.1％）、反対が13,408件（7.9％）であった[8]。機械的にすべ

図表6-6　GPIFによる議決権行使結果

議案		2007年度		2008年度		2009年度		2010年度		2011年度	
		賛成	反対	賛成	反対	賛成	反対	賛成	反対	賛成	反対
会社機関に関する議案	取締役の選任	90.2	9.8	90.2	9.8	91.5	8.5	89.4	10.6	87.8	12.2
	うち社外取締役	80.2	19.8	81.5	18.5	83.2	16.8	77.7	22.3	76.0	24.0
	監査役の選任	88.7	11.3	88.6	11.4	85.2	14.8	82.1	17.9	83.1	16.9
	うち社外取締役	84.1	15.9	83.8	16.2	79.6	20.4	76.2	23.8	92.8	7.2
	会計監査人の選任	100.0	0.0	99.0	1.0	99.4	0.6	100.0	0.0	100.0	0.0
役員報酬等に関する議案	役員報酬	97.8	2.2	96.6	3.4	97.8	2.2	97.9	2.1	95.4	4.6
	役員賞与	99.1	0.9	99.8	1.2	97.4	2.6	96.8	3.2	95.4	4.6
	退任役員の退職慰労金の贈呈	64.0	36.0	64.8	35.2	64.7	35.3	56.8	43.2	49.1	50.9
	ストックオプションの付与	75.9	24.1	80.2	19.8	79.5	20.5	72.9	27.1	73.8	26.2
資本政策に関する議案（定款変更に関する議案を除く）	剰余金の配当	95.8	4.2	97.0	3.0	98.8	1.2	97.6	2.4	95.7	4.3
	自己株式取得	99.5	0.5	100.0	0.0	95.3	4.7	100.0	0.0	98.7	1.3
	合併・営業譲渡・譲受、会社分割等	98.5	1.5	97.8	2.2	98.8	1.2	98.8	1.2	99.3	0.7
定款変更に関する議案		92.8	7.2	95.2	4.8	98.1	1.9	95.1	4.9	97.0	3.0
買収防衛策（ライツプラン）	事前警告	70.1	29.9	76.5	23.5	58.2	41.8	50.9	49.1	48.5	51.5
	信託型	54.5	45.5	87.5	12.5	0.0	100.0	12.5	87.5	14.3	85.7
その他議案		93.8	6.2	85.5	14.5	94.8	5.2	95.6	4.4	96.8	3.2
合計		89.6	10.4	89.8	10.2	91.0	9.0	88.3	11.7	86.8	13.2

議案		2012年度		2013年度		2014年度		2015年度		2016年度（4～6月）	
		賛成	反対	賛成	反対	賛成	反対	賛成	反対	賛成	反対
会社機関に関する議案	取締役の選任	89.9	10.1	89.4	10.6	91.8	8.2	92.9	7.1	93.2	6.8
	うち社外取締役	77.1	22.9	77.9	22.1	82.1	17.9	86.8	13.2	89.6	10.4
	監査役の選任	83.1	16.9	81.7	18.3	83.5	16.5	85.4	14.6	85.8	14.2
	うち社外取締役	76.2	23.8	75.2	24.8	76.5	23.5	79.2	20.8	79.2	20.8
	会計監査人の選任	100.0	0.0	99.2	0.8	98.5	1.5	100.0	0.0	99.6	0.4
役員報酬等に関する議案	役員報酬	95.4	4.6	95.5	4.5	96.8	3.2	97.5	2.5	97.9	2.1
	役員賞与	97.0	3.0	97.0	3.0	95.6	4.4	96.9	3.1	96.8	3.2
	退任役員の退職慰労金の贈呈	46.3	53.7	61.0	39.0	54.5	45.5	44.8	55.2	44.8	55.2
	ストックオプションの付与	74.3	25.7	79.9	20.1	79.8	20.2	81.1	18.9	85.4	14.6
資本政策に関する議案（定款変更に関する議案を除く）	剰余金の配当	97.2	2.8	96.5	3.5	95.4	4.6	96.1	3.9	96.3	3.7
	自己株式取得	98.4	1.6	98.9	1.1	97.2	2.8	100.0	0.0	100.0	0.0
	合併・営業譲渡・譲受、会社分割等	98.4	1.6	98.8	1.2	97.4	2.6	98.2	1.8	98.7	1.3
定款変更に関する議案		96.1	3.9	95.7	4.3	96.9	3.1	96.5	3.5	97.0	3.0
買収防衛策（ライツプラン）	事前警告	50.1	49.9	40.6	59.4	37.1	62.9	46.5	53.5	43.7	56.3
	信託型	0.0	0.0	33.3	66.7	0.0	100.0	0.0	0.0	0.0	0.0
その他議案		97.3	2.7	99.4	0.6	100.0	0.0	94.0	6.0	87.7	12.3
合計		88.6	11.4	88.5	11.5	90.5	9.5	91.7	8.3	92.1	7.9

注：各年度は4月から3月までの集計。2016年度のみ、4月から6月の集計。
出所：GPIF「事業概況書」各年度、「平成28年度スチュワードシップ活動報告」をもとに筆者作成。

て賛成ということはなく、議案を精査した上で、受託機関は議決権行使を行っている（図表6－6）。

議決権の行使と並んで、機関投資家に求められる重要な対応が「エンゲージメント」である。GPIFがJPX日経インデックス400構成企業に対して行ったアンケート調査によると、GPIFの受託機関である機関投資家とのミーティングで特に参考になったケースに、回答企業の66%が「資本政策・資本効率」を挙げている（図表6－7）。パッシブ運用が主な公的機関投資家は、ROEの高低にかかわらず投資を行う割合が大きいが、運用受託機関による議決権行使や企業との対話を通じて、積極的に投資先企業に対して株主利益の向上を求める存在であるということである。政府の成長戦略にもROEが指標として用いられており、政策的にも日本企業のROEを向上させようとしていることがうかがえる[9]。そのため、日本企業は一層ROEといった指標を考慮し、経営を行っていくことが求められている。

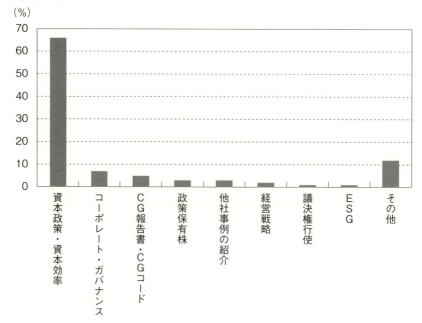

図表6－7　GPIFの委託機関投資家とのミーティングで特に参考になったケース

出所：年金積立金管理運用独立行政法人「機関投資家のスチュワードシップ活動に関する上場企業向けアンケート集計結果」4頁。

図表6-8　ROEの日米大手企業分析

	ROE	売上高当期純利益率	総資本回転率	財務レバレッジ
日本	6.4%	5.7%	0.85	3.97
米国	18.4%	11.0%	0.83	3.63

注：2011年～2013年の平均。
出所：柳（2015），45頁をもとに筆者作成。

　機関投資家等に株式を保有されている企業は，ROE向上のため自社株買いや増配といった特段のペイアウト政策をとっていないのかというと，そうではない。近年の新聞報道によると，企業の自社株買いは2016年1～9月，過去最高の4兆3,500億円に達しており，株主還元として日本の上場企業は積極的に自社株買いを行っている[10]。また，2015年度に増配を発表した企業が127社と約10年前と比較して高水準となっている[11]。これらの報道からは，近年の日本の上場企業は積極的に株主還元策をとっていることがわかる。ただし，ROE向上の手段として財務レバレッジの向上や自社株買いといったペイアウト政策を最優先に検討することを問題視する研究は多く存在する[12]。

　柳（2015）は日本企業（TOPIX500）と米国企業（S&P500）のROE，売上高当期純利益率，総資本回転率，財務レバレッジの比較を行い，日本企業のROEが低い要因として売上高当期純利益率の低さであることを指摘している[13]。増配や自社株買いといった短期的にROEを向上させるペイアウト政策の問題というよりも，売上，利益を上げてROEを向上させることが日本企業には求められる[14]。公的機関投資家を含む信託口の株式保有比率が高まることによって，この傾向が高まっていくと推察される。

　また，公的機関投資家の増大が与える影響として考えられるのが，ESGの概念である。環境，社会，ガバナンスの優れた企業に投資するのがESG投資と呼ばれており，GPIFもこの方針に賛同している。GPIFに株式を保有されている企業は，これら社会性を考慮した経営も求められるようになっている。

注

1　本章は，筆者がこれまで発表した論文や著書をまとめたものである。
2　この権利が行使された例としては，カネボウ（2007年6月解散），親和銀行（2007年解散決定），中堅繊維商社の立川（1999年解散決定）などが挙げられる。

3　これら3つの権利は，会社法第105条に明記されている。
4　ニッセイアセットマネジメント「スチュワードシップ活動の概況」。
5　喜多幸之助（2016）「第1章 年金制度による取り組みの違い—企業年金と公的年金」『変革迫られる年金運用』，8頁。
6　その他，持ち合い株式の受け皿として設立された公的機関である銀行等保有株式取得機構が，2015年3月末時点において1兆4,815億円の株式を保有している。
7　白川（2016），スライド26。
8　「平成28年 スチュワードシップ活動報告」，22頁。
9　「「日本再興戦略」改訂2014—未来への挑戦—」，4頁。
10　「日本経済新聞」2016年10月25日付朝刊。
11　「日本経済新聞」2016年3月26日付朝刊。
12　例えば，手島（2015），53〜62頁や，宮川（2014），26〜27頁を参照。
13　柳（2015），45頁。
14　自社株買い実施企業は2015年度では635社にまで達したが，株価が反応しない場合もある。投資家は，ROEが継続して上昇するかどうかを見極めるようになっているため，単純なペイアウト政策には反応しないという指摘もある（「日本経済新聞」2016年8月27日付朝刊）。

参考文献

Franks, J., C. Mayer and H. Miyajima (2014) The Ownership of Japanese Corporations in the 20th Century, *The Review of Financial Studies*, Vol.27, Issue9, pp.2580-2625.
伊丹敬之編著（2006）『日米企業の利益率格差』有斐閣。
北川哲雄編著（2015）『スチュワードシップとコーポレートガバナンス』東洋経済新報社。
坂本恒夫（2014）「経営力と経営分析」『経営論集』第61巻第2号，1-14頁。
白川方明（2016）「証券市場と中央銀行の役割」，証券経済学会創立50周年記念大会報告資料。
手島直樹（2015）『ROEが奪う競争力』日本経済新聞出版社。
鳥居陽介（2017a）『株式所有構造の変遷と経営財務』中央経済社。
鳥居陽介（2017b）「「信託口」による株式保有とROE—公的機関投資家が株式保有企業に与える影響」，『日本中小企業・ベンチャー ビジネスコンソーシアム年報』第15号，13-25頁。
鳥居陽介（2016）「大株主としての「信託口」—その仕組みと位置付け—」『証券経済学会年報』第51号，49-59頁。
林原行雄（2016）「企業評価指標としてのROEの問題点とコンセッションへの示唆」『東洋大学PPP研究センター紀要』第6号。
https://www.toyo.ac.jp/uploaded/attachment/19228.pdf
福本葵（2007）「名義株主と真の株主」『証研レポート』No.1643，39-52頁。
藤井智朗・笹本和彦監修，ニッセイアセットマネジメント株式会社編著（2014）『ス

チュワードシップ・コード時代の企業価値を高める経営戦略』中央経済社。
日本トラスティ・サービス信託銀行（2009）『THE資産管理専門銀行（第3版）』金融財政事情研究会。
日本版スチュワードシップ・コードに関する有識者検討会（2014）「「責任ある機関投資家」の諸原則≪日本版スチュワードシップ・コード≫～投資と対話を通じて企業の持続的成長を促すために～」
http://www.fsa.go.jp/news/25/singi/20140227-2/04.pdf
年金シニアプラン総合研究機構（2014）「ETF（上場投資信託）に関する調査研究 平成26年度調査報告書」。
宮川壽夫（2014）「ROE重視は日本の企業価値を拡大するのか」『月刊資本市場』No.352, 22-31頁。
柳良平（2015）『ROE革命の財務戦略―外国人投資家が日本企業を強くする』中央経済社。

第7章

株式流通市場

1 流通市場の役割

(1) 流通市場とは何か

　証券市場には，第4章で説明された「発行市場（プライマリーマーケット）」としての側面のほかに「流通市場（セカンダリーマーケット）」としての側面がある。流通市場とは，すでに発行された株式等が投資家間の売買を通じて取引される市場のことをいう。投資家間の売買を通じて個々の証券価格が形成され，その価格をもとに取引が実施されることから，売買取引および価格形成の場を提供することが流通市場の主な役割となる。

(2) 流動性と価格形成

　流通市場には「流動性の付与」と「価格の形成」という2つの役割がある。流通市場は，景気の変動に応じてすでに発行された証券等の売買を通じて保有される証券ポートフォリオの構成比率を変更する場であるため，必要なときに必要な量を売買できることが投資家にとって必要不可欠となる。流動性とは資産の換金性のことだが，この流動性が高いほど売買取引が活発化し投資を促す。なぜなら，投資の成果は不確実であるため，莫大な損失を被る前の売却による市場からの退出が証券保有者にとっての最終的なリスク回避手段となるからである。

　多数の売り手と買い手による売買行為の結果形成される価格は，市場参加者のコンセンサスを得ることにより，発行市場における価格決定に影響を及ぼすことになる[1]。このように，流通市場で形成された価格がシグナルとして機能し，資金不足主体間での公正な資源配分を実現させることから，流通市場での

価格形成は国民経済的観点から見て重要な役割を担っている[2]。

2 流通市場の構造

(1) 証券取引所

わが国における上場銘柄の取引を大別すると、証券取引所が開設する各種市場での取引である「取引所取引」と「取引所外取引」の2通りの方法がある。

「証券取引所」とは、円滑な株式等の売買取引を通じて公正な価格形成を実現するために投資家らによる売買注文を集約する場（市場）を開設・管理する主体のことをいう[3]。わが国には、日本取引所、名古屋証券取引所、福岡証券取引所、札幌証券取引所の4取引所が設置されているが、これらの取引所（日本取引所グループの場合はグループ会社の東京証券取引所）が開設する市場は**図表7－1**に示されるとおりである。

(2) 日本取引所

本節では日本取引所グループ（JPX：Japan Exchange Group）のホームページ上の記載内容に基づき、同グループが開設する市場の性格に焦点を当て説明しておく。日本取引所グループは、東京証券取引所（以下、東証）と大阪証券取引所（以下、大証）が合併して2013年1月に発足したが、同年7月に現物株式市場を東証に集約、2014年3月にデリバティブ市場を大阪取引所に集約する

図表7－1　証券取引所が開設する現物市場の一覧

証券取引所	東京	名古屋	札幌	福岡
大企業向け	第1部（2,065）	第1部（195）	本則市場（50）	本則市場（98）
中堅企業向け	第2部（519）	第2部（85）		
新興企業／特色ある企業向け	マザーズ（248）	セントレックス（13）	アンビシャス（8）	Q-Board（14）
	JASDAQスタンダード（708）			
	JASDAQグロース（41）			

注：TOKYO PRO Market（東証）は省略。括弧内の数字は2017年12月27日時点で筆者が確認した上場企業数。
出所：各証券取引所ホームページより筆者作成。

など，これら取引所を傘下に持つ取引所グループとして再編された。この結果，東証は市場第1部，市場第2部，マザーズ，そしてJASDAQ（「スタンダード」と「グロース」）等の名称を持つ現物市場を開設し今日に至っている。

これらの市場を区分するものが上場審査基準である（**図表7－2**）。上場とは取引所での株券等の売買を認めることであるが，上場が認可されるためには，株主数，流通株式数，株式時価総額，純資産の額，利益の額，そして事業継続年数等についての基準値を示した上場審査基準をクリアすることが条件となる。東証では，大企業向けの市場である第1部の基準値が最も厳しく，次いで第2部となっている。この第2部は当時の店頭集団取引を市場取引化することを狙いとして1961年10月に開設された市場であり，これら2つの市場が中心的な市場（本則市場）となる。

マザーズは1999年11月に新興企業（ベンチャー企業）向けに開設された市場であるため，利益の額等に制限を設けないなど，第1部や第2部の市場よりも緩い上場基準を採用している。JASDAQ市場は統合前の大証にて開設されていた市場である。同市場は「信頼性」，「革新性」「地域・国際性」という3つのキーコンセプトを掲げる点に特徴がある。JASDAQスタンダードは一定の事業規模と実績を有する成長企業を，他方，JASDAQグロースは特色ある技術やビジネスモデルを有し，将来の成長可能性に富んだ企業を対象としている。

本来，マザーズは第2部同様，第1部へのステップアップを視野に入れた市場である。この狙いを明確にするため，マザーズ上場後10年を経た企業を念頭に，上場廃止基準の見直し適用および市場選択制度を導入した制度改正を2011年に実施した。その結果，マザーズ上場後10年を経た企業に対し，市場第2部と同水準の上場廃止基準が適用され，この基準を満たす場合は第2部かマザーズでの上場が認められ，満たされない場合は上場廃止（フェニックス銘柄制度へ移行）の措置がとられることとなった[4]。

本則市場以外のベンチャー向け市場が開設されたのは，バブル崩壊以降の株式市場の低迷から脱することを念頭に，成長段階に応じた市場を選択することを通じた新規事業の育成に主眼が置かれたからであり，日本取引所グループの誕生はグローバル規模で展開する市場間競争に勝ち残るための手段と認識されている[5]。

図表7-2 東証上場審査基準の概要（抜粋）

項目	第1部	第2部	マザーズ	JASDAQ スタンダード	JASDAQ グロース
株主数	2,200人以上	800人以上	200人以上	200人以上	
流通株式数	2万単位以上	4千単位以上	2千単位以上	―	
流通株式時価総額	10億円以上	10億円以上	5億円以上	5億円以上	
流通株式比率	35％以上	30％以上	25％以上	―	
時価総額	250億円以上	20億円以上	10億円以上	―	
事業継続年数	3年以上		1年以上	―	
純資産額（連結）	10億円以上		―	2億円以上	正
利益の額（連結）又は時価総額	次のaまたはbに適合 a 経常利益の額が最近2年合計5億円以上 b 時価総額500億円以上　直前期売上高100億円以上		―	直前期1億円又は時価総額50億円	―

注：公募または売り出し等の実施，そして実質基準等の内容は省略している。
出所：日本取引所ホームページより引用。

(3) 取引所外取引

　株式売買に課せられていた取引所集中義務が1998年に撤廃されたことを受け，取引所以外での株式売買が可能となった。この「取引所外取引」の代表的な手法に私設取引システム（PTS：Proprietary Trading System）がある。これは，証券会社が運営するコンピュータ・システムを使用して，取引所を経由することなく売買取引を行うシステムのことである[6]。このシステムのメリットは，取引時間終了後の時間外取引が可能となる点にある。他方，デメリットとしては参加者の少なさに起因する低流動性が指摘できる。

3　流通市場における取引規模と価格指標

(1) 流動性の指標

　高い流動性なしに公正な価格形成を実現できないため，市場流動性は重要なファクターとなる。株式市場での売買状況（取引の規模）を示すのは売買高である。売買高とは「売買された株式の総数」あるいは「売買された株式の総数

を金額表示したもの」であるが，前者を売買高，後者を売買代金と区別して呼称することが多い。市場第1部と第2部の売買高を比較すると前者の売買高が後者のそれよりも大きい（**図表7-3**）。その理由は前者の市場規模が顕著に大きいことによるものである（**図表7-4**）。市場規模がそのまま流動性を示すものではないため，流動性を把握するためには売買高を市場規模で調整する必要が生じる。

市場流動性を示す代表的な指標に売買回転率がある。これは株数ベースと代金ベースの2種類の計算方法がある。

$$\text{売買回転率（株数ベース）} = \frac{\text{ある期間の売買株式数}}{\text{期中平均上場株式数}} \times 100 \text{（単位：\%）}$$

$$\text{売買回転率（代金ベース）} = \frac{\text{ある期間の売買代金}}{\text{期中平均株式時価総額}} \times 100 \text{（単位：\%）}$$

株数ベースの分母である期中平均上場株式数は上場株式数の期首と期末の平均であり，代金ベースの分母である期中平均株式時価総額も期首と期末の平均値である。どちらの方法も市場規模で売買高を調整しており，これによって規

図表7-3　東証における売買高の推移

(単位：千株，百万円)

年	市場第1部		市場第2部	
	売買高	売買代金	売買高	売買代金
2006	477,894,218	644,308,788	20,822,649	7,475,698
2007	545,835,876	735,333,528	15,146,248	3,490,428
2008	541,576,224	568,538,950	11,775,067	1,722,878
2009	552,098,670	368,679,737	10,202,351	1,257,199
2010	511,695,772	354,598,763	7,315,086	872,885
2011	524,646,368	341,587,524	9,850,350	1,044,523
2012	519,754,423	306,702,280	7,703,508	910,182
2013	841,857,965	640,193,836	22,225,351	3,576,150
2014	612,851,073	576,525,070	36,199,273	7,739,865
2015	620,005,885	696,509,496	36,580,825	8,266,622

注：2008～2010年の数値のみ月次データを別途集計している。
出所：『東証統計月報』および日本取引所ホームページをもとに筆者作成。

| 図表7-4 | 株式時価総額の推移 |

(単位:百万円)

年	市場第1部	市場第2部
2006	538,629,548	7,282,219
2007	475,629,039	5,428,792
2008	278,988,813	3,237,779
2009	302,712,168	3,583,698
2010	305,693,030	3,447,326
2011	251,395,748	3,240,483
2012	296,442,945	3,227,363
2013	458,484,253	5,539,515
2014	505,897,342	6,270,437
2015	571,832,889	6,340,105

注:株式時価総額は各年12月の数値。
出所:『東証統計月報』および日本取引所ホームページをもとに筆者作成。

模の異なる市場の流動性比較が可能となる。市場第1部と第2部の売買回転率(代金ベース)を見ると,多くの期間において市場第1部の回転率が高いものの,2014～2015年にかけては市場第2部の回転率が第1部のそれを上回っていることがわかる(図表7-5)。

(2) 株価指数

東証の市況を反映する代表的な指標として日経平均株価(日経225)と東証株価指数(TOPIX)がある。日経平均株価は,東証第1部上場銘柄のうち流動性が相対的に高く,業種を代表する225銘柄から構成されている。1950年9月から導入された歴史のある代表的な指数であるが値嵩株の影響を受けやすいという特徴がある。他方,TOPIXは1968年1月4日の東証第1部の時価総額を100とした場合の時価総額の大きさを指数化したものである。全銘柄を対象としているため産業構造の変化等を反映しつつも,各銘柄の上場株式数でウェイト付けされているため,一部の銘柄の価格変動の影響を受けにくいという特徴がある。

なお,近年導入された新たな指数として2014年1月6日から公表されているJPX日経インデックス400がある。これは東証上場銘柄のうち,流動性が高く時価総額が大きい銘柄を対象に3年平均ROE,3年累積営業利益,基準日時

図表7-5　売買回転率（代金ベース）の推移

出所：『東証統計月報』および日本取引所ホームページをもとに筆者作成。

点の時価総額等の定量指標でスコア化したものに，定性評価を加えて選定された400銘柄からなる指標である[7]。投資家にとって投資魅力の高い会社で構成されている点にこの指数の特徴がある（**図表7-6**）。

(3) 株式投資指標

　市場全体の価格動向を概観する上で株式投資指標も有効に活用されている。株式投資指標の特徴は割安株の発掘にあるため，割高・割安の傾向を把握する上で有用である。代表的な指標としては株価収益率（Price Earnings Ratio：以下，PER）と株価純資産倍率（Price Book-value Ratio：以下，PBR）がある。

　PERは株価が1株当たり利益の何倍かを測る，利益に対する割高／割安を判断する指標である。PERは直感的にわかりやすい指標であるが，赤字企業の場合は使用に適しておらず，基準値がないため時系列比較もしくは同業他社・業種平均のPERとの比較を通して割高／割安を判断する必要がある。他方，PBRは株価が1株当たり純資産の何倍かを測る指標だが，存続価値（時価）を解散

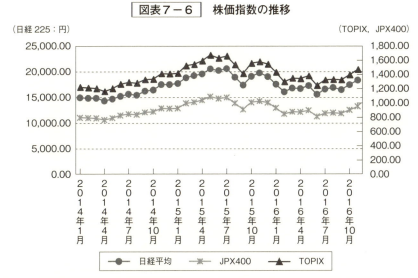

注:データは2014年1月〜2016年11月の終値。
出所:Yahoo!ファイナンスおよび新聞紙上のデータをもとに筆者作成。

価値(簿価)で除した比率でもあるため,分母の解散価値を基準にPBR1.0を割高/割安の判断基準とする場合がある。ただし,市場平均PBRが1.0を下回ることもあるため,状況によって市場平均や業種平均を基準値とすること等を考慮する必要がある。

$$\text{PER} = \frac{株価}{1株当たり利益} \quad (単位:倍)$$

$$\text{PBR} = \frac{株価}{1株当たり純資産} \quad (単位:倍)$$

図表7−7を見ると,平均PERの変動は比較的大きく,PBRは0.9〜2倍の間で安定的に推移していることがわかる。

図表7-7　PERとPBRの推移

注：東証第1部の連結総合（単純）で12月の数値を使用。2009年は赤字のためPERのデータなし。
出所：日本取引所ホームページより引用。

4 財務からみた株式流通市場

(1) 企業評価の場としての流通市場

　額面発行が主流であった時期のわが国の株式市場は，間接金融システム優位のもと，限界的な資金調達の場として機能してきた。1970年代以降，株式時価発行が増資形態の主流となった時期には，低資金コストでの資金調達が可能であるとの理解のもと，エクイティ・ファイナンスが活況を呈した。このように，かつてのわが国の株式市場では発行市場の資金調達機能がとりわけ重視されてきた。

　しかし，1990年代以降の株価の長期低迷によりエクイティ・ファイナンスによる資金調達が困難となった。なぜなら，エクイティ・ファイナンスは1株当たり利益を希薄化させ，平均的な資本コストの上昇を促すことから，企業価値を高める上で望ましい資金調達方法とは必ずしもいえないことが明確に理解されるようになったからである。

　さらに1990年代後半，時価会計の導入を契機に株式持ち合いが解消の方向へ

動き始め，外国人株主が持ち合い株式の受け皿となったことから，彼らが経営者に向ける増収・増益への圧力が企業業績および株価を高める原動力の1つとなった。

この一連の経緯は，企業および株式市場関係者の主たる関心が，発行市場の資金調達機能から流通市場の価格形成機能に移ったことを示唆する。もちろん，ここでの価格形成機能とは，公正妥当な価格を実現することに狙いを置いたものであるため，より高い値付けを求める企業サイドの思惑と同じものではない。

しかしながら，流通市場での評価額を基礎に推計される株主資本コストは目標ROEを設定する上で，加重平均資本コストの推計は目標ROA（もしくは目標ROIC）を設定する上で有用である。これら目標利益率を経営目標とし，それを達成するための経営計画を策定・公表することは，事業活動を遂行する上で，また外部大株主らの支持を得る上でも有用である。流通市場からもたらされる情報に傾聴し価値向上を目指すことは上場企業に求められる経営姿勢の一つであろう[8]。

(2) 事例

セブン＆アイ・ホールディングス（以下，セブン＆アイ）が公開する2015年度2月の連結財務諸表を見ると，株主資本のうち資本金の割合が約2％，資本剰余金の割合が約24％，利益剰余金の割合が約74％となっており，内部資金重視の資金調達を行ってきたことがわかる。

同時期のセブン＆アイのROEは7.9％，PERは23.4倍となっていることから，PBRは約1.85倍程度だと推測される。同社の2015年度3月時点のヒストリカルベータ（60か月）が0.8であるから[9]，リスクプレミアムを6％，リスクフリーの長期金利を0.3％と仮定するならば，CAPMに基づく同社の株主資本コストは5.1％程度と推計される。PBRの水準からも明らかだが，当時のセブン＆アイの期待ROEは株主資本コストを上回る水準にあり，それは達成されたROEの水準からもうかがわれる。

セブン＆アイはその成長戦略（2016年3月19日）においてROE10％を目標として掲げている[10]。中長期的な企業価値向上のために「グループシナジー効果」と「資本効率向上」を手段とし，ROE以外の重要指標として「営業利益の成長」，「ROIC」，「ROA」を挙げている[11]。このように同社の成長戦略では，流通市場からもたらされる情報を意識した，理に適った目標が設定されている

(3) 流通市場にみる今後の課題

　流通市場には国民の安定的な資産形成の場として重要な役割があるものの，そこで形成される価格が常に公正なものであるとは限らない。理論株価の立場からみれば，株価は「将来キャッシュフローの割引現在価値」で示されるものの，実際には収益や資本コスト以外の要因も株式の市場価格に影響を及ぼす。ある企業の知名度・評判の向上が収益予想にプラスの影響を与えることもあれば，粉飾決算や不正行為の露呈が株価を短期間で暴落させることもある。

　投資にリスクはつきものであるため，証券発行サイドからの情報開示を促す仕組みが不可欠であると同時に，投資家側にも投資先を分散させ保有資産を多様化させる必要がある。とりわけ個人投資家は典型的な価格受容者であるため，投資のリスクに対しては十分な理解と慎重な姿勢が不可欠となる。

　流通市場では証券の需給を適切にマッチングさせることを通して公正な価格形成を実現するために高流動性を維持することが不可欠となるものの，投資家側から見た収益確保の必要性という観点から，売買発注の高速化や低コスト化を可能とする高頻度取引のような売買手法が開発・採用されている。この高速取引のメリットとして「高い流動性の付与」が指摘される一方，デメリットとして「一般投資家を阻害し，中長期的な収益に基づく株価形成を阻害し，相場操縦等の不正取引を招く」可能性を指摘する声もある[12]。必要なルールの導入も含め，流通市場の制度整備に向けて継続的に取り組む必要がある。

注

1　榊原・城下・姜・福田（2005）8頁。
2　同上書，8〜9頁。
3　日本証券業協会HP（http://www.jsda.or.jp/manabu/qa/qa_stock14.html）。
4　日本証券業協会HPによると，フェニックス銘柄制度とは，取引所上場廃止銘柄を保有する投資家に対する換金の場および上場廃止会社の再生を援助できる仕組みとして日本証券業協会が設けた制度のことである（http://www.jsda.or.jp/shiraberu/index.html）。
5　大崎（2014）6頁。
6　日本証券業協会HP（http://www.jsda.or.jp/sonaeru/words/0237.htm）。

7　日本取引所グループHP（http://www.jpx.co.jp/markets/indices/jpx-nikkei400/）。
8　近年，株価に市場の流動性が影響を及ぼしているとの指摘がたびたびなされている。単に上場を果たすだけでなく，流動性を考慮して市場を選択することにも一考の価値がある。
9　同社のベータはTOPIX βVALUE（2015年3月版）から取得した。
10　セブン＆アイ・ホールディングスHP「株式会社セブン＆アイ・ホールディングス成長戦略説明会」https://www.7andi.com/dbps_data/_template_/_user_/_SITE/_localhost/_res/ir/library/ks/pdf/2016_0309_pre01.pdf）。
11　ここでのROAは総資産純利益率，ROICについては分子に「（営業利益＋受取利息）＊0.6＋受取配当金」，分母に「固定資産＋投融資」を用いるなど，独自の算式が用いられている。
12　金融審議会市場ワーキング・グループ報告「国民の安定的な資産形成に向けた取り組みと市場・取引所を巡る制度整備について」（https://www.fsa.go.jp/singi/singi_kinyu/tosin/20161222-1/01.pdf）2017年12月3日アクセス。

参考文献

大崎貞和（2014）「グローバルな市場間競争と日本取引所グループ」公益社団法人日本証券アナリスト協会編『証券アナリストジャーナル』2014年2月，Vol.52 No.2，6〜15頁。
公益財団法人日本証券経済研究所編（2016）『図説日本の証券市場（2016年版）』。
榊原茂樹・城下賢吾・姜喜永・福田司文著（2005）『入門証券論（新版）』有斐閣。
札幌証券取引所HP（http://www.sse.or.jp/market）2016年12月20日アクセス。
セブン＆アイ・ホールディングスHP（http://www.7andi.com/）。2016年12月20日アクセス。
日本取引所HP（http://www.jpx.co.jp/）2016年12月20日アクセス。
日本証券業協会HP（http://www.jsda.or.jp/）2016年12月20日アクセス。
名古屋証券取引所HP（http://www.nse.or.jp/listing/）2016年12月20日アクセス。
福岡証券取引所HP（https://www.fse.or.jp/index.php）2016年12月20日アクセス。

第8章

社債発行・流通市場

1 社債発行の現状

　社債とは長期資金を調達するために企業が発行する債券である。株式とは異なり社債は債権者に対して返済義務を有しており，期日に償還しなくてはならない。社債は負債であり，当初設定された金利を業績に関係なく債権者に支払い続ける。一方，社債には議決権などがないため経営には関与できないという特徴がある。

　2016年，世界における社債発行額が過去最高を記録し2兆8,500億ドルを超えた[1]。日本でも2015年度と2016年度の社債発行額を比較すると，64.42％増加し11兆4,129億円に達した[2]。トヨタ自動車やソフトバンクなどの企業がマイナス金利下で社債を発行し資金調達を行った。また，三菱東京UFJ銀行（現 三菱UFJ銀行），三井住友銀行，みずほ銀行といったメガバンクの持ち株会社は，2019年から実施予定のバーゼルⅢによる金融規制に向けた対応としてTLAC債（Total Loss-Absorbing Capacity Bond）を発行し資本増強に努めたことも社債の発行額が増加した要因となった。TLAC債は総損失吸収力債と呼ばれ，金融安定理事会（FSB: Financial Stability Board）による市場への影響力がある巨大銀行への新たな規制に対処するため金融機関の持株会社が発行する社債のことである。FSBは，破綻時に金融システムへの影響が大きいと想定される世界規模で営業する巨大な銀行に対して，資本や社債の積み増しを求める新規制の基準を策定した（BIS規制，バーゼルⅢ）。この新しい規制では自己資本を算定する際にTLAC債は自己資本に算入して計算ができる。新基準では銀行のリスク資産に対する社債や資本などの割合を2019年16％，2022年18％と設定しており，株主だけではなく社債権者にも銀行破綻時にも損失負担をさせる仕組みである。特に金融機関が発行するTLAC債のことをAT1債（その他Tier1，

Additional Tier 1) と呼ぶこともある。

　企業が社債を発行する要因を社債市場の現状と企業を取り巻く経済環境から考察する。まず，社債市場の現状をデータから見ていくことしよう（図表8－1）[3]。2016年度は新規に記載された普通社債が11兆4,129億円で年度末の現存額は59兆5,586億円であった。1998年度からの集計でみると2016年度は最も社債発行金額が多かった年度となった。現存額が最も多かった年度は2010年度62兆1,136億円であった。銘柄数ベースでみると，発行銘柄数が最も多かった年度は1998年度であるが，現存する銘柄数は2016年度2,961銘柄となり最も多い。前述したように2016年1月から12月までの数値だと，発行額は10兆6,159億円となり，2009年中の11兆3,931億円以来の10兆円超えとなる。

図表8－1　普通社債の発行額・現存額・銘柄数の推移

年度	社債発行額（10億円）	発行銘柄数	現存銘柄数	社債現存額（10億円）	参考：上場会社の株式の公募（10億円）
1998年度	10,453.4	635	2,114	42,348.0	278.2
1999年度	7,787.5	437	2,416	46,749.9	349.7
2000年度	7,637.1	367	2,540	50,094.6	494.1
2001年度	8,172.4	333	2,543	52,456.4	1,201.5
2002年度	7,318.2	312	2,473	53,134.2	153.3
2003年度	6,992.8	353	2,434	53,546.4	567.2
2004年度	5,895.0	307	2,355	51,993.2	750.2
2005年度	6,904.0	335	2,360	51,897.4	650.8
2006年度	6,829.5	335	2,366	51,866.4	1,447.7
2007年度	9,401.4	425	2,475	54,406.6	457.0
2008年度	9,604.9	313	2,429	56,087.7	341.7
2009年度	10,300.2	388	2,473	59,585.3	4,966.8
2010年度	9,933.3	459	2,586	62,113.6	3,308.9
2011年度	8,277.3	394	2,658	62,070.8	967.8
2012年度	8,152.4	416	2,709	60,266.4	451.8
2013年度	8,142.3	462	2,823	59,823.7	1,113.7
2014年度	8,715.5	439	2,863	59,205.6	1,378.0
2015年度	6,941.2	348	2,829	57,169.1	962.0
2016年度	11,412.9	546	2,961	59,558.6	257.7

出所：日本証券業協会の統計資料および日本取引所グループ発表「上場会社資金調達額」をもとに筆者作成。

なお，参考として上場会社が株式の公募により調達した資金額と比較してみると，社債による調達のほうが株式の公募による調達より多い傾向にある。また，社債の発行額と株式の公募による調達額の相関係数を算出すると0.29となり正の相関がみられる。株式増資による資金調達が不調となり株式市場の低迷が指摘されているが，この数値から見ると社債による調達と株式の調達がトレードオフ関係にあるとは言えず，資金需要は増加しているもの二者択一ではなくその他の要因で資金調達手法が選択され，特に社債を用いて資金調達を行っている企業が増加している可能性がある[4]。

そこで，本章は日本では社債が注目を集めているという現状と，一方で社債市場が発展していないという現状とを検討していく。

2 社債の発行市場と流通市場

(1) 発行市場

会社が新規に社債を発行し資金を調達する市場を発行市場（プライマリー・マーケット）という。会社が社債を発行するには直接募集と間接募集がある。直接募集は発行体である会社が投資家と直接交渉し募集を行う形態である。一方の間接募集は，社債の発行体である会社は証券会社や金融機関など金融仲介業者（引受会社）に投資家を勧誘する行為を依頼し広く募集を行う形態である。特に私募の場合や少額の起債のケースでは直接募集が用いられる場合が多く，募集金額が大きい場合には募集対象が不特定多数，広範囲に及ぶため間接募集を採用することが多い。

間接募集によって会社が社債を発行する場合には，①証券会社を通じて募集を行うケース，②市場を通じて募集を行うケースがある。

① 証券会社を通じての募集

引受会社である証券会社を通じて募集を行うケースでは，引受募集によって社債が発行される。引受募集には証券会社や引受シンジケート団が発行される社債をすべて買い取る総額引受（買取引受）と，投資家からの応募額が社債発行額に満たない場合，証券会社などがその満たない部分を引き受ける残額引受がある。社債を購入したいと考える投資家は証券会社が仲介して購入する。一

般的に公募による社債発行は証券会社を通じての募集を行い，同時に銀行や信託会社等を社債管理者として委託し，社債権者のための業務を行い投資家の利益を保護する[5]。社債管理者は銀行，信託銀行，担保付社債信託法による免許を受けた会社などに限定され，主に発行体の取引銀行が担うケースが多い。たとえば，近鉄グループホールディングスは2016年4月に野村證券を主幹事証券会社，社債管理者を三菱東京UFJ銀行（現 三菱UFJ銀行）およびりそな銀行として200億円の第98回無担保社債を募集した。同社のメインバンクは三菱東京UFJ銀行であり，同行が社債管理者となっている（**図表8－2**）。

② **市場を通じての募集**

証券会社を通じての募集以外に債券市場を通じての募集も存在しており，2011年に開設された特定投資家等に限定した東京証券取引所にあるTOKYO PRO-BOND Marketである。ここでは一般の投資家を対象とはしておらず，株式の市場であるTOKYO PRO Marketと同様に対象をプロ投資家に限定し，日

図表8－2　証券会社を通じた社債募集の事例

社債の名称	近鉄グループホールディングス株式会社第98回無担保社債 （近畿日本鉄道株式会社保証付および社債間限定同順位特約付）
社債の総額	200億円
各社債の金額	100万円
振替制度の適用	本社債は「社債，株式等の振替に関する法律」の適用を受けるものとし，振替債として発行
払込金額	各社債の金額100円につき金100円
利率	年0.30%
募集期間	平成28年4月18日から平成28年4月27日まで
払込期日	平成28年4月28日
償還期日	平成33年4月20日（5年債）
償還金額	各社債の金額100円につき金100円
利払日	毎年4月20日および10月20日
主幹事証券会社	野村證券株式会社
社債管理者	株式会社三菱東京UFJ銀行（代表）
	株式会社りそな銀行
取得格付	BBB（株式会社格付投資情報センター）
	BBB＋（株式会社日本格付研究所）

出所：近鉄グループホールディングス発表資料をもとに筆者作成。

図表8−3 TOKYO PRO-BOND Marketに上場している債券および発行体（2016年12月）

上場日	発行体名	債券総額	金利(%)	償還期限
2014/4/25	Banco Santander-Chile	¥187,000,000,000	0.97	2019/4/24
2014/7/3	First Gulf Bank P.J.S.C.	¥10,000,000,000	0.863	2019/7/3
2014/8/22	Malayan Banking Berhad	¥20,000,000,000	0.52	2019/8/21
2015/3/24	Macquarie Bank Limited	¥3,200,000,000	0.353	2018/3/23
2015/3/24	Macquarie Bank Limited	¥30,900,000,000	0.563	2020/3/23
2015/5/20	東京都	$1,000,000,000	2.15	2020/5/19
2015/7/6	ING Bank N.V.	¥50,000,000,000	0.313	2018/7/3
2015/7/6	ING Bank N.V.	¥20,100,000,000	0.468	2020/7/3
2015/7/6	ING Bank N.V.	¥11,000,000,000	0.07871	2019/7/3
2015/7/10	株式会社みずほ銀行	CNY250,000,000	3.82	2017/7/7
2015/10/7	株式会社みずほ銀行	THB3,000,000,000	2.33	2018/9/28
2015/10/21	The Bank of Nova Scotia	¥32,300,000,000	0.297	2018/10/19
2015/10/21	The Bank of Nova Scotia	¥14,900,000,000	0.405	2020/10/20
2015/12/10	Santander International Debt, S.A. Unipersonal	¥25,300,000,000	0.543	2020/12/9
2015/12/11	Santander UK Group Holdings plc	¥3,000,000,000	0.557	2018/12/10
2015/12/11	Santander UK Group Holdings plc	¥27,000,000,000	0.787	2020/12/10
2016/2/15	地方公共団体金融機構	$500,000,000	2.215	2021/2/12
2016/2/19	Citigroup Inc.	¥81,500,000,000	0.457	2021/2/18
2016/4/14	地方公共団体金融機構	$1,500,000,000	2.125	2021/4/13
2016/5/18	東京都	$1,000,000,000	2.0000	2021/5/17
2016/5/20	Bank of America Corporation	¥110,000,000,000	0.39	2021/5/19
2016/6/10	Banco Latinoamericano de Comercio Exterior, S.A.	¥8,000,000,000	0.46	2019/6/10
2016/6/30	Industrial and Commercial Bank of China Limited	¥15,000,000,000	0.32	2019/6/28
2016/10/26	地方公共団体金融機構	$1,000,000,000	2.125	2023/10/23
2016/11/1	Industrial and Commercial Bank of China Limited	CNY500,000,000	3.8	2019/10/31
2016/12/1	Santander Consumer Finance, S.A.	¥5,000,000,000	0.317	2018/5/30
2016/12/1	Santander Consumer Finance, S.A.	¥6,700,000,000	0.479	2019/11/29
2016/12/1	Santander Consumer Finance, S.A.	¥1,000,000,000	0.707	2021/11/30
2016/12/19	ICICI Bank Limited	¥10,000,000,000	0.678	2021/12/16
2017/2/27	マスミューチュアル生命保険株式会社	¥5,500,000,000	1.42	永久社債
2017/3/17	株式会社日本取引所グループ	¥20,000,000,000	0.355	2027/3/16
2017/4/21	地方公共団体金融機構	$1,000,000,000	2.625	2022/4/20
2017/6/9	東京都	$500,000,000	2.5	2022/6/8
2017/9/11	地方公共団体金融機構	$1,000,000,000	2.0	2020/9/8
2017/9/28	Santander Consumer Finance, S.A.	¥9,400,000,000	0.68	2022/9/27
2017/9/28	Santander Consumer Finance, S.A.	¥8,100,000,000	0.43	2020/9/25
2017/9/28	Santander Consumer Finance, S.A.	¥3,300,000,000	0.287	2019/9/27
2017/10/30	Credit Suisse Group AG	¥10,000,000,000	1.269	2033/10/27
2017/10/30	Credit Suisse Group AG	¥8,300,000,000	0.904	2027/10/27
2017/10/30	Credit Suisse Group AG	¥38,700,000,000	0.553	2023/10/27

注：2018年1月時点で上場している銘柄。
出所：JPXのHPおよび特定証券情報、㈱証券保管振替機構の銘柄公示情報をもとに筆者作成。

本の会社が発行する普通社債だけではなく，外国法人の発行する社債，国内や外国の者の発行する地方債や外国の発行する国債も扱っている[6]。当市場に上場するための適格要件は，①上場しようとする社債等が信用格付業者による格付を取得していること，②新規上場に係る債券を引き受ける主幹事証券会社が東京証券取引所の「主幹事証券リスト」に登録されていることである。スタンドアロンによる上場とプログラム上場も可能である。プログラム上場は事前にプログラム情報を提出することによる上場の方法である。これはユーロMTNプログラムと同様の手法であり，社債を発行する企業の基礎的な情報や財務情報，起債可能枠を事前に開示してプログラム情報の格付を取得し，引受証券会社の候補社名を記載することにより，その後の実際の債券の発行時にはスムーズに発行できる方法である[7]。

2017年1月現在でTOKYO PRO-BOND Marketに上場している債券は39銘柄あり，地方債や外国法人が発行している債券も上場されている（図表8－3）。外国法人は円建てで債券を発行しているものが多く，日本法人の事例では，みずほ銀行が30億タイバーツによって起債したり，すでに償還済みであるが2億5千万中国人民元を調達したりしていた。外国法人の中にはIndustrial and Commercial Bank of China Limitedのように中国の人民元で調達するケースもあり，これは同市場が英語での情報開示を認めることで海外の発行体の起債の利便性の向上を目指した結果といえる。しかし，同市場に債券を上場している発行体のほとんどが公共団体や金融機関である点は今後の課題といえよう。

(2) 流通市場

すでに発行されている社債（既発債）を保有している投資家がその社債を売却する市場のことを流通市場（セカンダリー・マーケット）という。1つには前出のTOKYO PRO-BOND Marketがあるが，一般の投資家は参加することができず売買できない。一般の投資家は証券会社の店頭にて相対取引にて社債の売買を行うことになる。また，東京証券取引所では転換社債型新株予約権付社債が上場されており，2018年6月現在，19銘柄が上場されている。

一方，店頭取引では投資家が購入希望の社債を証券会社に伝え，同じ社債銘柄の売却を希望する投資家とのマーケットメイク方式により相対取引が行われている[8]。しかし，店頭取引は各証券会社と投資家との交渉によって価格が決定し，個々の売買価格等については公表されることがない。よって株式市場と

は異なって投資家に対する社債の売買価格情報が不十分である。そこで1965年から公社債引受協会が「事業債店頭気配」を発表し，1966年からは公社債店頭基準気配発表制度を設けて東京証券業協会が「公社債店頭気配」として公社債に関する証券会社における店頭売買の情報を提供した[9]。2002年には公社債店頭売買参考統計値発表制度へと改訂し，「公社債店頭売買参考統計値」の発表を開始した。

さらに社債の発行市場と流通市場の一層の活性化を図るために制度の見直しを行った結果，2015年から次のような新制度となった。これは「社債市場の活性化に関する懇談会」による報告書の中で「社債市場の活性化を図るためには，社債の取引情報を公表することにより社債の価格情報の透明性を高め信頼性を確保することが重要であり，社債の取引情報の公表に向けた取り組みを進める」という提言がなされたことを契機とし，市場のさらなる充実と信頼性向上を目指すこととなった。発表する社債の銘柄の基準は，①社債の銘柄格付がAA格相当以上であること，②社債の銘柄格付を2つ以上取得していること，または当該社債の発行体格付を2つ以上取得していることとし，この両方の発表基準を満たした社債の取引のうち，1取引の取引数量が額面1億円以上の取引を公表することにしている[10]。公表内容は，約定年月日，銘柄名，償還期日，利率，取引数量（額面金額ベース），約定単価（額面100円当たりの約定価格）などである。

一方，社債市場における公平性，透明性を担保し取引の拡大をさせ，特に個人投資家の増加を目的とし，2003年より日本証券業協会が各証券会社に店頭取引における個人向け社債の取引価格を報告させ，一定の要件を満たす銘柄の取引価格等を同協会が集計して発表する制度を導入した。この制度を個人向け社債等の店頭気配情報発表制度という。発表する対象の銘柄は国内公募普通社債（払込元本，利金および償還元本のすべてが日本円である債券に限定）および国内公募円貨建外債（払込元本利金および償還元本のすべてが日本円である債券に限定）のうち，固定利付かつ満期一括償還の銘柄であって，個人投資者を中心に消化されることが予想される銘柄である[11]。2018年1月現在，27社75銘柄の社債の店頭気配が報告されている。

3 日本の社債市場の規制の歴史

　現在，日本では企業の規模に関係なく社債を発行できる。しかし，社債を利用した資金調達は現在でも一部の企業，特に大企業に利用が限定されている。1996年の社債制度改正によって社債の規制は撤廃されたが，それまでは適債基準，有担保原則，起債会による統制などにより社債を利用できる企業は一部に限定されていた。

　これまでの歴史を振り返ると，社債を発行する企業の業種はその時代の主要産業に限定され，そのうち規模の大きい企業に限られて発行していた。明治期には鉄道，紡績，海運などが中心で，昭和初期には鉄道や電燈，電力に加えて化学工業が加わった。第2次世界大戦戦時下では重化学工業を中心とした企業で，かつ規模の大きい企業が社債を発行していた。戦後は間接金融主導，銀行主導の資金調達システムになったが，そのような状況でも起債会（起債打合会）主導のもと適債基準や格付基準を通じて発行量や条件といった面での実質的な起債統制が継続され，この体制は1990年ごろまで続いた。そして，適債基準，無担保基準，財務制限条項のすべてが撤廃され，企業規模等に関係なく社債を利用できるようになったのが1996年である。

　上記のように社債の歴史を見ても，社債は大企業を中心として活用され，産業政策が絡んだ重点産業・基幹産業の資金調達システム，すなわち，銀行からの資金調達の限界補完的な手段という位置づけだった[12]。

　このように，1890年に大阪鉄道会社が最初に社債を発行してから社債に関するさまざまな規制が撤廃される1996年まで社債は大企業に限定的な手段であったといえよう。1996年以降，社債利用の可能性は企業規模に関係なく広範囲に拡大されているように見えるが，社債を活用している企業は依然として大企業である。また，個人投資家が社債を購入しようにも流通市場が小さく，いったん社債を購入した投資家は満期まで保有する傾向（Buy and Hold）にある。

4 海外の社債市場の現状

(1) アメリカの社債市場

図表8−4はアメリカの社債市場の発行額と現存額を示したものである。1998年には2兆7,816億ドルの現存額だったものが2015年には8兆1,659億ドルと2.9倍にまで増加している。発行額も1998年に1,296億ドルだったものが2013年には3,347億ドルにまで到達している。発行される社債は投資適格のものが多いが、ハイイールド債も発行されており2015年では新規に発行される社債全体の17.5％がハイイールド債である。社債を発行する場合、発行体と引受人

図表8−4　アメリカの社債の発行額および現存額

年	新規社債発行（10億ドル）			現存額（10億ドル）
	投資適格	ハイイールド	合計	
1998	481.10	129.60	610.70	2,781.6
1999	544.90	84.30	629.20	3,122.5
2000	542.89	32.16	575.06	3,403.5
2001	692.91	77.70	770.61	3,827.7
2002	579.08	57.21	636.29	4,038.6
2003	644.58	128.50	773.08	4,313.7
2004	639.86	134.97	774.83	4,541.8
2005	655.30	95.79	751.09	4,608.0
2006	911.76	146.06	1,057.82	4,845.2
2007	1,002.12	135.02	1,137.14	5,257.2
2008	668.34	41.82	710.16	5,418.8
2009	791.64	147.42	939.06	5,932.0
2010	792.23	261.54	1,053.77	6,539.0
2011	801.92	224.14	1,026.06	6,613.7
2012	1,034.53	332.59	1,367.12	7,046.2
2013	1,048.65	334.70	1,383.35	7,454.3
2014	1,137.97	313.56	1,451.53	7,826.0
2015	1,230.86	261.69	1,492.55	8,165.9

出所：sifmaの発表データ，US Bond Market Issuance and OutstandingおよびUS Corporate Bond Issuanceをもとに筆者作成．。

（証券会社）との協議によって，社債の発行総額や発行条件を決定し，さらに引受人がデューデリジェンスを厳格に行うことが求められ，また日本と同様に管理会社は銀行が担う[13]。証券取引委員会は，すべての公募社債案件を審査するのではなく，抽選により審査する[14]。社債を購入する投資家は，私的年金，公的年金，ミューチュアルファンドが多い[15]。

セカンダリーマーケットは日本同様に店頭売買で行われているが，2002年から投資家への情報の透明性の向上を図るために，すべての社債売買（業者間売買，対顧客売買）に関する情報は金融取引業規制機構（FINRA）へ報告されることになり，ブローカー・ディーラーは取引の銘柄名，出来値，出来高等を報告し，FINRAが公表するTrade Reporting and Compliance Engine（TRACE制度）が導入された[16]。

(2) アジアの社債市場

アジアの社債市場を見てみると最も規模が大きい国は中国であり，2015年における現存額ベースで2兆1,820億ドルと日本の市場規模の約3.3倍となっており，韓国も1兆200億ドルと日本よりも社債市場の規模が大きい（**図表8－5**）。新規発行額を見ると中国が9,892億ドルと日本の10.5倍，韓国が3,871億ドルと

図表8－5　アジア各国の社債の発行額および現存額（2015年と2000年）

（単位：10億ドル）

	2015年		2000年	
	発行額	現存額	発行額	現存額
日本	94.6	656.1	297.7	1,053.1
中国	989.2	2,182.0	0.6	3.5
韓国	387.1	1,020.0	0.0	232.6
香港	32.6	89.0	23.2	46.6
タイ	41.3	69.9	3.8	5.2
マレーシア	31.8	118.1	0.0	33.0
シンガポール	10.8	91.0	3.9	19.6
インドネシア	4.6	18.0	－	2.0
フィリピン	2.3	17.0	0.0	0.2
ベトナム	0.9	1.5	0.0	0.0

注：現地通貨建。社債発行額には公募，私募，金融債などが含まれている。
出所：Asian Bonds Onlineのデータ，Issuance Volume of LCY Bond MarketおよびSize of LCY Bond Marketより筆者作成。

日本の4.1倍となっている。タイ，マレーシア，シンガポール，インドネシア，フィリピン，ベトナムといったASEAN諸国は発行額および現存額ともに日本の市場規模と比較すると小さい。しかし，2000年のデータと2015年のデータとを比較すると各国ともに社債発行額の規模を増大させており，中国にいたっては現存額で623.4倍となっている。さらに，他の国も2000年に比べると2015年ではその値を増加させており，その中で日本だけが発行額，現存額両方が減少している国となっている[17]。アジア各国の流通市場における取引は活発ではなく流動性が乏しい[18]。

5 社債市場の課題と今後

　前述したように2016年度には社債の発行が急激に増加した。この理由として1つはマイナス金利の影響，もう1つは投資家からの企業への資本効率性の要求があげられる。2016年から実施されたマイナス金利政策により企業の負債による資金調達コストも連動して低下した。株式による資金調達コストよりも社債による資金調達コストのほうが低下し，支払利息の減少につながったため，企業が社債による資金調達を選択するようになった結果である。たとえば西日本旅客鉄道や東京ガス，三井不動産，三菱地所は償還期限が40年の社債を発行しており，超長期社債として注目され株式で調達するよりも資本コストが低く調達可能である（**図表8-6**）。

　また，社債は負債であるため会社は資本の部を増加させずに資金調達が可能である。この結果，自己資本の額が変動しないことからROEの増加につながる。さらに，昨今発行される社債の中にはハイブリッド債があり，ソフトバンクなどが利用している。ハイブリッド債は普通社債より債権者への資金の返済順位が劣後する代わりに社債利率を高く設定し，貸借対照表では負債として扱われるが，格付会社がその一部を資本（純資産）とみなすことにより資本増強と同様の効果を得られ，信用格付けにプラスの影響をもたらす。すなわち，利益が上昇したとしても分母の値は変わらず，投資家の投資判断となる資本効率性を示す自己資本利益率（ROE）の上昇をもたらす効果がある。例えばソフトバンクのROEとROAの推移をみると，ROAは低下しているにもかかわらずROEが上昇している事例である。さらにはアイシン精機や関西ペイントのように社債発行の目的を自社株買いの購入資金としている企業も登場し，ROEを計算

| 図表8-6 | 2016年社債発行企業の概要（抜粋） |

発行年月	発行企業	種類	発行額（億円）	償還期間	利率（％）	備考
16-Sep	アイシン精機	SB	200	10年	0.160	自社株買いの購入資金
		SB	100	20年	0.706	
17-Jan	江崎グリコ	CB	300	24年	—	設備資金
16-Jun	関西ペイント	CB	400	3年	—	M&A，研究開発，自社株買い資金
		CB	600	6年	—	
16-Dec	資生堂	SB	100	3年	0.001	借入金返済資金
16-Sep	ソニー	SB	700	3年	0.050	借入金返済資金
		SB	900	5年	0.230	
		SB	150	7年	0.280	
		SB	250	10年	0.420	
16-Sep	ソフトバンク	SB	556	25年	*3.000	機関投資家向け
		SB	154	27年	*3.500	
		SB	4,000	25年	*3.000	個人向け。M&A後の資金
16-Nov	東京ガス	SB	100	20年	0.570	既発社債の償還資金
		SB	200	40年	1.011	
16-Sep	東京急行電鉄	SB	100	20年	0.761	借入金返済資金
		SB	100	30年	0.951	
16-Jun	トヨタファイナンス	SB	200	3年	0.001	—
16-Feb	西日本旅客鉄道	SB	100	20年	0.816	借入金返済資金
		SB	100	40年	1.575	
16-Apr		SB	100	30年	0.714	
16-Dec		SB	100	10年	0.175	
		SB	100	20年	0.604	
		SB	200	40年	1.024	
16-Dec	日本航空	SB	100	5年	0.170	航空機購入代金
		SB	100	10年	0.470	
16-Nov	日本電産	SB	500	3	0.001	—
16-Sep	パナソニック	SB	2,000	5年	0.190	設備資金および社債償還資金
		SB	700	7年	0.300	
		SB	1,300	10年	0.470	
16-Jun	みずほFG	SB	1,550	10年	0.560	—
16-Jul		SB	750	5年	0.100	
		TLAC	2,300	永久社債	*1.380	金融規制対策
		TLAC	2,300	永久社債	*1.600	
16-Mar	三井不動産	SB	100	30年	1.330	—
16-Dec		SB	100	3年	0.001	
		SB	70	20年	0.712	
		SB	60	40年	1.179	
16-Jun	三菱ケミカルHD	SB	100	5年	0.12	—
		SB	100	10年	0.320	
		SB	100	20年	0.850	
16-Jun	三菱地所	SB	150	40年	0.789	丸の内再開発
16-Jul	三菱東京UFJ	TLAC	1,060	10年	0.366	金融規制対策
		TLAC	1,140	10年	*0.300	

注：＊印は一定期間経過後利息変更。

する際の分母を小さくする効果を意図していると推察できる。マイナス金利市場において，株式による調達したときの資本コストと比較した場合，社債が低クーポンであるため発行のほうがコストが低いので社債による資金調達が選択されている。このような事例からも企業がROEに注視し資本効率性を重視しているかがうかがえる[19]。

　しかし，社債の発行額が増加している一方で，日本の社債市場の問題も存在している。たとえば徳島（2016）は社債市場の改革は遅々として進んでおらず，活性化していないと指摘している。こういった日本の社債市場が抱える根本的な課題や活性化の必要性は認識されており，日本証券業協会においても「社債市場の活性化に関する懇談会」を開催し，報告書を出した。その中で，日本における社債市場は制度改革を行ってきてはいるものの，アメリカやヨーロッパに比べて活発ではないと指摘し，低迷の要因として，①信用格付けの高い一部の業種の企業だけが社債を発行していること，②金融機関の社債保有率が高く個人投資家や投資信託，外国人投資家の保有率が低いこと，③社債を償還まで保有する投資家が多く流動性が低いため流通市場の規模が小さいことが挙げられている[20]。さらに，発行体である企業の資金需要が低いこと，金融機関の競争が激しいこと，公的支援措置があること，社債に関する投資家への情報の欠如，税制の問題なども挙げられている[21]。

　前述の懇談会が指摘したことで各社が発行する社債の情報開示の改善が進められ，日本証券業協会を通じて情報が公表されるようになった。また，投資家の社債投資のメリットが利率だけではなく，社債購入者に対して一定のサービスを付加したものもみられるようになった。例えば，先の近鉄グループホールディングスの社債は「近鉄伊勢志摩ボンド」と銘打って，社債購入者の中から抽選で系列のホテル宿泊招待券を送るといったサービスを行っており，株主優待ではなく"社債権者優待"を採用する企業も現れた。さらにはマイナス金利下において個人投資家の投資対象として社債が注目を集めている。たとえばソフトバンクの社債のうち機関投資家向け社債は募集額に届かなかったが，個人向けの社債は4,000億円の募集額を達成できた。こういった個人投資家が社債の投資へと向くような方策も1つであろう。公募の場合，引受会社や社債管理者といったさまざまな機関が介入し，その分コストが上昇し，あえて社債による調達ではなく金融機関からの借入を選択する企業もあるが，マイナス金利下においては調達額100億円を期間3年で金利0.001％と設定し社債を発行して資

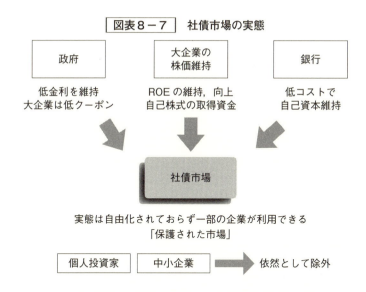

金調達を選択した資生堂などの事例が出てきた。今後は社債のデフォルトリスクを考慮し投資家保護の方策の検討もしつつ,発行体が情報開示を積極化し,自由な社債発行が可能な市場の設立を検討しなくてはならない。

　日本において社債市場の改革や社債の規制緩和が進行し,社債発行額が増加し活況しているようにも見える。しかし,中小企業でも社債発行の可能性が拡大しているが,社債発行による資金調達の利用は伸展していない。中小企業白書によれば中小企業の財務諸表における総資本に対する社債の割合は0.63％というのが実態である[22]。社債市場の自由化を指摘できるが,これまで示したデータのとおり,その実態は依然として市場が保護されており,メガバンクや大企業が資金調達で利用し,投資面では一部の投資家のみにその利用は限定され,中小企業や個人投資家は調達,投資両面でその利用には制限があり活用できていない(**図表8-7**)。

　今後は中小企業の社債発行および投資家が社債を売買できる中小企業向け社債市場の創設を検討する必要がある。個人投資家の参入とその保護,中小企業の社債利用可能性の両面から議論を行い,新たな制度の創設が後塵を拝しているわが国の社債市場の活性化を進める1つの手法となろう。

注

1 日本経済新聞2016年10月4日付朝刊1面。
2 日本証券業協会発表統計資料を参照。http://www.jsda.or.jp/shiryo/toukei/hakkou/index.htmlの「公社債発行額・償還額（2017年10月分更新）」（2018年2月11日アクセス）。
3 日本証券協協会のホームページの公社債発行額・償還額等のデータ（http://www.jsda.or.jp/shiryo/toukei/hakkou/index.html）および日本取引所グループのその他統計資料の資金調達額を参考にしている（http://www.jpx.co.jp/markets/statistics-equities/misc/06.html）。
4 株価や景気等の指標を用いた分析が必要であるが，今回は単純に社債の発行額と株式の調達額の比較を実施した。
5 会社法第702条。ただし，各社債の金額が1億円以上である場合や社債の総額を当該種類の各社債の金額の最低額で除して得た数が50を下回る場合には社債管理者の設置義務は免除される。
6 詳細については日本取引所グループホームページを参照のこと（http://www.jpx.co.jp/）。
7 「TOKYO PRO-BOND Marketに関するQ&A」7頁参照。
8 岩井（2015）58頁。
9 日本証券業協会（2016a）86-87頁。
10 日本証券業協会ホームページを参照のこと（http://market.jsda.or.jp/shiraberu/saiken/torihiki/seido/index.html#2-1happyotaisyo）。
11 日本証券業協会（2015）15頁。
12 三浦（1992）3頁および岡東・松尾（2003）132頁。
13 日本証券業協会（2016b）62頁。
14 同上，62頁。
15 同上，62頁。
16 同上，88頁。
17 日本証券業協会（2016c）14頁では，アジア各国の社債のデータは政府系企業や公益企業が発行している社債が含まれていると指摘している。
18 同上，14頁。アジア各国の債券市場に関しては，本書が詳しいので参考にされたい。
19 ソフトバンクグループでは，ヤフーやスプリントなども含めて社債を活用している。
20 日本証券業協会，社債市場の活性化に関する懇談会（2010），2頁。
21 同上，3-4頁。公的支援措置に関して参考文献には記載がないが，例えばかつて存在していた産業再生機構による再生支援や，整理回収機構による再生支援を想定していると考える。
22 中小企業庁（2016）602頁，15表をもとに算出した。

参考文献

岩井宣章（2015）「わが国債券流通市場構造の近時の特徴を探る」日本証券経済研究所『証券経済研究』第89号，57-79頁．
岡東務・松尾順介編著（2003）『現代社債市場分析』シグマベイスキャピタル．
中小企業庁編（2016）『中小企業白書 2016年版』日経印刷．
徳島勝幸（2012）「社債市場の現状について」事業再生研究機構編『事業再生と社債』商事法務，2-20頁．
徳島勝幸（2016）「社債市場の活性化に向けた取り組みは牛歩のごとし」『月刊資本市場』4月号No.386，資本市場研究会，20-27頁．
日本経済新聞社編（2011）『ベーシック金融入門（第7版）』日本経済新聞出版社．
日本証券業協会（2015）『個人向け社債等の店頭気配情報について【ガイドブック】』．
日本証券業協会，社債市場の活性化に関する懇談会（2010）『社債市場活性化に向けて』．
日本証券経済研究所編（2011）『日本証券史資料戦前編第8巻 公社債・投資信託・税制』日本証券経済研究所．
日本証券経済研究所編（2016a）『図説日本の証券市場 2016年版』日本証券経済研究所．
日本証券経済研究所編（2016b）『図説アメリカの証券市場 2016年版』日本証券経済研究所．
日本証券経済研究所編（2016c）『図説アジアの証券市場 2016年版』日本証券経済研究所．
林幸治（2007）「社債市場創設による中小企業の成長と地域活性化」坂本恒夫・文堂弘之編著『成長戦略のための新ビジネス・ファイナンス』中央経済社，113-130頁．
法政大学比較経済研究所・胥鵬編（2007）『社債市場の育成と発展』法政大学出版局．
三浦后美（1992）『現代社債財務論』税務経理協会．

【参考HP】

日本証券業協会　www.jsda.or.jp
日本取引所グループ　www.jpx.co.jp
Asian Bonds Online　asianbondsonline.adb.org
Securities Industry and Financial Markets Association　https://www.sifma.org/

第9章

ベンチャー市場

1 証券市場とベンチャー市場

　企業は事業を展開するために，証券市場を通して外部資金を調達する。具体的に，企業は証券市場で株式，債券などの有価証券を発行し，流通させることによって，資金を集める。投資家は証券市場でこうした有価証券を取引することで，リターンを得ることができる。一般に，このような有価証券の取引を行うところは証券取引所である。また，企業の規模，売上高などの上場基準を設けられ，この基準を満たせば，株式を上場することができる。このようにすれば，証券取引所で自社の株式を投資家に向けて公開し，取引するのは株式上場ということであり，その企業は上場企業と呼ばれる。また，すでに売上高と信用力が高い企業に向ける市場だけではなく，将来に成長する可能性の高い企業に対しても，資金を調達できるために，上場基準を低く定められた市場もある。

　1970年代，第1次オイルショックの打撃を受け，日本では重化学工業を中心とした産業構造の改革政策が推進された。そのなかで，経済活性化のために，上場する前の段階に機能を備え，中堅企業の株式を取引する株式店頭市場を整備するという要求が東京商工会議所等から寄せられた（田村・平田, 1995）。1976年に日本店頭証券株式会社が設立された。現在，日本取引所グループには，マザーズとJASDAQという2つのベンチャー企業向けの株式市場がある。

　現在，日本では，大企業に向けた東京証券取引所には市場第1部と市場第2部（通称，東証一部）がある。しかし，将来に成長する可能性が高い小規模な企業に向けたマザーズ市場とJASDAQ市場もある。一般に，東京証券取引所の第1部と第2部は一般市場と呼ばれ，それに対して，マザーズ市場とJASDAQ市場をベンチャー市場として区分する。図表9-1を参照し，マザーズ市場の上場基準は東証一部に比べて低いのを見出すことができる。

図表9－1　東京証券取引所の各市場の上場基準の一部

項目	市場第1部	市場第2部	マザーズ	JASDAQ スタンダード	JASDAQ グロース
時価総額	250億円以上	20億円以上	10億円以上		
事業継続年数	3年以上		1年以上		
純資産額（連結・上場時見込み）	10億円以上			2億円以上	正
利益の額（連結・上場時見込み）または時価総額	次のa又はbに適合 a 経営利益の額が近2年合計5億円以上 b 時価総額500億円以上，直前期売上高100億円以上			直前期1億円または時価総額50億円	

出所：日本取引所グループ「新規上場基本情報」各市場の形式基準より一部抜粋。

図表9－2　新規株式公開企業の規模比較（2014～2016年）

	売上高	経常利益	純資産	初値時価総額	IPO時の資金調達規模[注2]
東証第1部	1,074	72	318	882	491
東証第2部	152	11	45	82	25
マザーズ	19	2	5	100	11
JASDAQ スタンダード	63	3	13	52	7

注1：金額は中央値，金額単位は億円である。
注2：公募・売出の合計額。
出所：日本取引所グループ「新規上場基本情報」IPO企業の規模比較（2014～2016年）より引用。

　また，**図表9－2**の新規株式公開企業の規模比較を見ると，東証一部と東証二部で新規株式公開する企業に比べて，マザーズとJASDAQで株式公開する企業のほうは利益水準が低く，時価総額と資金調達の規模も小さい。

　企業が成長するにつれて，マザーズ市場から東証一部に移行することも可能である。したがって，市場の新たな原動力としての小規模企業の成長が期待される。その中で，創業当初，株式上場を目的とする企業は大きな役割を果たしている。このように創業時から，自社株式の譲渡の代わりに，投資家から資金を調達した企業は，ベンチャー企業と呼ぶ。投資家は資金回収のために，ベンチャー企業の株式を上場することを求める。ベンチャー企業が株式を公開し，上場する市場はベンチャー市場と呼ばれる。**図表9－3**は，東京証券取引所に

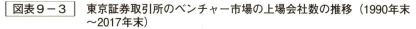

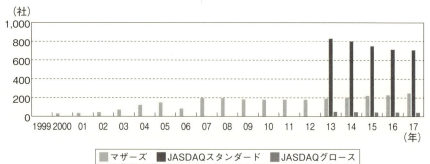

注：2013年7月16日，大阪証券取引所と東京証券取引所は統合された。
出所：東京証券取引所の「上場会社数の推移」をもとに筆者作成。

上場する企業数の推移である。

2 機関投資家の資金回収方法としてのベンチャー市場

　ベンチャー企業にとっては，研究開発費，原材料費，人件費などの費用が起業後に発生するため，高額な資金調達，長期的な資金計画が必要である。第2次世界大戦以降，米国経済成長の過程において，新産業を発展させるために，起業を応援するベンチャー・キャピタルが現れた[1]。例を挙げれば，Apple社は創業当時から，ベンチャー・キャピタルからの資金を受け入れた。そして，株式公開の前に，ベンチャー企業に出資する個人投資家のことをエンジェルと呼ぶ。図表9－4のように，ベンチャー企業の発展に伴い，必要な資金規模も大きくなる。そのため，出資者は個人から大規模な資金を運営するベンチャー・キャピタルのような機関投資家に変わっていく。こうした投資によって最終的に，株式の取引を証券取引所で公開し，持続的な成長に備える資金調達が可能になる。

　1971年に，全米証券業協会[2]の主催で，ベンチャー企業に向ける株式公開の市場としてのNASDAQ[3]市場が開設された。通常の証券取引所以外に，新たにNASDAQという店頭市場を立ち上げた理由は，ベンチャー・キャピタルが短期間に投資資金を回収するためである。1980年代，年金基金，保険会社といった機関投資家がベンチャー・キャピタルのファンドの資金源を占める割合が大

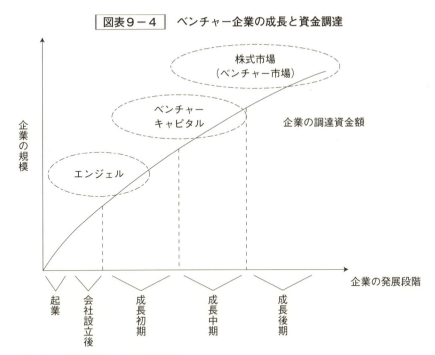

図表9-4　ベンチャー企業の成長と資金調達

出所：秦・上條（1996）をもとに筆者作成。

きくなり，彼らは早期の収益配分を求めていた（William and Jeffry, 1995）。ベンチャー・キャピタルによる投資の回収には，他のファンド，経営陣へ株式を売却するか，あるいは新規株式公開後に，証券市場で株式を売却するかという2つの方法がある。ところが，従来の上場基準は，急成長するベンチャー企業にとってもハードルが高い。そのため，ニューヨーク証券取引所ではなく，証券会社が運営する店頭市場に上場させ，投資を回収する方法がとられた。現在，機関投資家はNASDAQ市場の全株式の約78%を所有している[4]。

　1963年に日本最初のベンチャー・キャピタルが設立された。図表9-5の投資家タイプ別投資金額割合の推移を見ると，独立系ベンチャー・キャピタル，事業法人，金融機関が大きな割合を占める。特に，銀行系のベンチャー・キャピタルによる株式保有は，ベンチャー企業にとって貸出金を調達できるというメリットがある（内田・孫, 2013）。しかし，銀行系のベンチャー・キャピタルはベンチャー企業の過去の実績，資本金規模，または担保に基づき，融資を行う場合が多い。

図表9－5　投資家タイプ別投資金額割合の推移

投資家タイプ	2006年度	2008年度	2016年度	2007年上半期
個人系	12.9%	3.0%	1.5%	1.7%
独立系	20.8%	8.0%	19.9%	14.8%
事業法人系	25.0%	58.0%	33.2%	41.0%
金融機関系	32.0%	14.9%	22.2%	16.1%
政府・大学系	4.0%	5.4%	9.3%	12.5%
海外	3.6%	7.3%	10.9%	8.4%
その他	1.7%	3.4%	2.9%	5.6%
合計金額（億円）	1,186	1,041	2,028	1,110

出所：JVR「2017年上半期資金調達レポート（投資家タイプ）」をもとに筆者作成。

しかし，日本のベンチャー・キャピタルの投資金額と件数は増加傾向にあるにもかかわらず，米国に比べると，ベンチャー・ファンドの投資収益性が低い。日本のベンチャー・キャピタルは発展の中期段階に資金を提供するケースがほとんどである（水永, 2006）。

今日，数多くの企業は，Googleのようなベンチャー企業としてスタートし，市場を開拓して，大企業に成長した。そして，本来のベンチャーという言葉は，冒険と投機のような意味である。ベンチャー企業の定義はさまざまな説がある。一般に，ベンチャー企業とは，「リスクテイカー・ハードワーカーといった起業家的資質がある企業が，製品・サービス・市場・技術のイノベーションを伴いながら，新たな事業機会を開拓すべくリソースを結集し，付加価値を創造していく」ということである[5]。つまり，ベンチャー企業には，より大きなリスクを伴い，新たな付加価値を創造するということが期待される。しかしながら，米国に比較すると，日本には起業を考える人とリスクマネーが少ない，グローバル化ができない，大企業との連携が不足しているなどの問題がある[6]。これらの問題を解決するために，まず，中小企業とはどのように異なるのか，なぜベンチャー企業はリスクを負っても，挑戦し続けるのかを明確にする必要がある。

中小企業において，創業者による出資で事業を展開し，すべての収益も企業の所有者が得ることは一般的である。それに対して，ベンチャー企業はベンチャー・キャピタル，いわゆる投資家の資金をもとに，事業を展開する。ベンチャー・キャピタルは，将来，ベンチャー企業の新規株式公開（IPO）によっ

図表9-6　一般株式市場とベンチャー市場の違い

項目	一般市場	ベンチャー市場
企業規模	大規模	中小規模
評価基準	売上高，時価総額	成長性
株式の取引	公開	公開・非公開

出所：筆者作成。

てもたらされる多額のキャピタルゲインを期待して投資する。そのため，ベンチャー企業にとって，新規株式公開はベンチャー・キャピタルへの資本還元であり，重要な目標でもある。中小企業と異なり，ベンチャー企業は起業当初から，高いリターンを求め，ビジネスモデルを構築したのである。ベンチャー企業へ投資する際には，過去の実績と財務の安全性より，成長性を重視すべきである。図表9-6が示すように，ベンチャー市場は一般的な株式市場と異なる。すなわち，株式の価格の上昇と配当金による投資リターンだけではなく，株式の公開による投資金の回収も主な目的の1つである。

つまり，ベンチャー企業はベンチャー・キャピタルによる出資に応えるために，新規株式公開を目指すのである。ところが，ベンチャー企業の新規株式公開の案件が2006年以降，減少した。それに対して，ベンチャー・キャピタルによる投資回収の手段としてM&Aの割合は増えた。また，世界金融危機の影響を受けて，日本国内のベンチャー市場は低迷した。

3　金融危機後におけるベンチャー市場の低迷

2007年から2009年にかけて，米国におけるサブプライムローンの不良債権化とその後のリーマン・ブラザーズの破綻により，世界の金融市場が混乱した。日経平均株価は一時的に8,000円以下にまで下落した。また，図表9-7が示すように，東京証券取引所の新規株式公開件数と新規株式公開による資金調達額は減少に転じた。

図表9-8を見ると，金融危機の発生とともにベンチャー・キャピタルの年間投融資額が大きく減少したことがわかる。特に，投融資額を減少させたのは独立系のベンチャー・キャピタルと金融機関系のベンチャー・キャピタルであると見られる。図表9-5を見ると，2006年度の独立系のベンチャー・キャピタルと金融機関系のベンチャー・キャピタルは全体の投資金額の20.8%と32.0%

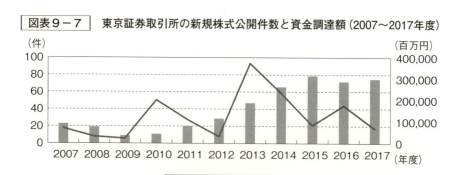

図表9-7 東京証券取引所の新規株式公開件数と資金調達額（2007〜2017年度）

出所：日本取引所グループ「上場会社資金調達額」をもとに筆者作成。

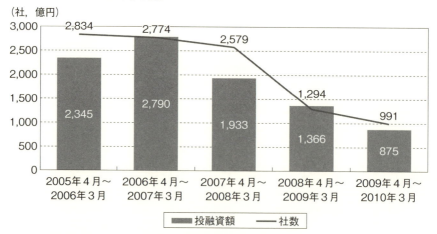

図表9-8 日本におけるベンチャー・キャピタルの年間投融資額（2005年4月〜2010年3月）

出所：VEC「2010年ベンチャービジネスの回顧と展望」より引用。

を占めた。2008年度になると，それらが全体の投資金額に占める割合は8％と14.9％になった。一方で，事業法人系の割合は25.0％から58％になった。このような変化をもたらす要因の1つは，ベンチャー・キャピタルとして追求したものが異なるためである。独立系のベンチャー・キャピタルと金融機関系のベンチャー・キャピタルは新規株式公開とM&Aを通して，投資リターンを求める。ところが，世界金融危機によって新規株式公開が困難となった。そのため，投

融資額は減少したのである。それに対して，事業法人は，ベンチャー企業との業務上のシナジー効果を引き出すために，投資したのである。つまり，自社の経営資源だけに頼らず，他社との協業を通じて，いわゆる，オープンイノベーションを起こす。このように，投資回収の手段としてのベンチャー市場の存在感が薄れたのである。

近年，インターネットの普及と情報技術の進展により，インターネット経由で資金の供給を行うクラウドファンディング（Crowdfunding）が現れた。それはベンチャー企業にとって，新たな資金調達の手法となっている。

4 新たな資金調達手段としてのクラウドファンディング

本来，クラウドファンディングは，米国で非営利の団体が寄付金を集めるために使う資金調達の手法であった。そして，米国では，小規模の企業の資金調達を促進するために，2013年に，JOBS（Jumpstart Our Business Startups Act）法は実施された。それによって，中小企業は，クラウドファンディングのような方法で資金を集めることが可能になった。クラウドファンディングは，その目的と受け取るものによって**図表9－9**が示すように4種類に分かれる。まず，その目的によって，投資と非投資という2種類がある。さらに，非投資には，寄付型のクラウドファンディングとその事業から生じた財・サービスを受け取るという購入型のクラウドファンディングがある。投資型には，株式投資と同様なクラウドファンディングと，債券投資と同様なクラウドファンディングがある。

クラウドファンディングは従来の投資型の資金調達方法に比べて，まず，証券取引所を通さず，インターネットを利用してより広範囲で資金を集めることができる。次に，より簡単に小口の資金を集めることができる。それまで，ベンチャー企業に投資するのは，多額な資金を持つ機関投資家であった。クラウドファンディングを利用すれば，個人投資家も直接ベンチャー企業に投資する

図表9－9　クラウドファンディングの種類

投資型	非投資型
株式型	寄付型
債券型	購入型

ことが可能である。

　日本のクラウドファンディングの規模は，2013年度の約124億円から2016年度の746億円までに拡大した（矢野，2017）。そして，資金調達を募るためのクラウドファンディングと投資家をつなぐための，クラウドファンディングプラットフォームがある。例えば，世界初のクラウドファンディングのプラットフォームのキックスターター（Kickstarter）社は，2009年に設立された。これまでのプロジェクト総数は，384,710であり，募った資金総数は約345億米ドルである。

　ベンチャー企業は，経済成長の原動力として期待されている。しかし，ベンチャー企業は，イノベーションを起こしながら，常にさまざまなリスクを抱えている。このような企業に資金を供給するために，証券市場にベンチャー市場を設立した。これまで，米国のNASDAQ市場と日本のマザーズ市場とJASDAQ市場は，ベンチャー企業向けの証券市場として成長してきた。

　クラウドファンディングは新しい資金調達方法として，従来のベンチャー市場に比べて，2つの優位性がある。

　まず，クラウドファンディングは，投資家とベンチャー企業間の情報の非対称性を解消することを可能にする。ここでの情報の非対称性とは，従来のベンチャー市場では，投資家がベンチャー企業からプロジェクトの収益性や成功の確率などの情報を得ることができないということである。ところが，クラウドファンディングを活用するためには，ベンチャー企業は，クラウドファンディングプラットフォームですべての投資家に対して明確な事業目的，計画を提示する必要がある。したがって，投資家はより多くの情報を得ることが可能となる。

　次に，クラウドファンディングはESG投資を促すことができる。ESGはEnvironment（環境），Social（社会），Governance（企業統治）の3つの言葉の頭文字をとったものである。ESG投資は従来の企業の社会的責任（CSR）を踏まえて，ガバナンスの視点を強調したものである。クラウドファンディングは広範囲で多角的な観点を集めることが可能である。さらに，投資を通して社会貢献したい個人投資家の要望に応えることもできる。

> **注**

1 最初のベンチャー・キャピタルと言われるのは，ARD（American Research & Development）である。
2 全米証券業協会（National Association of Securities Dealersを略してNASD）。
3 全米証券業協会自動相場通報システム（National Association of Securities Dealers Automated Quotationsを略してNASDAQ，ナスダック）。
4 2016年6月末時点。
5 中小企業基盤整備機構の「中小機構調査研究報告書」（2011年3月）を参照。
6 経済産業省の「ベンチャー有識者会議とりまとめ」（2014年4月）を参照。

> **参考文献**

ウィリアム・バイグレイブ，ジェフリー・ティモンズ著，日本合同ファイナンス訳（1995）『ベンチャーキャピタルの実態と戦略』東洋経済新報社。

内田交謹・孫月（2013）「ベンチャー・キャピタルの投資行動とパフォーマンスに関する実証分析」信託研究奨励金論集第34号，132-143頁。

熊野正樹（2012）「ベンチャー企業の活性化とエコシステムの構築」同志社商学, 63(4), 317-334頁。

田村義則・平田公一（1995）『店頭特則市場とベンチャー企業―これでフロンティア市場がわかる』経済法令研究会。

秦信行・上条正夫（1996）『ベンチャー企業経営　ベンチャーファイナンスの多様化―日本型資金供給システムの再構築』日本経済新聞出版社。

水永政志（2006）『入門ベンチャーファイナンス―会社設立・公開・売却の実践知識』ダイヤモンド社。

日本取引所グループ「新規上場基本情報」各市場の形式基準（一部抜粋）http://www.jpx.co.jp/equities/listing-on-tse/new/basic/01.html（2017年12月1日アクセス）。

日本取引所グループ「新規上場基本情報」IPO企業の規模比較（2014～2016年）http://www.jpx.co.jp/equities/listing-on-tse/new/basic/index.html（2017年12月1日アクセス）。

矢野経済研究所（2017）「国内クラウドファンディング市場の調査を実施（2017）―国内クラウドファンディングは貸付型が大きく寄与し，市場規模は拡大基調―」https://www.yano.co.jp/press-release/show/press_id/1730（2017年12月1日アクセス）。

JVR「2017年上半期資金調達レポート（投資家タイプ）」https://entrepedia.jp/reports/80f（2018年1月5日アクセス）。

第10章

企業経営と証券市場

1　AA型種類株式の発行

　2015年に，トヨタ自動車株式会社（以下，トヨタ）が第1回目のAA型種類株式（以下，AA株）を発行した。このAA株の発行については，株主総会で，75％の賛成と，25％の反対があったとされる。賛成した株主には個人投資家が含まれており，反対した株主は主に一部の機関投資家である[1]。トヨタが公表した内容によると，AA株が占める割合は，トヨタの株式総数の5％未満であり，自己株式取得も同時に行うとしている。そのため，このAA株が，普通株式の株価や株主構成に影響を与えるものとは考えにくい。それにもかかわらず，一部の機関投資家は反対したのである。このことから，機関投資家は，単に株価の変動だけではなく，他の部分も重要視していると考えられる。

　本章では，一部の機関投資家がAA株発行に反対した理由をもとに，AA株の問題点を指摘する。そして，その問題点から証券市場，特に株式市場と会社経営の相互関係を見直すことを目的とする。

2　AA株の特質と問題点

　まず，AA株とは何かということについて，AA株の概要を見ていく。トヨタが発表した内容[2]によると，名称のAA型とは，1936年に誕生したトヨダAA型乗用車の名前に由来するものである。発行の主な目的は，グローバルビジョンの実現，中長期視点での研究開発投資，中長期株主層の形成である。また，中長期で株式を保有する株主を会社にとって重要なパートナーとなり得る存在とみなすという，コーポレートガバナンス・コード原案に沿った取り組みであるとしている。調達した資金の使途は，第1回目については，燃料電池車の開

発，インフラストラクチャー研究および情報化・高度知能化モビリティ技術開発等の次世代イノベーションのための研究開発資金に充当するとしている。なお，第2回目以降についてはまだ公表されていないため，不明である。

　AA株は種類株式であるが，種類株式とは，普通株式とは権利内容の異なる株式のことである。2006年5月に施行された会社法により，次の9項目について，内容の異なる株式を発行することが可能になった（会社法第108条）。①剰余金の配当，②残余財産の分配，③議決権の行使，④譲渡制限株式，⑤取得請求権付株式，⑥取得条項付株式，⑦全部取得条項付種類株式，⑧拒否権付株式（黄金株），⑨役員選任権付株式，以上に関するものである。種類株式は，主にベンチャー企業によって活用されることが多く，日本における事例はそれほど多くない。現在，種類株式として発行されている株式は，剰余金の配当や残余財産の分配に関して，普通株式に優先して支払われる旨を定めた，いわゆる優先株式がほとんどである（吉井, 2014, 12-13頁）。

　次に，特質の部分を見ていく。トヨタは，AA株の権利内容を，以下のように定めている[3]。

①募集株式の発行規模は，第1回目は5,000万株を上限とし，各回号の合計は発行済株式総数の5％未満を上限とする予定である。
②米国会計基準によると，第1回目のAA株は，株主が金銭対価の取得請求権を有するため，株主資本としては取り扱われず，負債と株主資本の中間区分に独立して表示されるため，連結財務諸表においては，資本金および資本準備金の額は増加しない。
③配当金の年率は，発行日が属する事業年度は0.5％，翌年度以降5年目まで0.5％ずつ段階的に増加し，5年度目以降は2.5％となる。
④未払いの配当金がある場合は，未払い分を翌事業年度以降に繰り越して支払われる累積型であり，剰余金については，AA型の株主配当のみ支払われる非上場型である。
⑤残余財産の分配は，普通株式より優先される。
⑥議決権は普通株式と同様とする。
⑦5年度目以降より，普通株式への転換，種類株式の継続保有，トヨタに対して発行価格での取得請求，のいずれかを選択することを可能とする。

次に，特質の中でも，問題点となり得る点について述べていく。それは，譲渡制限付き[4]非上場株式であることである。株式等の有価証券は通常，いつでも自由に換金することが可能とされているが，AA株は，このような株式譲渡自由の原則を無視したものと言える。つまり，株主にとってのAA株の問題点は，5年間は株式の売買が制限されるということである。株主は，企業の経営方針等に賛同したり，反対するという意思表示の意味で株式を売買する場合があるが，AA株の場合，5年間は，投資家の意思ではなく，企業が主体的に株式を保有することになる。このような点では，AA株は，投資家が主体的に保有するという株式保有の本来のあり方とは異なり，企業側の裁量がより多く反映されるものであると考えられる。

以上がトヨタのAA株の概要であるが，ここで，トヨタの発行する普通株式とAA株の相違点をより理解するために，トヨタの株式の所有者別状況がどのようになっているのかを把握しておくこととする。

図表10－1と**10－2**は，2015年度と2016年度の，普通株式の所有者別状況を示している。これを見ると，AA株が発行される前後では，外国法人等が少々減少していることがわかる。次に，**図表10－2**と**10－3**であるが，これは，それぞれ2016年度の，普通株式とAA株の所有者別状況を示している。これによると，AA株では，個人その他の割合が多く，普通株式では0％であった政

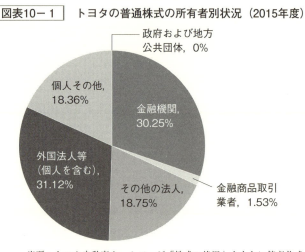

図表10－1　トヨタの普通株式の所有者別状況（2015年度）

出所：トヨタ自動車ホームページ「株式の状況」をもとに筆者作成。

第10章　企業経営と証券市場　135

図表10-2　トヨタの普通株式の所有者別状況（2016年度）

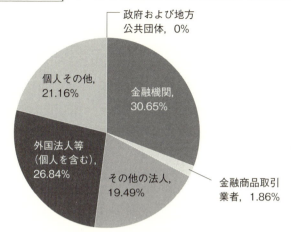

出所：トヨタ自動車株式会社「有価証券報告書」2016年3月期をもとに筆者作成。

図表10-3　トヨタのAA型種類株式の所有者別状況（2016年度）

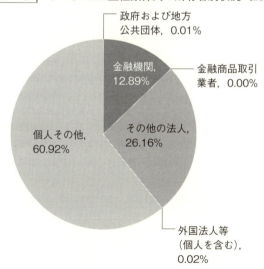

出所：トヨタ自動車株式会社「有価証券報告書」2016年3月期をもとに筆者作成。

府および地方公共団体がわずかに増加していることがわかる。外国法人等の0.02％は，すべて国内に居住する外国人個人の保有割合であり，法人の保有割合は0％となっている。このように，トヨタの普通株式とAA株の所有者構造

が異なるものであるということは明らかであり，トヨタの普通株式とAA株の相違点は，所有者別状況からもみることができる。

3 機関投資家の影響力の低下とトヨタのAA株発行の理由

前節でAA株の概要を見たが，次に，それに関して機関投資家が何を懸念しているのかを考察していく。まず機関投資家とは，個人に代わって資金を運用する機関であり，生命保険会社，投資信託，年金基金等を指す（坂本・大坂・鳥居，2015，143頁）。これらは，運用資金を提供している個人等に対して，保険金や年金を支払わなければならない。したがって，企業の成果が上がらなければその責任が果たせないので，株式を売却する等して，企業に圧力をかけていくのである。

図表10－4を見ると，外国法人等が最も多くの割合を占めているが，この実態は機関投資家である。このような現状が多くの企業で見られる。それにも

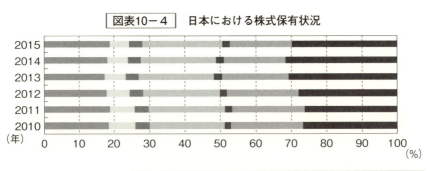

図表10－4　日本における株式保有状況

	2010年	2011年	2012年	2013年	2014年	2015年
■政府・地方公共団体	0.3%	0.3%	0.2%	0.2%	0.2%	0.1%
■信託銀行	18.2%	18.6%	17.7%	17.2%	18.0%	18.8%
■生保・損保・その他金融	7.4%	6.9%	6.5%	5.9%	5.7%	5.4%
■都銀・地銀等	4.1%	3.9%	3.8%	3.6%	3.7%	3.7%
■事業法人等	21.2%	21.6%	21.7%	21.3%	21.3%	22.6%
■証券会社	1.8%	2.0%	2.0%	2.3%	2.2%	2.1%
■個人・その他	20.3%	20.4%	20.2%	18.7%	17.3%	17.5%
■外国法人等	26.7%	26.3%	28.0%	30.8%	31.7%	29.8%

出所：東京証券取引所（2016）4頁。

かかわらず，先の所有株式数の割合からもわかるように，AA株の所有者は，個人投資家が半数以上を占めている。トヨタは，AA株の購入者を，主に日本国内の中長期志向の個人投資家と想定しており，海外の機関投資家を考慮していない。このことから，一部の機関投資家は，単に株価の変動だけを注視しているのではなく，個人投資家の割合が増加することによって，自身の影響力が減少することを恐れているために反対票を投じたとも考えられる。また，株式市場と会社経営の関係を考慮すると，トヨタが上場会社である以上は，市場や機関投資家に対して透明性を有するような，誰にでも開かれた経営を行うことを要求しているのではないかと考える。

　上述のような機関投資家の懸念が生じるにもかかわらず，トヨタはAA株を発行した。機関投資家が多くの企業の中心的な株主である現在において，なぜトヨタが今回AA株を発行するに至ったのか，その背景には，近年における短期志向の機関投資家の圧力（佐久間，2009，74頁；清水，2006，90頁）が存在すると考えられる。機関投資家の中には，ヘッジファンドや年金基金等，短期志向と中長期志向が混在しているが，短期志向の機関投資家の要求が強くなることを，トヨタは自身にとっての障壁と考えているともうかがえる。図表10－5は，トヨタの上位の大株主を示したものであるが，これを見るとトヨタの株主もやはり機関投資家が多くを占めている。トヨタはまた，株主の上位が機関投資家

図表10－5　トヨタの上位10大株主の状況

氏名または名称	発行済み株式総数に対する所有株式数の割合（％）
日本トラスティ・サービス信託銀行㈱	10.60
㈱豊田自動織機	6.63
日本マスタートラスト信託銀行㈱	4.40
日本生命保険（相）	3.56
ステート ストリート バンク ＆ トラスト カンパニー	3.40
㈱デンソー	2.56
ジェーピー モルガン チェースバンク	2.17
ザ バンク オブ ニューヨーク メロン アズ デポジタリ バンク フォー デポジタリ レシート ホルダーズ	1.98
資産管理サービス信託銀行㈱	1.89
三井住友海上火災保険㈱	1.83

出所：トヨタ自動車株式会社「有価証券報告書」2016年3月期をもとに筆者作成。

に偏ることを危惧しており，個人投資家の割合も増加するような株主構成を目指そうとしているのではないかと考える。それは，以下のような理由からであると推察される。

　トヨタが発表した方針の中に，「グローバルビジョンの実現のために，もっといいクルマをつくることで，持続的成長を目指す」という主旨のものがある。これを実現させるためには，短期志向でキャピタルゲインや配当だけを目的とする株主ではなく，中長期志向で，トヨタがいいクルマづくりに専念できるような環境を与えてくれる株主が必要となる。今回の株式がAA型と名付けられた背景には，近年における短期志向の投資家の圧力に対して，クルマづくりを始めた当初の志を振り返り，社会全体の発展に貢献するような目的で経営を行うといった，原点回帰の意味が含まれているとも考えられる。一般的に，研究開発のための費用は社債や内部留保で賄われるが，そうではなく，トヨタのビジョンに純粋に共感し，短期のリターンを求めないような外部からの株主が存在するということが，トヨタにとっては意義のあることなのである。昨今のような，長期的な経済の低迷が続くなかで，企業の理念等に関係なく，短期志向でリターンを求める投資家が増加したことが，AA株の発行に至った1つの要因であると考えられる。しかし，多くの機関投資家や企業が短期志向であるなか，中長期の個人投資家を増加させることは，本当に意味のあることなのか。それに関して，伊藤レポート（2014）では次のように述べられている。家計金融資産における株式・債券・投信購入比率が8％〜16％である一方，個人の預貯金残高が5割を超えているという現状は，欧米と比べて日本的な特殊性であり，大きな可能性を有するものである。潜在的な個人投資家層の預貯金が，長期的かつ本格的な応援株主として株式市場に移動すれば，日本企業を支える基盤がつくられるため，個人投資家層づくりが重要である[5]としている。

　多くの企業は，国内外の機関投資家の要求に対応するために，ROE（Return on Equity）や株価等の向上に努めているが，機関投資家のような一部の株主だけの利益を重視し，他のステークホルダーにとっての利益を考慮しない経営が，リーマン・ショックのような大規模な金融危機を引き起こしてしまうのである。機関投資家は，企業に対して，投資からリターンまでのサイクルをより短くしたり，利益等をより早く増加させることを期待している。そのような期待の下で，企業は，株主の利益を最優先にするために，収益性がない部門や従業員のリストラクチャリング等を行うことによって，株主の利益につながらな

いものを排除してきた。しかしその結果，企業活動の不確実性とリスクを顕在化させ，環境や貧困等に課題を残してきたのである。

　このような流れを経たことを踏まえると，企業は，特定の株主のみの利益を追求する経営という方針だけではなく，時代に即した経営を行っていく必要があると考えられる。近年では，新たな概念が登場しているが，それは例えば，Porter and Kramer（2011）が示したような，CSV（Creating Shared Value）である。Porter and Kramer（2011）では，経済的価値と社会的価値の同時追求の必要性が述べられている。Porter and Kramer（2011）の理論を考慮すると，CSV経営は，これまで株主の利益と比較して軽視されてきた環境への配慮や社会貢献等といった活動が，結果として企業自身や株主への利益にも還元される可能性を持つと考えられる。しかし，これらの因果関係の体系化についてはPorter and Kramer（2011）でも言及されておらず，まだ明らかにはなっていないため，可視化できるような具体的な指標や数値がどのようなものなのかということに関しては，検討していかなければならない。

4　会社経営と株式市場の関係

　以上の内容を踏まえて，証券市場の中でも特に株式市場と会社経営のあり方について検討を加える。

　一般的に，株式市場と会社経営の間には，次のような相互関係がある。例えば，①企業は株式市場を通じて資金を調達することが可能である。②企業は株式市場を介すことで投資家との関係を維持する。③株式市場は株式を流動化させる。④株式市場は，株式の価格形成の公正さと透明性を確保する。⑤企業の経営状態は株価を通じて反映される，等である。上場企業は，これらの関係性を考慮した株式の発行や経営を行うことが一般的である。

　しかし，今回のトヨタのAA株は，非上場であり流動性のない株式といった特質を有している。前述したAA株の問題点も考慮すると，AA株は，株式市場と会社経営の本来のあり方の一部を歪める可能性がある。なぜならば，一般的に投資家は，株式市場を介して，株式を自由に売買することによって，会社経営に意思表示を行う場合もあるからである。この観点から，AA株は，株式市場と会社経営の関係を無視したものであると考えられる。また，現時点のトヨタのAA株は影響力を有しないが，今後割合が増やされたり，総株式内の多

数を占めるようになれば，トヨタの定める条件を満たす株主が増加するため，実質的に，トヨタが意図する株主を選別することが可能となる。そのようになると，株主間の不平等も生じる可能性がある。また，経営規律が崩れるということではなく，中長期で株主が株式を保有することで，経営に対するチェック機能が働かないために，企業側の意向がより強く反映される経営になる可能性も有している。

しかし，これに関して大崎（2015）は，会社が株主を選択することは問題がないとしている。このことは，出資者が会社の経営陣を選ぶという原則から外れるが，上場企業が，自らの経営戦略を支持する株主を増やそうとすること自体は問題がないとしている。その理由としては，日本の会社法が第三者割当増資という形で経営陣が株主を選定することを認めているためとしている。さらに，AA株を，個人株主を増加させるための方策とみなすとするならば，株主優待制度と比較しても優れていると述べている。また，中長期の企業価値の向上という観点からすると，機関投資家がそれを可能にするための有意義なインプットを上場会社に必ずしも提供できるとは限らないとし，機関投資家が企業の中心的な株主であることに対して，問題提起をしていると言える。

先にも述べたように，金融危機の原因に見られるような，一部の株主の利益だけを追求することや，短期の収益性のみを重視し，それ以外の要素に目を向けない経営では，トヨタの提案する持続的成長は困難である。持続的成長の定義は，時代によって変化すると考えられ，現代における持続的成長とは，中長期的に収益性と社会性を両立させることと定義する。社会性とは，ステークホルダーに貢献することであると定義する。従業員や取引先等のステークホルダーや，環境に対して，企業はそれぞれ責任を持っているのである。また，収益性が不安定であることが，中長期志向ではなく，短期志向になる理由の1つとも考えられる。中長期志向を目指すのであれば，まずは，財務基盤を確立させることが必要である。**図表10－6**のトヨタの財務データを見ると，売上高，営業利益，当期純利益等が増加傾向にあり，トヨタは現在，収益性が良好であると理解できる。収益性があれば，社会性も追求することが可能となるため，中長期の方針を打ち出したとも推察される。AA株の投資家は，トヨタの収益性が比較的良好であるために，5年後の株価の安定性を想定して投資したとも考えられる。このような理由を持つ投資家を想定すると，トヨタが，もし中長期的に成果を出すことができなかった場合はどのように責任をとるのかという

第10章 企業経営と証券市場　141

図表10－6　トヨタの主な財務指標（連結）

(単位：百万円)

	2006年	2007年	2008年	2009年	2010年	2011年	2012年	2013年	2014年
売上高	21,036,909	23,948,091	26,289,240	20,529,570	18,950,973	18,993,688	18,583,653	22,064,192	25,691,911
売上原価＋販売費＋一般管理費	19,158,567	21,709,408	24,018,865	20,990,581	18,803,457	18,525,409	18,228,026	20,743,304	23,399,799
営業利益	1,878,342	2,238,683	2,270,375	▲461,011	147,516	468,279	355,627	1,320,888	2,292,112
税金等調整前当期純利益	2,087,360	2,382,516	2,437,222	▲560,381	291,468	563,290	432,873	1,403,649	2,441,080
当期純利益	1,372,180	1,644,032	1,717,879	▲436,937	209,456	408,183	283,559	962,163	1,823,119
研究開発費	812,648	890,782	958,882	904,075	725,345	730,340	779,806	807,454	910,517
ROE（％）	14.0	14.7	14.5	−4.0	2.1	3.9	2.7	8.5	13.7
株主資本	10,560,449	11,836,092	11,869,527	10,061,207	10,359,723	10,332,371	10,550,561	12,148,035	14,469,148
総資産	28,731,595	32,574,779	32,458,320	29,062,037	30,349,287	29,818,166	30,650,965	35,483,317	41,437,473
株主資本比率（％）	36.8	36.3	36.6	34.6	34.1	34.7	34.4	34.2	34.9

出所：トヨタ自動車株式会社「アニュアルレポート」2014年3月期をもとに筆者作成。

リスク面の課題も内在する。そのため，中長期志向で経営を行うのならば，それに反対する投資家に対し，中長期志向が，どのような恩恵を与えるのかということを，より明確に示す必要がある。AA株のリスクについては，今後も注視すべきである。

AA株は，長期で見れば，機関投資家にとって不利な内容を含むが，これまで見てきたトヨタの意向やリーマン・ショックが起きた事実を受けると，株式市場の背景に存在する機関投資家は，会社経営に対して，短期的な成果を上げるように圧力をかけるだけではなく，自身の姿勢についても検討する必要があると考えられる。

追記

本章は，小林麻美（2017）「トヨタ自動車AA型種類株式の特質と問題点―証券市場と会社経営―」『経営学研究論集』第46号，pp.37-48を基にしている。

注

1　例えば，米国の議決権行使助言会社のISS社（Institutional Shareholder Services Inc.）は，安定株主が増加すると経営の規律が失われるという理由で反対し，米国のカリフォルニア州教職員退職年金基金（California State Teacher's Retirement System）は，1種類の普通株式の存在こそがガバナンス上最も有効であり，1株1票の構造が株主の経済価値を平等にするという理由で反対した。その一方で，米国の議決権行使助言会社のグラスルイス社（Glass, Lewis & Co., LLC）は，トヨタが資金調達手法を多様化することができ，将来のビジネスチャンスにつながる可能性があるという理由で賛成した。『東洋経済ONLINE』2015年6月15日，http://toyokeizai.net/articles/-/73395,（2016年9月5日アクセス）。
2　『第1回AA型種類株式の発行および第1回AA型種類株式発行に応じた自己株式取得に関するお知らせ』2015年6月16日，https://www.toyota.co.jp/pages/contents/jpn/investors/stock/share_2015/pdf/commonstock_20150616_01.pdf（2016年9月28日アクセス）。
3　注2に同じ。
4　AA株の譲渡の際には，取締役会の承認を必要としている。（自然災害，破産，公開買い付けの応募，相続等は除く）
5　『「持続的成長への競争力とインセンティブ～企業と投資家の望ましい関係構築～」プロジェクト（伊藤レポート）中間論点整理 要旨』。http://www.meti.go.jp/press/2014/04/20140425007/20140425007-2.pdf（2016年9月28日アクセス）8頁。

参考文献

Michael E. Porter and Mark R. Kramer（2011）"Creating Shared Value," *Harvard Business Review*, Vol.89, No.1 - 2, pp.62-77.
伊藤レポート（2014）「持続的成長への競争力とインセンティブ～企業と投資家の望ましい関係構築～プロジェクト最終報告書要旨」。
　　http://www.meti.go.jp/press/2014/08/20140806002/20140806002.html（2016年9月28日アクセス）1-15頁。
『「持続的成長への競争力とインセンティブ～企業と投資家の望ましい関係構築～」プロジェクト（伊藤レポート）中間論点整理 要旨』。
　　http://www.meti.go.jp/press/2014/04/20140425007/20140425007-2.pdf（2016年9月28日アクセス）1-10頁。
大崎貞和（2015）「AA型種類株式が投じた一石」『証券アナリストジャーナル』第53巻第11号，58-63頁。
太田洋（2015a）「上場会社による種類株式の活用と課題（上）―株式の中長期保有促進に向けた動きとトヨタのAA型種類株式」『旬刊商事法務』2084巻，4-12頁。
太田洋（2015b）「上場会社による種類株式の活用と課題（下）―株式の中長期保有促進に向けた動きとトヨタのAA型種類株式」『旬刊商事法務』2086巻，27-33頁。

坂本恒夫・大坂良宏・鳥居陽介編著（2015）『テキスト現代企業論（第4版）』同文舘出版．
佐久間信夫（2009）「機関投資家と企業統治改革」『創価経営論集』第33号第3号，71-83頁．
清水一之（2006）「機関投資家のコーポレート・ガバナンスと企業の社会的責任─ドイツと日本のSRI市場比較」『明治大学商学研究論集』第25号，89-110頁．
東京証券取引所（2016）「2015年度株式分布状況調査の調査結果について＜要約版＞」https://www.jpx.co.jp/markets/statistics-equities/examination/nlsgeu000001q8j8-att/j-bunpu2015.pdf（2016年9月28日アクセス）．
『東洋経済ONLINE』2015年6月15日 http://toyokeizai.net/articles/-/73395（2016年9月5日アクセス）．
トヨタ自動車株式会社「アニュアルレポート」2014年3月期
　　http://www.toyota.co.jp/jpn/investors/library/annual/pdf/2014/（2016年9月28日アクセス）．
トヨタ自動車株式会社「有価証券報告書」2016年3月期
　　http://www.toyota.co.jp/jpn/investors/library/negotiable/2016_3/（2016年9月28日アクセス）．
トヨタ自動車株式会社ホームページ内「第1回AA型種類株式の発行および第1回AA型種類株式発行に応じた自己株式取得に関するお知らせ」https://www.toyota.co.jp/pages/contents/jpn/investors/stock/share_2015/pdf/commonstock_20150616_01.pdf（2016年9月1日アクセス）．
トヨタ自動車株式会社ホームページ内「AA型種類株式に関するQ&A（平成27年6月16日更新版）」https://www.toyota.co.jp/pages/contents/jpn/investors/stock/share_2015/pdf/commonstock_20150616_03.pdf（2016年8月20日アクセス）．
トヨタ自動車株式会社ホームページ内「株式の状況」．
　　http://www.toyota.co.jp/jpn/investors/stock/outline.html（2016年7月28日アクセス）．
福本葵（2016）「長期保有株主に対する優遇策」『証券経済研究』第94号，77-92頁．
淵田康之（2012）「短期主義問題と資本市場」『野村資本市場クォータリー』2012年秋号，52-87頁．
松尾拓也・中山達也（2015）「トヨタのAA型種類株式の事例から考える 元本償還権付・譲渡制限議決権株式の法的留意点」『旬刊経理情報』1422巻，74-78頁．
吉井一浩（2014）「議決権種類株式上場制度の活用について」『月刊資本市場』2014年7月号，12-22頁．

第11章

証券市場の変遷が企業財務に及ぼす影響

1 証券市場の役割

　企業は，証券市場で株式を発行することにより，投資家から担保なしで返済義務の必要のない資金を調達することができる。証券市場を機能面で分類される発行市場と流通市場の役割は異なっているが，両市場の間には密接な関係がある。本章は，発行市場と流通市場の役割と，それぞれが会社財務に与える影響を見ていくこととする。

(1) 発行市場

　発行市場は企業が株式を発行し資金調達を行う場である。直接金融における資金調達の場として証券市場はどのような役割を果たしているのか。図表11－1が示すように，証券市場は，個人や企業の小口の余剰資金を，企業の大口

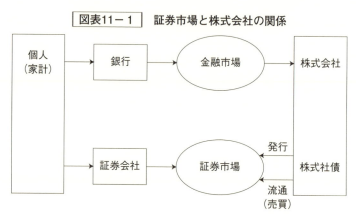

図表11－1　証券市場と株式会社の関係

出所：坂本恒夫（1991）「第3章株式資本の財務」水越潔『目で見る会社財務』泉文堂，41頁。

の資金需要に対応する長期資金に変換させる役割を果たしている。具体的には，株式会社は，資本を小口化し証券市場（または証券会社）で株式を発行することにより，投資家の小口資金を統合させ，巨額の長期資金に変換させていく。

企業が発行市場で株式を発行できる前提条件は上場することである。東京証券取引所一部に上場する場合には，下記の上場審査内容をクリアしなければならない[1]。

①企業の継続性および収益性
　継続的に事業を営み，かつ，安定的な収益基盤を有していること
②企業経営の健全性
　事業を構成かつ忠実に遂行していること
③企業のコーポレートガバナンスおよび内部管理体制の有効性
　コーポレートガバナンスおよび内部管理体制が適切に整備され，機能していること
④企業内容等の開示の適正性
　企業内容等の開示を適正に行うことができる状況にあること
⑤その他公益または投資家保護の観点から当取引所が必要と認める事項

企業はこれらの審査内容をクリアして初めて上場が可能となり，株式を発行できるようになる。では具体的に発行市場は会社財務にどのような影響を与えているのか。

第1に，多額の長期資金が調達できる。企業は証券市場において，広範囲から返済義務なしの資本[2]を集められ，多額の資金を調達ができることに最大の特徴がある。

第2に，信用力の高まりより収益が拡大できる[3]。企業が上場を果たすとともに，信用力も高まってくる。そして，信用力のある上場企業は新規顧客を獲得したり，販路を拡大することがより容易になり，その結果，収益の増加につなげることができる。

第3に，信用コストが低減できる[4]。信用コストとは，融資を受けた企業の財務内容が悪化したり倒産したりして，銀行が融資した資金を回収できなくなる可能性のことである[5]。そして，信用コストの低減は，企業が銀行借入を行う際に影響を及ぼす。すなわち，上場企業は銀行借入に際して，最優遇貸出金利で融資を受けられる。なぜなら，銀行にとって，上場企業は情報開示が十分

になされているため,融資審査の際に信用調査などのコストを削減できるからである[6]。

　第4に,財務の効率性が向上できる。企業は株式発行で調達してきた資金を有利子負債の返済資金に充てたり,資産の証券化により固定費を変動費に置き換えたりすることによって,財務の効率性を向上させ,ROEを高めることができる。

　上記のように,株式発行は企業の財務にプラスの影響を与えることができる。一方で,機関投資家等による議決権行使など,コーポレートガバナンスへの関与,敵対買収のリスクの高まり,といったマイナス面も伴う。

(2) 流通市場

　流通市場とは,発行された株式を流通する場である。株式会社の純資産に対する持分価格を下回ることのない株価を形成することで,株式会社によるさらなる資本結合,すなわち増資,集中・合併円滑に進めることが流通市場の最大の役割である[7]。

　さて,流通市場は会社財務にどのような影響を及ぼすのか。流通市場において株価の維持が重要であり,株価の変動は,企業に下記の影響を与える。

① 増資を行う場合,調達し得る金額が変化する

　流通市場で形成された株価は企業が新規に株式を発行される際の基準である。すなわち,流通市場で形成された株価が高ければ,新たに発行される株式の価格を高く設定できるので,資金調達に有利ということである。逆に言えば,形成された株価が低ければ,新規発行株式の価格も低くなるので,企業は予定調達金額を調達することが困難である。

② 会社再編の際,取得金額が変わる

　会社再編の際,企業は,株式交換方式によって他社を買収することができる。その際,株価が高ければ高いほど支払い金額が少なくなる。

　他方,株価が継続に低下してしまうと,企業は敵対買収にかけられるリスクが高まる。というのは,株価が下がれば,他企業にとって買収しやすくなり,企業買収の対象になりやすくなるからである。このように,株価の下落は買収リスクを高める要因である。

したがって，企業は，流通市場で流通される株式の価格を維持するため，投資家向け情報の充実やコーポレートガバナンスの強化が重要である。

また，発行市場と流通市場の間は密接な関係がある。株式はまず発行市場において新規に発行される。そして，発行された株式はその後，流通市場で投資した投資家が自由に売買できる。流通市場は投資家にとって所有する株式を随時に換金できる場であり，株式の価格形成の場でもある。流通市場で形成された価格は，企業が増資を行う際に，新規株式価格の基準となる。

2 日本における証券市場の発展と会社財務

日本に株式取引制度が導入されたのは明治初年であったが，証券市場が本格的に発展し始めたのが，戦後1946年以降であった。戦後，株式民主化運動により，これまで財閥等一部の人々により所有されていた株式資本を広く一般大衆に分散された[8]。こうした証券市場の発展に伴い，企業が資金調達を証券市場に依存するようになってきた。

次に，証券市場の発展に伴う会社財務の変化を，戦後〜1979年，1980〜1991年，1991〜2008年，2008年以降，の期間を区切って分析する。

戦後〜1979年，日本においては経済が高度成長期を経て安定成長期に移行した期間である。この期間は，企業が規模拡大経営を追求し，証券市場の発達が十分ではなかったため，設備投資の資金が財閥系金融機関等からの借入金の割合が高いことが特徴的である[9]。

同期間では，企業が発行した株式は，企業間で相互保有されており，金融機関や取引先等を中心とする株式持ち合いが活用された。経営権の取得，安定株主の形成，企業の集団化，企業間取引の強化，敵対的買収の回避などが株式持ち合いの目的である[10]。しかしながら，株式持ち合いは，投下資本量の確保，財務流動性の確保，財務収益性の確保，支配の確保などの財務機能がある[11]反面，流通市場に供給される株式が制限され，その結果，市場の流動性を悪化させた[12]。

1980〜1991年は，日本のバブル経済期である。1980年以降，金融の自由化・国際化に伴い，企業の資金用達手法も多様化になってきており，株式発行による資金調達が増加したとはいえ，銀行借入に依存した資金調達の割合が依然として大きい。また当時，財務体質改善を意図した借入れ返済を行うための株式

発行が多かった。

　流通市場の動向を見てみよう。1986年ごろから株式持ち合いが解消し始めたことにより[13]，流通市場の機能が高まった。さらに1986年以降，日本の証券市場は外国人投資家や欧米の金利の動きに大きく左右され，海外市場との連動性が強まった[14]。その結果，英米機関投資家は，持ち合い解消で放出された株式を取得した。

　1991年のバブル崩壊で多額の不良債権を処理するために，証券市場には資金調達の場としての機能にリスク分散の場としての機能が加わった。多額の不良債権を抱えた銀行は，この不良債権の処理手段として，①貸出資産の証券化，②担保不動産の売却処分，③資産・負債の圧縮を図る目的として証券化を進めてきた[15]。

　これまで，証券市場と企業の関係は，証券市場が企業に資金を供給するという財務面で支援する役割を担っていたが，1990年以降，両者の関係は大きく変化した[16]。加えて，1995年以降，日本の証券市場における機関投資家の割合が増加しつつある（**図表11－2**を参照）。機関投資家は高いリターンを求め，議決権の行使で低収益・停滞企業に経営改革・改善を促したり，経営意思決定に関与したりするようになってきた。こうして，企業が証券市場や投資家から監視されるようになったのである。このように，証券市場と企業の関係は，証券

図表11－2　所有者持ち株比率の推移

年度	1970	1975	1979	1980	1985	1990	1995	2008	2010	2015	2016	最高（年）
会社数（社）	1,584	1,710	1,723	1,734	1,833	2,078	2,277	3,803	3,616	3,613	3,636	
政府・地方公共団体	0.2	0.2	0.2	0.2	0.8	0.6	0.6	0.2	0.2	0.1	0.1	3.1 (1950)
金融機関	32.3	36.0	38.8	38.8	42.2	45.2	41.4	25.5	22.5	27.9	28.4	46.0 (1989)
a　都銀・地銀等	15.4	18.0	19.5	19.2	21.6	16.4	15.4	3.6	2.8	3.7	3.5	21.6 (1985)
b　信託銀行	－	－	－	－	－	9.8	10.1	15.8	14.6	18.8	19.6	19.6 (2016)
(a＋bのうち投資信託)	1.4	1.6	1.9	1.5	1.3	3.6	2.1	4.1	3.3	5.6	6.3	9.5 (1963)
(a＋bのうち年金信託)	－	－	0.5	0.4	0.7	0.9	1.8	3.0	2.7	1.5	1.3	5.0 (2002)
c　生命保険会社	11.1	11.5	12.3	12.5	13.5	13.2	11.2	3.8	3.1	3.4	3.4	13.5 (1985)
d　損害保険会社	4.0	4.7	4.9	4.9	4.5	4.1	3.6	1.5	1.3	1.3	1.2	4.9 (1980)
e　その他の金融機関	1.8	1.9	2.1	2.2	2.6	1.8	1.2	0.8	0.7	0.7	0.7	2.8 (1987)
証券会社	1.2	1.4	2.0	1.7	2.0	1.7	1.4	1.8	2.1	2.2	2.2	12.6 (1949)
事業法人等	23.1	26.3	26.1	26.0	24.1	25.2	23.6	25.2	24.3	22.6	22.1	27.5 (1973)
外国法人等	3.2	2.6	2.5	4.0	5.7	4.2	9.4	21.5	22.2	29.8	30.1	30.1 (2016)
個人・その他	39.9	33.5	30.4	29.2	25.5	23.1	23.6	26.2	29.1	17.5	17.1	69.1 (1949)

注1：1985年度以降は，単位数ベース，2001年度から単元数ベース。
注2：1985年以前の信託銀行は，都銀・地銀等に含まれる。
注3：2004年度からジャスダック銘柄を含む。
出所：日本取引グループ「所有者持株比率及び持株数の推移（長期統計）」をもとに作成。

市場が企業に資金を供給するという資金調達の場から，企業の経営業績や活動を評価するという企業価値評価の場へと重心が変わっていった。この変化により，企業は証券市場からの評価を重視するようになった。また，証券市場における評価は機関投資家の意思を反映するものであるといえる。こうした機関投資家の関与の下，企業は利益率の向上を目指して，過剰資本の証券化，リストラ，固定費の変動化を展開していった。例えば，正社員をリストラし派遣社員を雇うことで，固定費を変動費に置き換えコスト削減を図っている。しかし，こういった株主の利益のみを追求する経営手法の行き過ぎが，2008年リーマン・ショックを根源とする世界的な金融危機を引き起こした。

2008年以降，これまでの株主利益を重視する経営手法が見直され，企業には

図表11－3　金融業・保険業を除く法人企業の貸借対照表の推移

年度	1997	2000	2005	2006	2007	2008	2009	2013	2014
流動資産									
現金・預金	10.2	10.8	10.4	10.6	10.0	10.2	11.0	11.4	11.8
受取手形	4.2	3.6	2.3	2.4	2.2	2	1.6	1.4	1.6
売掛金	14.2	14.6	15.0	15.0	15.9	12.8	12.7	12.9	13.1
有価証券	2.6	1.5	1.0	1.1	1.4	1.7	1.4	1.7	1.6
その他	17.9	15.5	15.6	15.7	16.9	17.1	17.3	16.2	16.5
固定資産									
投資有価証券	5.9	8.2	12.2	12.9	11.1	13.7	14.1	16.9	17.2
有形固定資産	37.0	36.8	34.6	33.4	33.5	32.6	31.9	29.8	29.0
無形固定資産	0.9	1.3	1.3	1.3	1.4	1.3	1.6	1.3	1.4
その他	6.7	7.5	7.3	7.2	7.4	8.2	8.3	8.2	7.7
繰延資産	0.2	0.3	0.2	0.2	0.2	0.2	0.2	0.2	0.1
総資産（兆円）	1,314	1,313	1,343	1,390	1,354	1,403	1,438	1,527	1,569
流動負債									
支払手形	5.9	4.8	3.0	3.1	2.9	2.4	1.9	1.7	1.9
買掛金	9.7	10.4	11.2	11.2	11.8	8.9	9.1	9.3	9.4
短期借入金	18.5	15.2	13.4	11.7	12	12.4	12.9	11	10.3
その他	11.2	11.1	11.6	11.2	11.6	10.9	10.6	10.9	11.1
固定負債									
社債	4.3	4.2	3.8	3.7	3.8	3.8	4	3.8	3.6
長期借入金	24.5	21.7	18.6	18.8	18.2	21	19.7	18.8	18.4
その他	6	6.8	8.3	7.5	6.3	6.7	7.3	6.9	6.4
純資産									
資本金	5.8	6.4	6.7	6.5	6.7	7	7.4	6.9	6.7
内部留保	14.1	19.2	22.1	25.0	26.6	27.5	27.4	30.2	31.5
自己株式	－	－	-0.6	-0.8	-0.9	-1.2	-1.1	-1	-1
その他	－	－	1.9	2.1	1.1	0.6	0.8	1.5	1.8
総資本（兆円）	1,314	1,313	1,343	1,390	1,354	1,403	1,438	1,527	1,569

注1：構成比の単位は％，総資産と総資本の単位は兆円。
出所：財務省「法人企業統計」をもとに筆者作成。

すべてのステークホルダーの利益を配慮する経営手法が求められるようになった。こうしたなか，企業利益と同時に社会的価値を同時に実現できれば，企業の持続的な成長につながるという共通価値創造の経営手法が2011年に登場した[17]。こうした社会的評価，社会的価値への注目度が高まるなか，機関投資家は投資分析と意思決定のプロセスに企業のESG（Environmental, Social, Governance）課題への取り組みなどの検討項目を導入している[18]。投資判断材料としてESG要因が注目された背景として，①市場や経済を取り巻く枠組み，経済の前提条件が変わりつつあること，②今まで入手困難だったESG情報が手軽に入手しやすくなり，投資家の判断材料としての有用性が高まったこと，③その結果，ESG情報と企業価値の関連に気が付く投資家が増えたこと，④金融機関・年金など投資家自身の社会的責任が問われるようになったこと，などの要因が取り上げられている[19]。

なお，企業の資金調達の動向は**図表11－3**が示すように，1997～2014年，企業は株式による資金調達が5.8～7.4％，借入金による資金調達が43～28.8％である。企業は外部からの資金調達よりも内部の資金調達（内部留保）に偏る傾向がみられており，外部からの資金調達では銀行借入による資金調達の割合が大きい。

3　今日の証券市場と会社財務

2008年のリーマン・ショックを契機とした世界的金融危機以降，企業が証券市場における資金調達の傾向に変化がみられた。

リーマン・ショック以降，日本の資金調達市場では低金利が定着してきた。こうした低金利環境の下，企業は新株発行による資金調達は低い水準にとどまっており，支払利息が大幅に下がった社債発行による資金調達の割合が増加している。**図表11－4**が示すように，2016年の社債発行額は10兆6,159億円と前年同期比5割増えた。しかしながら，低金利が定着しているなか，なぜ銀行借入ではなく社債発行での資金調達が多くみられるか。それについて，銀行から資金を調達する場合，企業は，銀行の監視下で経営の意思決定における自由度が低下してしまうことを危惧し，社債発行で資金調達を行ったと考えられる。そして，社債発行で調達してきた資金は，設備投資に充てるほか，有利子負債の返済，既発社債の償却[20]にも充てられる。

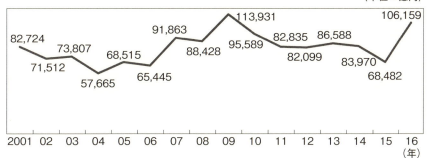

図表11-4 上場会社の普通社債発行額の推移

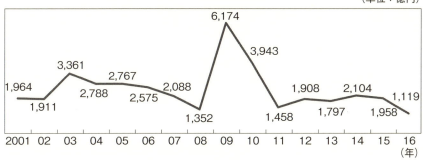

図表11-5 上場会社の株式発行額の推移

　また，自社株買いが相次いでいる[21]。自社株買いは株主への還元やROE向上を目的とし，社債発行は企業のROE向上を目的としていると考えられる。このことから，企業が依然として財務指標の改善や株主への還元で企業価値評価を高めようとしているということが言える。

4　企業価値評価のパラダイムの変化

　坂本（1990）によれば，証券市場が財務機能へ与える影響として，①投下資本量の確保，②財務流動性の確保，③財務収益性の確保，④経営権の確保の4

機能が挙げられる。これらの機能を維持するために，企業は株主利益を重視した経営を行ってきた。そして，企業は，株主の好感度を高めることで市場における自社の企業価値評価を向上，株価を支えようとしている。

証券市場における企業評価の結果は株価に反映されている。すなわち，企業の価値評価が高ければ，株価が上昇し，逆に企業の価値評価が低ければ，株価が下落する。これまで企業は高い財務業績，業績見通しで企業価値評価を高めてきた。しかし2008年の金融危機以降，投資家は，財務情報のみで企業価値を評価することの限界を認識し[22]，安定した投資収益を獲得するため，業績見通しや財務情報だけでなく，ESG（Environment, Social, Governance：環境・社会・ガバナンス）等の非財務情報を投資評価に加える傾向を強めている。社会的責任に関する方針や取り組みが的確で，ガバナンス機能がより高い企業への

図表11－6　2016年社債発行事例（一部）

発表日	企業	種類	発行額（億円）	年限（年）	利率	資金用途
2016年2月19日	西日本旅客鉄道	普通社債	200	40	1.60%	長期投資資金
2016年2月25日	味の素	普通社債	700	20	1.0%	M&A資金
2016年3月4日	あおぞら銀行	普通社債	150	3	0.04%	
2016年3月8日	ヤマトホールディングス	普通社債	200	3	0.05%	運転資金
2016年4月8日	日産自動車	普通社債	1,250	5	0.15%	研究開発費
				7	0.22%	
				10	0.33%	
2016年5月27日	サントリーホールディングス	普通社債	300	7	0.15%	借入金の返済
			200	10	0.22%	
2016年6月10日	住友林業	普通社債	200	10	0.30%	ニュージーランドの山林の購入代金
2016年7月6日	東日本旅客鉄道	普通社債	400	40	0.50%	安全投資
2016年7月16日	第一三共	普通社債	750	20	0.81%	自社株買い，
			250	30	1.20%	借入金の返済
2016年8月27日	ANA	普通社債	200	4	0.26%	借入金の返済
2016年9月15日	日立物流	普通社債	100	5	0.10%	借入金の返済
			100	10	0.33%	
			100	15	0.75%	
2016年10月14日	トヨタファイナンス	普通社債	250	3	0.001%	研究開発費
			150	5	0.005%	
2016年10月22日	東京ガス	普通社債	200	40	1.01%	借入金の返済
			100	20	0.57%	借入金の返済
2016年11月18日	日本電産	普通社債	500	3	0.10%	借入金の返済
2016年11月30日	三井不動産	普通社債	100	3	0.001%	借入金の返済
2016年12月13日	資生堂	普通社債	100	3	0.001%	借入金の返済

出所：各資料をもとに筆者作成。

投資は，中長期的な運用収益の向上・リスク低減につながるという考え方が定着しつつある。

GSIAの報告書によれば，2016年の世界全体のESG投資額は22兆8,904億米ドルのうち，日本のESG投資額は4,736億米ドルと依然として金額が少ない[23]。しかし，2014年の状況と比較すれば，日本は，2014年から2016年までの2年間では6689.6%増加しており，成長が著しかったのである[24]。投資家行動が，政府にESG投資またはSRI投資を促進するための規制を導入するように促す[25]効果があるため，日本での投資家保護に関する規制強化はESG投資の増加につながると考えられる。

ESG投資は投資家の視点から論じられているものではあるが，投資家が企業価値評価にESGへの取り組みを加えるということは，企業のESGへの取り組みを推し進める効果がある。なぜなら，企業のESGへの取り組みは長期的視点から企業価値評価および株価パフォーマンスを向上できるからである。ESGへの取り組みは短期的な企業価値や株価パフォーマンスに直結する可能性が低いが，長期的な企業価値や株価パフォーマンスにプラスに働く可能性が高いとされている[26]。

以上のように，証券市場における企業の価値評価は財務情報だけではなく，非財務情報を加えた統合的な情報のもとで行われる。こうした証券市場における企業の価値評価のパラダイムの変化が企業経営，ガバナンスなどに大きな影響を与えるものとなった。

図表11－7　地域別のESG投資額およびCAGR（成長率）

(単位：億米ドル)

地域	2014	2016	CAGR (2014-2016)	CAGR (年平均)
ヨーロッパ	107,750	120,400	11.7%	5.7%
USA	65,720	87,230	32.7%	15.2%
カナダ	7,290	10,860	49.0%	22.0%
オーストラリア/ニュージーランド	1,480	5,157	247.5%	86.4%
アジア（日本を除く）	450	521	15.7%	7.6%
日本	70	4,736	6,689.6%	724.0%
合計	182,760	228,904	25.2%	11.9%

出所：GSIA "2016 Global Sustainable Investment Review"
http://www.gsi-alliance.org/wp-content/uploads/2017/03/GSIR_Review2016.F.pdf

> **注**

1 東京株式取引所ホームページ http://www.jpx.co.jp/equities/listing/criteria/listing/。
2 株式による資金調達はかつては利払いのない資金調達手法とされていたが，近年，株主への配当や株主の関与が資本コストとみなされている。
3 Mario, 1993.
4 Pagano et al., 1996.
5 坂本・鳥居，2015: 114。
6 Pagano et al., 1996: 1064.
7 伊藤，1988: 74。
8 永冨，1997: 18。
9 永冨，1997: 4。
10 鳥居，2012。
11 鳥居，2012。
12 宇野・川北・大村，1998。
13 宇野・川北・大村，1998。
14 永冨，1997: 34。
15 坂本，2002: 85。
16 坂本，2002: 9。
17 共通価値の創造はCreating Shared Value（CSV）の和訳で，ハーバード大学の教授であり，企業の競争戦略論で知られるマイケル・E・ポーターなどにより，2011年，CSR（企業の社会的責任）に代わる新しい概念として提唱された。
18 「責任投資―日本語版」
http://www.unepfi.org/fileadmin/documents/pri_jpn.pdf。
19 河口，2014：87-88。
20 東京ガスは2016年10月22日，同社として初めてとなる40年物の普通社債を200億円発行すると発表した。同時発行する20年債とあわせ300億円を調達する。利回りの比較的高い超長期債への投資家の需要は根強いと判断した。40年債の発行額は200億円で，利率は1.011％。20年債の発行額は100億円で，利率は0.57％。調達した資金は既発社債の償還などに充てる予定とされている（『日本経済新聞』2016年11月23日付，「東京ガス，初の40年債，200億円」）。
21 日本の上場企業による自社株買いの実施額が2016年1～9月に4兆3,500億円と過去最高を記録した。米国企業でもより大規模な自社株買いを実施している。トムソン・ロイターによると2016年1～9月の自社株買いは25兆6,000億円に達した（『日本経済新聞』2016年10月19日付，「自社株買い，最高の4.3兆，1～9月，成長鈍化で経営効率優先，調達は社債シフト」）。
22 河口，2014：91。
23 GSIA, 2016。GSIA（Global Sustainable Investment Alliance）は世界のESG投資額の統計を集計している国際団体で，世界各地域のESG投資協会6団体（米国のUSSIF，欧州のEurosif，英国のUKSIF，オランダのVBDO，カナダのRIA

Canada, オーストラリアのRIAA）が加盟している。
24　GSIA, 2016。
25　Escrig-Olmedo *et al.* 2013: 411。
26　河口，2014：91, Hillman and Keim, 2001: 126, Maria and Maria, 2013: 411。

参考文献

伊藤光雄（1988）「株式取引資本について」『経済科学論集』島根大学，vol. 14, pp. 61-84。

宇野淳・川北英隆・大村敬一（1998）「株式持ち合いの変化と市場流動性」『金融研究』日本銀行金融研究所, 11：57-81。

河口真理子「ESG投資～倫理としてのSRIから企業価値評価の手段として～」『大和総研調査季報』春季号, vol.14。

坂本恒夫（1990）『企業集団財務論』泉文堂。

坂本恒夫編，現代財務管理論研究所著（2002）『現代コーポレートファイナンス論』税務経理協会。

坂本恒夫・鳥居陽介編，現代財務管理論研究会著（2015）『テキスト　財務管理論（第5版）』中央経済社。

鳥居陽介（2012）「株式持ち合いの財務的役割の変化」『経営学論集』第83集，日本経営学会。

財経詳報社編（1997）『図説日本の証券市場（平成9年版）』財経詳報社。

水越潔（1991）『目でみる会社財務（改訂増補版）』泉文堂。

GSIA "2016 Global Sustainable Investment Review" http://www.gsi-alliance.org/wp-content/uploads/2017/03/GSIR_Review2016.F.pdf（2017年4月4日最終アクセス）。

Hillman, A. J., and Keim, G. D. (2001) "Shareholder value, Stakeholder management, and social issues: What's the bottom line?," *Strategic Management Journal*, 22: 125-139.

Mario, L. (1993) "The long-run performance of initial public offerings: The UK experience 1980-1988," *Financial Management*, 22(1): 28-41.

Nicolau, J. L. (2008) "Corporate social responsibility worth-creating activities," *Annals of Tourism Research*, 35(4): 990-1006.

Pagano, M., Panetta, F. and Zingales, L. (1996) "The stock market as a source of capital: Some lessons from initial public offerings in Italy," *European Economic Review* 40: 1057-1069.

Rehman, R. U., Zhang, J., Uppal, J., Cullinan, C. and Naseem, M. A. (2016) "Are environmental social governance equity indices a better choice for investors? An Asian perspective," *Business Ethics: A European Review*, 25(4): 440-459.

第III部

経済・経営環境と証券市場

第12章

国民経済と証券市場

1 はじめに

　国民経済と証券市場について本質的な課題を明示するならば、それは、プライマリー・バランスの均衡を前提として、名目の経済成長率が公債の名目利子率を常に上回り、財政を持続可能とすることである。いわゆるドーマー条件を充たすことが課題である。すなわち、金利政策と成長戦略のあり方を踏まえ、国民経済と証券市場を考察する必要がある。

　マイナス金利政策は、名目利子率をゼロ％未満とする政策であり、財政を持続可能とする観点から望ましい。むろん株式市場など資産市場との逆相関を鑑み、日欧は当面、政策金利の引き上げを念頭に置くことはできない。金融緩和による資産効果への期待もある。

　しかし日本銀行が初めてマイナス金利政策を導入した直後、銀行の収益性に対する懸念から銀行株が短期的には売られ、不動産株も市場の動きと連動している。マイナス金利を活用する金融技術が民間部門において十分に発揮されなかったと考えられる。

　経済成長率を上昇させるよう国民経済を牽引する機能・役割が、証券市場には求められる。財政学者ラーナーは、重要な政策目標を財政収支の均衡とせず「国民経済の均衡」にあると機能的財政を主張したが[1]、中小企業対策なども視野に、機関投資家による証券投資等およびエンゲージメント[2]機能を充実させるよう、証券市場の整備に重点を置く政策的かつ機能的な予算配分もまた、国民経済の均衡に向けて必要な財政支出である。

　国民経済に占める財政の役割は高まる傾向にあり（図表12－1）、対国内総生産に占める一般政府総支出の割合は、1975年には26.7％であったが、1990年には32.1％、2000年には38.5％、2010年には40.9％、2014年には41.8％、と上昇傾

図表12-1　日本の国民経済に占める財政の役割

	対国内総生産比 (%)				
	政府最終消費支出 （うち人件費）	一般政府 総固定資本形成	現物社会移転以外の 社会保障給付 （年金，失業給付等）	その他	一般政府総 支出（合計）
1975年	10.0% (8.4%)	5.3%	7.8%	3.6%	26.7%
1990年	13.3% (6.3%)	4.8%	7.3%	6.6%	32.1%
2000年	17.0% (6.5%)	5.1%	10.1%	6.2%	38.5%
2010年	19.6% (6.2%)	3.2%	14.0%	4.1%	40.9%
2014年	20.4% (6.0%)	3.5%	14.1%	3.9%	41.8%

出所：内閣府「国民経済計算」より算出された数値をもとに筆者作成。

向にある。内訳を見ると，政府最終消費支出の割合は，1975年には10.0%であったが，1990年には13.3%，2000年には17.0%，2010年には19.6%，2014年には20.4%，現物社会移転以外の社会保障給付（年金，失業給付等）の割合は，1990年には7.3%であったが，2000年には10.1%，2010年には14.0%，2014年には14.1%，と上昇傾向にある。プライマリー・バランスの健全化を困難とするなかで，公共経済および社会保障などに必要な財源確保の模索は避けられない。本章では，金利政策と成長戦略を中心に，国民経済と証券市場のあり方を考察する。

2　マイナス金利政策のインパクト

(1)　マイナス金利政策の導入と債券市場

　2016年1月29日，日本銀行が導入したマイナス金利政策は，国民経済と証券市場の未成熟な部分を表面化し，そのあり方に見直しを迫るものであったと考えることができる。マイナス金利とは，日本銀行にある金融機関の当座預金に手数料をとる形式であり，金融機関に積極的な融資を促すことが目的だが，債券市場においては全般的に実質利子率を引き下げる効果をもたらす。したがって償還期限の長い債券が買われる現象が見られた。
　日本銀行は，わずか7カ月で当初の政策枠組みを変更しており，物価目標の達成の手段として評価は得られなかったが，国民経済および証券市場が十分にマイナス金利を活用できなかった側面は否めない。リテラシーが問われたので

あり政策そのものを批判できない。ただし，マイナス金利政策が長く続いた後，債券償還時の借り換えのコストを高めるような利子率の上昇局面に入る際，各企業等がそのトレンドの転換に適切な対応ができるかを危ぶむ指摘もある。

海外では利子率が上昇する傾向にあり日本国債もこれに連動するなか，2017年2月3日，日本銀行は「指値オペ」と呼ばれる無制限の国債買入れを行い，日本国内での利子率の上昇を抑え込んでいる。2％の物価目標を達成できないほど経済成長が確認されないなかでの実質利子率の引き下げにより，名目利子率が上昇基調に転じないよう志向している。

(2) マイナス金利政策の導入と株式市場

マイナス金利政策の導入が，銀行株および不動産株に与えた影響を見てみる。図表12－2によると，銀行業務からの収益性を中心に据えるメガバンク，ゆうちょ銀行，地方銀行の株価は，導入後2週間で急落を余儀なくされ，他方，不動産関連の株価は，導入後翌営業日ごろまでは軒並み上昇したのだが，2週間では下落傾向であった。この期間，NYダウは3.0％程度のマイナスであり，世界経済の情勢に不安定さは見受けられない。TOPIXは16.5％のマイナスであ

図表12－2　マイナス金利の導入と銀行株，不動産株などの下落

	1月28日 終値(前日)	1月29日 終値(当日)	2月1日終値 (翌営業日)	2月5日終値 (1週間)	2月12日 終値(2週間)	騰落率 (2週間)	7月28日 終値(6カ月)	8月29日 終値(7カ月)	翌1月27日 終値(1年)	騰落率 (1年)
みずほFG	209	205	193	181	155	−24.40%	158	171	216	3.35%
三井住友FG	4,050	3,980	3,677	3,430	2,859	−28.20%	3,070	3,448	4,598	13.53%
三菱UFJFG	627	609	576	538	446	−26.80%	484	535	752	19.93%
りそなHD	575	547	503	453	377	−31.10%	388	454	624	8.52%
ゆうちょ銀行	1,578	1,472	1,354	1,317	1,173	−20.30%	1,181	1,211	1,400	−11.2%
セブン銀行	474	508	476	469	427	−15.90%	331	365	325	−31.4%
1615銀行投信	186	182	170	157	134	−26.40%	138	151	200	7.53%
ソニーFH	1,950	1,967	1,730	1,553	1,356	−31.10%	1,205	1,413	1,955	0.26%
三井不動産	2,574	2,803	3,021	2,654	2,268	−19.10%	2,300	2,205	2,670	3.73%
住友不動産	2,983	3,338	3,538	3,062	2,674	−19.90%	2,783	2,735	3,164	6.07%
三菱地所	2,146	2,367	2,430	2,231	1,974	−16.60%	1,979	1,971	2,223	3.59%
野村不動産HD	1,945	2,094	2,169	2,068	1,777	−15.10%	1,899	1,678	1,982	1.90%
東急不動産HD	681	781	815	707	605	−22.50%	627	575	678	−0.44%
1633不動産投信	26,820	29,960	30,450	27,560	24,320	−18.80%	25,810	24,570	28,260	5.37%
TOPIX	1,392	1,432	1,462	1,368	1,196	−16.50%	1,303	1,307	1,545	10.99%
NYダウ	16,069.64	16,466.3	16,449.18	16,204.97	15,973.84	−3.00%	18,456.35	18,502.99	20,093.78	25.04%

注：日付はマイナス金利が導入された2016年について。
出所：筆者作成。

る。

　検討が求められる課題は，政策変更に伴う株価の反応が著しいことについてである。常に巧みにリスク分散・平準化を可能とする証券市場での運用・事業体制を整備することが，日本経済を主導する立場に求められており，あらゆる業種を傘下に収める持株会社には，その機能・役割が期待される。メガバンクには銀行業務の収益のみに大きく影響されない体制が必要とされ，債券価格の変動を捉えた証券投資・証券化商品の開発・販売，不動産関連の事業および証券化等，住宅ローン分野の事業等が強化されていれば，マイナス金利の導入に際してメガバンクとしては影響を小さく抑えることができた，と考えられる。東証銀行業株価指数連動型上場投資信託（証券コード1615）によって対象とされている多くの地方銀行の場合は，地域に在住する個人向けに金融サービスを提供するなど，顧客のニーズに応える本業を強化しておく必要がある。**図表12－3**によると不動産関連投資法人（大手9社）の株価は，マイナス金利の導入後2週間において，銀行株，不動産株より下落幅を小さく抑えた傾向にある。導入前日から導入後1週間にかけて，株価は1.6%から13.7%ほど上昇しており，TOPIXの同期間の推移は−1.7%であったことから，マイナス金利導入の

図表12－3　マイナス金利の導入と主な不動産関連投資法人の株価の推移

	1月28日終値（前日）	1月29日終値（当日）	2月1日終値（翌営業日）	2月5日終値（1週間）	2月12日終値（2週間）	騰落率（2週間）
野村不動産マスターファンド投資法人	137,700	148,000	154,600	156,500	143,300	−3.2%
大和ハウスリート投資法人	438,000	464,000	468,000	466,000	439,500	−5.3%
積水ハウス・リート投資法人	125,900	130,300	131,500	127,900	120,100	−7.8%
平和不動産リート投資法人	80,500	83,000	85,100	85,900	80,700	−2.8%
森トラスト総合リート投資法人	189,900	200,100	199,200	202,200	187,300	−6.4%
星野リゾート・リート投資法人	1,153,000	1,197,000	1,221,000	1,255,000	1,202,000	＋0.4%
オリックス不動産投資法人	158,700	167,800	177,300	171,100	160,400	−4.4%
阪急リート投資法人	124,600	130,400	135,100	129,800	122,400	−6.1%
イオンリート投資法人	119,600	125,400	128,400	133,900	124,600	−0.6%

注：日付はマイナス金利が導入された2016年について。
出所：筆者作成。

効果を確認することができる。しかし，その後は，TOPIXに連動して推移している。

(3) マイナス金利政策の導入と国民経済

マイナス金利政策の導入の意義は，低利で融資が受けられるようになったことであり，住宅ローンなど個人向け融資が国民経済に影響を与えたことは確かだが，第2節の(2)で見たように，メガバンクをはじめ銀行株の上昇要因になっていない。日本銀行がその後も2％の物価目標を達成していないように，国民経済にとって経済成長の直接的な要因とはならなかった。

国民経済をマイナス金利によって下支えする場合，低利で確保できる資金を経済成長につなげてゆく方法として，証券市場の整備に財政支出を充てる方法がある。とりわけ株式市場の整備は，国民経済において民間部門の負債を小さくし，資本を増強する。コーポレートガバナンスの改革，機関投資家によるエンゲージメントの充実を通して，経済成長を実現し，税収の自然増による財政の再建を図る方法がある。

図表12－1で見たように，1990年以降，次第に，財政の役割は高まりつつある。年金，失業給付など社会保障給付の割合が大きく，人口構成においての少子高齢化，および経済格差を考慮した国民経済への対策が必要である。

国債を中心とする公債による財源の調達は，経済全体の負債を大きくする。資本として資金を調達できる仕組みが求められる。公共経済の財源を株式市場から調達できる方法によって，国民経済の負債が大きくならないよう，新たな公共財源を確保することができる。以下では，国民経済と債券市場，株式市場について，現状を順に確認する。

3 国民経済と債券市場

(1) 国民経済と公債市場

債券市場は公社債市場，すなわち公債市場である国債市場および地方債市場，および民間部門の社債市場から構成される。国民経済の基盤を整備する財源をどのように調達してきたか，考察する。

財政学者ワグナーは，租税原則として「国民経済上の原則」をあげている[3]。

税源選択の原則，および税種選択の原則から成り立つ。税源選択の原則では，課税する税源を財産ではなく所得に限定すべきで，財産を侵食してはならない，としている。税種選択の原則では，税種をも的確に選択しなければならない，としている。転嫁など租税の作用を考慮し，正しい税種を選択しなければならない。資本への課税の排除（課税が資本蓄積を阻害しないよう配慮すること）は，生産設備を構える必要性への備えとなり，人々の浪費を抑制するインセンティブとなる。他方，関税などは，効率的な市場経済を実現する上で望ましくない。市場の総余剰の最大化を阻むことのないようにすることも不可欠である。国民経済上の原則に基づくと，課税という方法そのものに限界を認めることとなる。なお，リカード＝バローの中立命題によれば，現在の消費と貯蓄，現在と将来の2時点での消費，世代間の公平性を検討すると，課税と公債の経済効果に相違はない。

① 国民経済と国債市場

国債市場には国の税源を補完する機能としての役割がある。国民負担率とは，租税負担率および社会保障負担率の総和であるが，わが国において，2017年度見通しの値は42.5％であり，主要国との比較においては小さい[4]。日本国債への公債依存度は35.6％（2016年度）である。2010年度に48.0％となって以降は低下傾向にあるが，依然なお高い。

ワグナーは経費膨張の法則を提示したが，政府機能の拡大に対応して経費支出が多様化すること，すなわち国民所得で計測される財政支出の膨張については，わが国においても法則のとおりである（**図表12－4**，**図表12－5**）。主要各国は資金調達を国債市場に求めてきたが，わが国の場合，引受先の約9割を国内市場に求めることができたため（**図表12－6**），国内貯蓄を維持・向上させながら公共経済の財源を確保することができた。財政法第5条の範囲内にお

図表12－4　一般会計の歳出・税収の差額の推移

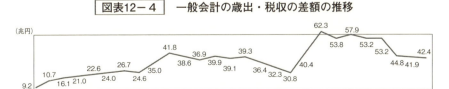

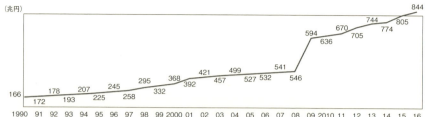

図表12－5 国債残高の推移

出所：財務省（2017）「日本の財政関係資料」平成29年4月をもとに筆者作成。

図表12－6 各国の国債等所有者別内訳

日本(2017年9月末(速報値))		アメリカ（2016年12月）		イギリス（2016年12月）	
日本銀行	42.2%	国内	62%	国内	74%
民間銀行等	20.3%	海外	38%	海外	26%
生損保等	20.7%	ドイツ（2016年9月）		フランス（2016年9月）	
公的年金	4.7%	国内	51%	国内	40%
年金基金	3.1%	海外	49%	海外	60%
その他	2.8%	イタリア（2016年12月）		ギリシャ（2016年9月）	
海外	6.1%	国内	64%	国内	58%
合計額	978兆5,982億円	海外	36%	海外	42%

注：民間銀行等にはゆうちょ銀行，証券投資信託，証券会社，生損保などにはかんぽ生命を含む。その他の項目は，家計，一般政府（公的年金を除く），その他，による。
出所：日本銀行「資金循環統計」，財務省（2017）「日本の財政関係資料」平成29年4月より筆者作成。

いて，日本銀行は4割以上の日本国債を保有しており，民間銀行も1966年1月から2006年3月まで続いたシンジケート団引受方式の名残を受けて保有している。長期運用を前提とする生損保等，公的年金，年金基金が，安定的な資産運用を見込んで3割弱を保有している。ただし，**図表12－7**のように，日本国債の格付けは，アメリカ，ドイツなどのそれに及ばない。国民経済を整備する財源を国債に依存し続けることには限界がある。

② 国民経済と地方債市場

地方財政計画は総務省によって策定され，内閣が作成し国会に提出される。三割自治と表現されるように，多くの地方公共団体の自主財源は現在もなお，およそ3～4割であり，国からの財源の配分を受けている。地方債の起債も，

総務大臣または都道府県知事との協議を原則とする。**図表12－8**によると，市場公募債の割合は，都道府県では4割弱，市町村では1割強であり，証券市場の機能を十分に活用できているとは言い難い。市町村では，財政融資資金に

図表12－7　主要国の国債格付け

	Moody's	S&P	Fitch		Moody's	S&P	Fitch
日本	A1	A+	A	イギリス	Aa2	AA	AA
アメリカ	Aaa	AA+	AAA	フランス	Aa2	AA	AA
ドイツ	Aaa	AAA	AAA	ロシア	Ba1	BBB-	BBB-
中国	A1	A+	A+	ギリシャ	Caa2	B	B-

注：2018年8月末現在。
出所：筆者作成。

図表12－8　地方債引受先の金額と割合（2015年度）

(単位：百万円・%)

	都道府県		市町村		純計額		純計額（2014年度）	
財政融資資金	703,839	12.7	1,771,871	34.2	2,475,710	23.2	2,790,376	24.2
地方公共団体金融機構資金	306,583	5.5	861,593	16.6	1,168,176	10.9	1,337,883	11.6
国の予算貸付・政府関係機関貸付	35,087	0.6	7,255	0.1	42,342	0.2	17,319	0.2
ゆうちょ銀行	61,455	1.1	11,395	0.2	72,850	0.7	60,059	0.5
市中銀行	1,869,413	33.8	1,227,531	23.7	3,096,945	29.0	3,202,398	27.8
その他の金融機関	387,755	7.0	434,117	8.4	821,872	7.7	858,557	7.5
かんぽ生命保険	9,669	0.2	77,255	1.5	86,924	0.8	17,177	0.1
保険会社等	—	—	—	—	6,000	0.1	6,000	0.1
市場公募債	2,078,235	37.6	603,864	11.6	2,682,099	25.1	3,009,596	26.1
個別発行債10年債	722,196	13.1	164,718	3.2	886,914	8.3	942,676	8.2
個別発行債5年債	400,819	7.3	87,641	1.7	488,460	4.6	468,531	4.1
個別発行債20年債	219,000	4.0	103,451	2.0	322,451	3.0	408,196	3.5
個別発行債30年債	170,000	3.1	89,000	1.7	259,000	2.4	180,000	1.6
個別発行債15年債	21,849	0.4	10,000	0.2	31,849	0.3	84,673	0.7
個別発行債7年債	12,001	0.2	—	—	12,001	0.1	38,000	0.3
共同発行債10年債	432,691	7.8	115,138	2.2	547,829	5.1	709,586	6.2
住民公募債	82,800	1.5	33,715	0.6	116,515	1.1	146,931	1.3
外国債	9,776	0.2	—	—	9,776	0.1	5,093	0.0
その他	7,103	0.0	201	—	7,304	0.1	25,910	0.2
共済等	131	0.0	136,017	2.6	136,148	1.3	142,188	1.2
その他	75,914	1.5	56,239	1.1	104,944	0.9	76,903	0.7
合計	5,528,081	100.0	5,187,137	100.0	10,688,010	100.0	11,518,456	100.0

注：国の予算貸付・政府関係機関貸付は，地方公共団体金融機構資金を除く。
出所：総務省編（2017）『地方財政白書〔平成29年版〕』日経印刷株式会社。

よる引き受けが3割以上となっており，国に大きく依存している。民間金融機関の割合は，都道府県で4割ほど，市町村で1割以上あり，重要な引受先となっている。安定的な関係性を残しつつも，地方財源の新たな確保の方法を模索すべく，地域経済において市場機能が作用するよう国民経済の側に自立性・自律性が求められている。

(2) 国民経済と社債市場

わが国の社債市場において，売買は相対取引によって成立するため，実勢価格は当事者以外にわかりづらく，約定価格など取引データ（統計数値）は公表されない[5]。日本証券業協会は売買参考統計値（売参値）を提供してきたが，売参値はあくまで証券会社が自己申告した数値であり，以前から信頼性については疑問視されてきた。2015年11月2日，新しい報告制度が始まったが，新制度を意識する新発債の関係者は少ないとされ，新制度が市場で存在感を発揮するにはしばらく時間を必要とする[6]。確かなデータの蓄積が求められる。

4 国民経済と株式市場

(1) 国民経済と東京株式市場

国民経済学者・政治学者・社会学者シェフレは公的家計について，公的需要と私的需要への資源配分の機能を指摘しつつ，社会的原則および国民経済的原則に基づかなければならない，としている。財政学者マスグレイブが提唱する財政の3つの機能[7]―資源配分機能，所得再分配機能，経済安定化機能―に通ずる見解である。財政が公的需要を充足するためには，市場経済の収益・収入に依存することとなる[8]。東京市場は，東京株式市場，東京外国為替市場，商品先物取引市場，流通市場など，国内最大規模を誇る国際金融市場である。2013年には記録的な株高・円安となり，日経平均株価は年間で57%上昇し，1972年に年間で9割高となって以来，41年ぶりの上昇率となった。外国為替市場でも13年末の円相場が1ドル＝105円台半ばをつけ，1年前の1ドル＝86円から19円の円安水準となった。市場の活況は経済成長を主導するが，この機会に，税制，雇用・人材育成，コーポレートガバナンス，地域企業の海外展開と中小企業金融，機関投資家によるエンゲージメントなど，国民経済を醸成して

ゆく必要がある。反社会的勢力に対する意識などの倫理性はマネーロンダリングの回避につながる[9]。市場参加者は国民経済に責任と役割を有する。

　フィンテックが国民の期待収益率を向上させると判断することは難しいが，手元の操作で激しい値動きを捉える方法が大衆化されたことによって，市況のトレンドと相関せずに家計は資産運用を効果的に展開できるようになった。政府，日銀は，成長戦略に賛同する国民のポジションにも配慮すべく，証券市場に適時介入を行っている。それでも外国人の売りが強ければベア相場となるが，取得平均を引き下げるという逆張りのポートフォリオにとっては買い場となる。情報通信技術および英語の普及が相まって経済のグローバル化が伸展したため，通貨，母語，法制度などを同じくする国民経済の枠組みは破壊されつつもある。証券市場は国際経済の渦中にあり，国民経済をどのように支えるか課題である。政府は少額投資非課税制度（NISA）を整備し，国民経済による証券市場の下支えを，税制面から推奨するなどしている。また，設備・人材投資指数が，2016年4月27日，1,283.14の値をもって開始しており[10]，健全な勤労の仕組みを醸成するよう促す試みもある。

(2) 証券投資信託の普及

　証券投資信託の純資産総額は，**図表12−9**によると，2011年末において2005年末の水準を下回ることなく57兆3,270億円であり，その後は上昇を続け，2015年5月末時点で100兆円の大台を超え102兆4,574億円に到達している。2017年末は111兆1,920億円となった。今後は，証券投資法人，不動産投資法人（公募および私募），公募インフラ投資法人の純資産総額も伸長する傾向にあり，国民経済の資産運用の方法に多様性が期待される。

(3) 裁量的な新規株式公開市場

　指定アドバイザー制度は，ロンドン市場に開設されているAlternative Investment Market（AIM）を起源とするが，マクミラン・ギャップ（中小企業の長期資金調達の困難性）の解消を目的として，前身のUnlisted Securities Market（USM）が設立された経緯がある。日本国内の地域中小企業に向けて負債比率の逓減を目標に，指定アドバイザーによる裁量的な新規株式公開市場は，国民経済の均衡を実現する方法になるであろうと考える。

図表12-9 証券投資信託の設定額と純資産総額

(単位:10億円)

年末	総額 設定額	総額 純資産総額	株式投信 単位型 設定額	株式投信 単位型 純資産総額	株式投信 追加型 設定額	株式投信 追加型 純資産総額	公社債投信 設定額	公社債投信 純資産総額
2005	77,204	55,348	1,385	1,945	19,885	38,884	55,934	14,519
2010	61,699	63,720	447	1,266	23,472	51,198	37,780	11,256
2011	59,501	57,327	415	881	23,117	45,881	35,969	10,565
2012	57,500	64,064	888	1,275	22,936	51,639	33,676	11,150
2013	107,239	81,523	1,017	1,480	38,993	63,548	67,229	16,496
2014	95,139	93,505	903	1,791	37,522	75,304	56,714	16,409
2015	103,894	97,756	502	1,734	32,986	63,839	59,757	16,018
2016	69,187	96,642	248	1,383	20,558	61,292	37,450	13,619
2017	87,847	111,192	—	833	—	69,993	46,181	13,759

注:2017年の株式投信の設定額は,単位型と追加型を合わせて41兆6,666億円。
出所:(一社)投資信託協会「投資信託概況」より筆者作成。

(4) 地方証券市場と国民経済

　国民経済の牽引を役割とする地方証券市場には,人間どうしの信頼関係が,基本として求められる。「借り手責任」ではなく,資金の「出資者責任」が明確な株式金融を普及する方法によって,負債比率の逓減を地方経済に定着させる。地場証券会社は率先して地域中小企業の新規上場を推進し,地元企業・顧客の新規開拓により,本業の収益性を高める。

5　おわりに

　証券市場は,金融・財政政策と所得政策を組み合わせたポリシー・ミックスが展開されるメカニズムを備えており,国民経済の枠組みを規定している。ドーマー条件のもとで,金利政策は,財政の持続可能性を鑑み,経済成長率の動向を注視しつつ判断がなされている。マイナス金利政策の導入は,日本経済に適切な経験であったと評価する必要がある。
　国民経済の均衡とは,人間を物心両面で豊かにする状態であり,地球環境への配慮も含めて,あらゆる社会的課題の解消を伴う。競争均衡のみで実現され

図表12−10　TOKYO PRO Marketの特徴

開示言語	英語または日本語
上場基準	数値基準なし　…通常は4項目以上の数値基準がある
上場申請から上場承認までの期間	10営業日（上場申請前にJ-Adviserによる意向表明手続きあり）
上場前の監査期間	最近1年間
内部統制報告書	任意
四半期開示	任意
主な投資家	特定投資家（…金融商品取引法第2条第31項，金融商品取引法第二条に規定する定義に関する内閣府令第23条に基づく）など

出所：日本取引所グループ開示資料をもとに筆者作成。

るか定かではなく，機能的財政の理念をもとに，金融技術の躍進を取り込み，公共経済および社会保障などに必要な新たな財源を確保するよう，国民経済の負債を圧縮してゆく志向性こそが重要である。証券市場とは，資本を出資する人間の意向が強く投影される百花の魁であろう。

注

1　Lerner, A.（1944）.
2　三和裕美子（2016）をもとに考察すると，コーポレートガバナンスの機能を通じて，機関投資家は運用先の事業に有益なサポートを行うことができる。これをエンゲージメント機能というが，中小企業の長期資金調達の困難性（マクミラン・ギャップ）の解消などをはじめ，国民経済の均衡に向けたあらゆる課題に対応することができる。
3　Wagner, A.（1883）.
4　国際比較では，日本は42.2％（2014年度）であり，アメリカの32.7％（2014年）より高いが，フランス68.2％（2014年），ドイツ52.5％（2014年），イギリス45.9％（2014年）などより低く，対国民所得比ではOECD加盟国34カ国の中で7番目に低い値をとっている（OECD "National Accounts", "Revenue Statistics"）。
5　アメリカでは約3万銘柄についてリアルタイムで取引情報が公表されている。
6　東洋経済ONLINE，2015年11月2日。
7　Musgrave, R.A.（1959）.
8　神野直彦（2007）pp.41-45, p.55。
9　巨大銀行の収益構造との関連では，坂本恒夫（2015）pp.127-154を参照。
10　2018年1月4日の値は1,590.00。

参考文献

Domar, Evsey D. (1944) "The Burden of the Debt and the National Income," *American Economic Review*, 34(4), pp.798-827.
Lerner, Abba (1944) *The Economics of Control: Principles of Welfare Economics*, Macmillan.
Musgrave, Richard Abel (1959) *The Theory of Public Finance: A Study in Public Economy*, McGraw-Hill.
OECD "National Accounts."
OECD "Revenue Statistics."
Wagner, Adolf (1883) *Finanzwissenschaft*, 3. Aufl., Teil 1, Leipzig.
財務省(2017)「日本の財政関係資料」平成29年4月。
坂本恒夫(2015)「何故,巨大銀行の不祥事は絶えないのか」明治大学経営学研究所『経営論集』第62巻第1・2号,127-154頁。
神野直彦(2007)『財政学〔改訂版〕』有斐閣。
総務省編(2017)『地方財政白書〔平成29年版〕』日経印刷株式会社。
投資信託協会「投資信託概況」各年版。
東洋経済新報社(2015)「社債市場の透明化問題,新制度でもなお課題―取引情報公表制度の浸透には時間―」『東洋経済ONLINE』2015年11月2日。
内閣府「国民経済計算」各年版。
日本銀行「資金循環統計」各年版。
三和裕美子(2016)「機関投資家のエンゲージメントとはなにか―国内外の機関投資家のヒアリング調査をもとに―」『証券経済学会年報』第50号別冊。

第13章

銀行と証券市場
―資本還元で危機を乗り切る

1 証券市場と銀行との関係 ―「換金性」と「カネの増殖」

(1) 銀行の危機とは何か

　銀行は基本的には，零細な預金を集め，それを資金需要者の企業などに貸し付ける仲介機能を果たし，そのことによって利ザヤを稼ぐ，そのようなビジネスであった。

　しかし，産業構造が高度化し，資産の回転が固定化・長期化すると，零細な預金では，その運用に耐えられなくなってくる。つまり，流動性が破綻してしまうのである。そこで考え出されたのが，資金の株式化である。貸付資金の固定化・長期化を打開するために，資本を株式化し，その株式を銀行に譲渡することによって，銀行の貸付資金の流動化・短期化を，譲渡された株式の売却資金で補い，銀行の流動性破綻を解消したのである。また同時に，企業は貸付資金の制約を打破し，重化学工業資金を十分に供給したのである。

　次の危機は，運用先の企業が成熟化し，貸付資金を必要としなくなったことである。企業が必要資金を自己金融で賄い，銀行に依存しなくなる状態である。このとき，銀行はどうするか，運用先に困ってしまう。では，どうしたか。銀行は株式に投資し，株式を買い占め，そして株価を吊り上げ，多額の株式プレミアムを稼いで危機を乗り切ったのである。

　3つ目の危機は，国際的な金融規制当局，具体的にはBISから，自己資本比率を高く維持するように言われたことである。自己資本を高く積み上げることは，それ自体問題はないが，株主価値経営でROEを引き上げねばならない時代は，分母の自己資本を増やすことは，利益が一定の場合，ROEを引き下げる効果に働く。したがって，資産を圧縮して自己資本も縮小していかねばなら

ない。逆に言えば，自己資本を減らすために，資産を圧縮しなければならないのである。そのために考え出されたのが，貸付資産の証券化であった。サブプライムローンと呼ばれた貸付資産を証券化し，資産を圧縮し，そのことによってROEを引き上げ，そして株価を吊り上げ，巨額の利益を獲得したのである。

4つ目の危機は，やはり金融当局から，きびしく経営体質を問われ，商業銀行と投資銀行との分離のように，銀行の存在，あるいは経営構造の見直しをせまられたことである。この危機については，いまだ回答を出せずにいる。ITの活用や社会性の追求などの動きは見られるが，方向が見定まったわけではない。

(2) 換金化

証券市場と銀行の両者の関係は，常に銀行が証券市場を一方的に利用するものであった（**図表13－1**）。

そもそも証券市場，ここではとりわけ株式市場は，ロンドンのコーヒー・ショップから生まれたものと言われている。東インド会社に投資していたイギリスの投資家たちが，投資証書を換金したくて集まってきたところが，シティーのコーヒー・ショップであった。

このように，投資家たちの投資証書の換金場所から株式市場が生まれたことから明らかなように，投資家たちの「換金化」の必要性こそが株式市場誕生の本質であった。つまり，株式市場は株式会社の資金調達のために生まれたのではなく，投資証券の換金のために生まれたのである。

(3) キャピタルゲイン

しかし証券市場はそれだけではなかった。換金化をベースに投資資金を高値

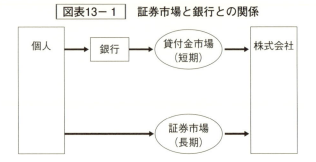

図表13－1　証券市場と銀行との関係

で換金する利殖の場として位置付けられるようになった。つまりカネがカネを生む場所として，「カネの増殖」のための市場となった。当初は換金のためであったが，優良な投資証券であれば，ただ単に換金するだけではなく，より高値で売却することが可能となり，出資金に加えて創業者利得が得られたのである。

この後述べるように，1890年代ドイツで株式市場が本格的に花開くときにも，銀行が融資の代償で引き受けた株式を資金回収のために換金化するため株式市場を必要としたのである。当初は重化学工業資金として融資した資金の返済を株式で受け取り，それを株式市場で換金していたが，次第に優良企業の株式を高値で売却して創業者利得を獲得したのである。

また，1990年代，都市銀行を中心とする日本の銀行は，過剰化した資金を株式と土地に投入した。これは，借り手の需要が縮小した資金を「カネがカネを生む」という株式に投入し，高株価経営で株価を吊り上げ，そして多額の売却益を得ようとしたのである。

さらに，1990年前後からリーマン・ショックの2007年頃まで，米国の巨大銀行は，証券化商品市場を創り上げ，貸付資産を証券化し，それを世界中に売却して，巨額の利益を得た。

こうした歴史的推移を見ると，証券市場はまず投資資金の換金，次に資金の増殖のために存在するということになる。一般的には，証券市場はまず資金調達市場として説明されるが，実際は換金市場，増殖市場としての位置づけが大切である。

証券市場と銀行について考察する場合は，銀行の資金調達市場として検討するのではなくて，換金市場，そして増殖市場として検証すべきである。

2 資本の大規模化・長期化を株式で乗り切る

(1) 融資と設備投資との相克

1870年頃から，ドイツにおいては産業構造の高度化が進み，電機重工業化や鉄鋼業の著しい発展が見られた。鉄鋼業などの進展は，資金の性格から見れば，大規模で長期的性格を有するものである。銀行の貸付原資は預金であるから，その資金は小規模で短期的性格であった。

こうした相容れない2つの資金をマッチングさせる方法は、株式市場であった。まず、銀行が短期の大量資金を貸し付ける。企業はこれで機械などの設備投資を行う。しかし短期の貸付金の返済時機はすぐに来るが、設備投資の資金回収はまだできていない。そこで株式会社は返済資金に見合う株式を企業に渡す。当初は株式証書と貸付金は別々のものだが、企業は返済できないから、預けていた株式を証券市場で換金化して、銀行に返済する。

こうしたやり方が一般化すると、銀行も安心して融資ができるし、銀行も安心して設備投資ができる。つまり株式市場を内在化させることで、短期資金を長期化したのである。そしてこのメカニズムが確立すれば、小規模預金を大量化して大規模融資に結びつけることができたのである。

(2) ドイツにおける銀行と企業との関係

ドイツにおける銀行と企業との関係を考察するには、産業構造の変遷を把握しておかねばならない。

産業革命以降、産業の中心はイギリスであった。綿工業中心の軽工業では、比較的資本の回転が速いので、いまだ株式会社は一部の企業に限られており、多くは個人企業形態であった。またその当時の英国銀行は、イギリス資本が世界を支配していることもあって、大量の資金を抱えており、綿工業者にも潤沢な資金を貸与していたのである（図表13-2）。

後発のドイツはイギリス経済の強い圧力を受けながら、競争力に劣る軽工業を避けて最初から重工業で世界経済に挑戦していった。ルール地方をはじめとして4つの地方では鉄鋼業や機械工業が勃興し始めた。ドイツ銀行をはじめとするいくつかの銀行は、これらの鉄鋼業や機械工業に融資を始めたが、この際その資本の巨額さや固定的ということから、最初から株式会社形態でスタートしたのである。コメンダやソキエタスの企業形態の歴史を有するこれらの地域は共同で出資する株式会社形態を受け入れる素地が存在していたと思われる。

すでに述べたように、株式会社設立における株式引き受けは銀行が引受業務としてこれに応じた。また巨額の固定資金の融資も銀行が対応した。そして、返済時期に株式を公開・売却してその資金で銀行に返済したのである。

したがって、この時代は、銀行と企業との関係がますます強くなる時代であった。ヒルファーデングは、この資本形態をこれまでの産業資本とは異なる金融資本の時代と呼んだのである。

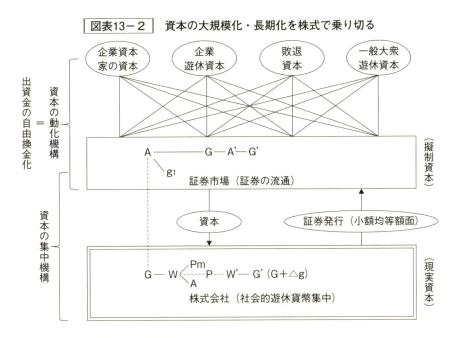

図表13-2　資本の大規模化・長期化を株式で乗り切る

(3) ドイツ銀行の設立と展開

　具体的に、ドイツの状況の中で、説明しておこう。1870年代、銀行による大規模な株式引受によって、株式会社制度の普及が実現され、さまざまな業界において、株式の発行による資本蓄積を通じて生産規模の拡大が実現された。この拡大を促進した銀行信用もまた、それが株式発行によって回収されることを基礎にして、大規模に与えられたのである。

　1873年の恐慌によって、多くの銀行、企業が破綻に追い込まれ、ベルリン大銀行などは、ビジネスを国債の取り扱いに変化させるが、この時期、地方銀行の多くは整理されていく。

　しかし、恐慌以降の産業投資は、以前の時期よりもはるかに巨額となり、またその後の企業集中の過程で要求される銀行借入は、単に巨額であるばかりでなく、頻繁に反復して必要とされるものとなっていた。これらのことは、銀行と企業との関係においても、それが以前のように個人的・偶然的なものにとどまりえないものとなっていた。このような展開は、大不況期にさらに卓越した力を持つにいたったベルリンの大銀行をして、ふたたび企業とより強い関係を結ばせるものとなった。他方、このことはまた、地方銀行の限界をいっそう明

らかにすることとなった。これらの地方銀行は，巨額な資本信用に応じるだけの資本力を持たなかったばかりでなく，この貸付を回収するために必要な，証券発行を媒介する条件を欠いていたからである。そしてこのことは，ベルリン大銀行による地方銀行の集中という，新たな展開をもたらしたのである。これによって，大銀行における証券業務と企業への資本信用業務との内的統合を実現させ，企業の大企業化と銀行との，いわゆる「金融資本」の確立を実現させるのである[1]。

3 円高の危機を証券市場で乗り切る

(1) プラザ合意と円高不況

　1985年9月，西独，仏，米，英，そして日本の先進5カ国蔵相会議は，為替レート安定化に関する合意を発表した。この合意は，ニューヨークのホテル名をとって「プラザ合意」と名付けられたが，この合意は世界経済および日本経済に大きな影響を及ぼしたという意味で歴史的なものとなった。

　1980年代前半，アメリカでは，高インフレ抑制策として，厳しい金融引き締めを実施していた。金利は2桁に達し，世界中のマネーがアメリカへ集中し，ドル相場は高めに推移して，輸出減少と輸入拡大は大幅な貿易赤字をもたらした。さらに，高金利により民間設備投資は抑制された。結果として，インフレからの脱出には成功したが国際収支は大幅な赤字となり，財政赤字も累積した。

　インフレが沈静した後は金融緩和が進行し，アメリカは復活したと言われるほどの景気回復であったが，貿易赤字増大は極めて高いものであった。金利低下により貿易赤字国の通貨であるドルの魅力が薄れ，ドル相場は次第に不安定になった。こうした状況の下，ドル危機の再発を恐れたこれらの国は，協調的なドル安を図ることで合意した。とりわけ，アメリカの対日貿易赤字が顕著だったため，この合意は実質的に円高ドル安に誘導する内容であった。これがプラザ合意である。

　プラザ合意を受けて，その後ドル円レートは1ドル235円から150円に上昇した。急速な円高は，輸出依存経済に移行していた日本にとって厳しい打撃を与えるのではないかという大きな不安をもたらした。1986年金融引き締めが転換され公定歩合の引き下げが行われた。

(2) 過剰流動性と株式・土地の買い占め

　平和相互銀行は，第２次世界大戦前においては，東北林業という殖産会社であった。終戦直後は屑鉄売買で財を成した小宮山英蔵(こみやまえいぞう)がこれを買収した。1949年，東北林業は社名を日本殖産株式会社と改め，その後平和貯蓄産無尽と変更し，無尽の日掛金融に業容を転換した。1951年の相互銀行法の制定で相互銀行に転換，そして平和相互銀行となった。
　平和相互銀行は夜間９時までの窓口営業を実施や駅前から住宅地まで首都圏に店舗網を整備，ATMはどの銀行のキャッシュカードでも使用できるようにする利便性を重視していた。最盛期には店舗数100，資金量１兆1,500億円で業界第６位にまでなった。しかし小宮山氏の乱脈経営が次第に表面化し，経営陣と一族の対立が激化すると経営状態は深刻なものとなった。
　1985年，大蔵省の検査が入り，融資額の多くが回収不能の不良債権であることが判明した。大蔵省および住友銀行の間で救済合併が準備され，住友銀行が平和相互銀行を吸収合併した。
　プラザ合意と円高不況で多額の過剰流動性を得た都市銀行は，株式や土地の買い占めに乗り出した。特に大蔵省から平和相互銀行救済で前向きな心証を得た住友銀行は，大胆な「山の手戦略」で東京都心の土地買い占めに走った。また，日本経済の成熟化の中で，設備投資などの企業融資需要が停滞する状況で，株式投資にも傾斜していった。
　バブル以前の日本は円高不況と称された深刻な不況であり，輸出産業が大打撃を受け，東京や大阪などの町工場には倒産が続出していた。この深刻な不況を乗り切るために，政府は内需主導型の経済成長を促すため公共投資拡大などの積極財政をとり，また一方で日銀は段階的に公定歩合を引き下げ，最終的には2.5％となった。そして長期的には金融緩和を続けたため，その結果，長期的な景気拡大をもたらし，バブルと称される株式・土地への投機を許すこととなった。
　1985年から1990年の５年間で，日本の銀行の資金量は90％拡大し，貸出先の開拓に追われていた。この頃，大企業はエクイティファイナンスが盛んになり，銀行離れが加速した。1987年末には都銀の収益を支えていた製造業向けの貸出が初めて２割を下回った。
　こうした状況で，銀行の融資は不動産に向かっていった。日本では投機が加

速し，特に土地と株式への投機が盛んになった。なかでも，「土地は必ず値上がりする」という土地神話に支えられ，転売目的の売買が増加した。また，1986年2月にNTTが上場し，その高値公開は投機熱をいっそう拡大した。

(3) バブルの崩壊

1990年末を境にして，バブルは崩壊した。貸し出し規制，公定歩合の引き上げなど一連の金融引き締め政策によって，土地・株式の価格は急落した。

土地・株式の価格上昇を見込んでいたバブル関連会社は倒産した。50％におよぶ下落は銀行も破綻に追い込んだ。まず住宅専門金融会社が倒産し，個人投資家，中小企業が破綻した。次に財務基盤が脆弱な大企業が倒産した。そして最後に都市銀行が破綻に追い込まれた。政府・日銀は救済に乗り出し，銀行の不良債権の整理，そして再編に取りかかった。12存在した銀行は3メガバンクに集約された。銀行の発行優先株を購入するかたちで，政府資金が注入され，銀行は救済された。

円高不況を，高地価・高株価政策で乗り切り，一見多額の剰余金を手に入れたと見られたが，実際は将来キャッシュフローなど現実味のない理念上の地価・株価でマネーゲームを楽しんだだけであった。宴の後には，借金を抱え込んだバブル投資家とバブル会社の屍が転がっていた。蔭でこれを煽り，そして不良債権を抱えた銀行は，政府・日銀に再編を迫られたものの救済され生き残ったのである。

バブル経済は永遠に続くと思われたが，1990年に入り，一気に収束を迎えた。1990年3月，大蔵省の総量規制に加えて，日本銀行の金融引き締めも行われ，信用収縮が一気に進行した。1989年5月から1年3カ月の間に5回の利下げが実施され，2.5％だった公定歩合は6％台にまで引き上げられた。

日経平均株価については，1989年の大納会（12月29日）に終値の最高値3万8,915円87銭を付けたのをピークに暴落に転じ，1990年10月1日には2万円割れ，93年末には最高値の59％にまで暴落した。また土地も1992年をピークに下落した。

以上のように，円高不況を打開するために，銀行は過剰な資金を，企業経営の改善やベンチャーの育成に投入せず，株式・土地に投機して，莫大な資金を手に入れたが，金融引き締めのなか，株式暴落，地価下落に直面し，それらの投機物件は不良債権化していった。

その後，北海道拓殖銀行，日本長期信用銀行，日本債券信用銀行，山一證券，三洋証券が倒産し，銀行の株式市場を利用した円高不況対策の構図は崩壊した[2]。

 BIS規制を証券化で乗り切る

(1) 機関投資家とBIS規制

2000年前後から，アメリカ巨大銀行の経営行動の規制要因は，機関投資家とBIS規制であった。

先進国においては，多くの人々は，将来の老後を考え年金に加入し，また病気や緊急の事故に備えて保険を掛け，そして遊休資金を投資信託で運用している。これら年金，保険そして投資信託は，一定程度の運用益を出さねば，預託者の期待に応えることができない。そこでこれら機関投資家は，企業への株式投資において運用益を上げるために，その基本となる企業にROEの引き上げを期待する。したがって銀行の場合も，利益率の引き上げを期待される。

しかし銀行は，成熟化した事業であり，なかなか高い利益率は上げられない。そこで，銀行はまず利益率を上げるために，さまざまなコスト削減を試みるが，それが一定程度実行されるとコスト削減の施策がなくなる。そこで次に考えるのが，ROEの分母である自己資本を減らすことである。しかし，あまりにも自己資本を減らすと，BIS規制の自己資本比率規制に抵触することになる。そこで，BIS規制の自己資本を減らすためには，総資産＝総資本を縮小せねばならない。しかし総資産を減らすのは，そんな簡単なことではない。そこで考え出されたのが，貸付資産の証券化である。

1988年，BIS規制が英米の共同提案として出されたとき，その理由は，金融危機の未然防止と国際競争の公平性という2つの大義であった。しかし前者の金融危機の未然防止は，2008年のリーマン・ショックによって，あえなく潰えた。残ったのは，国際競争の公平性である。これは当時，少量の自己資本で世界に資金を貸しまくる日本の都市銀行の成長戦略を，8％という自己資本比率で縛りをかけ，その拡大路線にストップをかけたいという，英米巨大銀行の思惑から提案されたものであった。そしてその目的のとおり，日本の都市銀行の拡大路線はストップした。

しかし，1980年代後半から次第に勢力を増した「機関投資家（年金，保険，投資信託）」によってROE経営が強く叫ばれるようになると，BIS規制は英米の巨大銀行にも桎梏（しっこく）として機能し始める。

銀行がBIS規制である自己資本比率（自己資本÷総資産）を維持ないし高めようとすると，自己資本額を増やさねばならない。しかしROE（利益÷自己資本）の計算において，分母である自己資本が増額されれば，ROEが低下してしまう。これでは機関投資家に受け入れられない。

そこで自己資本を増やさずに，分母の総資産を減額させることによって，自己資本比率を維持させることになる。ところが営業拡大やユニバーサル化を進める巨大銀行にとって，総資産を圧縮することは容易なことではない。

しかし，幸いなことに，いや当初からそれを見越していたからかもしれないが，自己資本比率規制は，その計算において分母は総資産ではなく，いわゆる「リスク資産」である。このリスク量は，当初のBIS Iでは，バーゼル委員会が設定した資産に対するリスク比率（掛け目）をもとに算出していた（例えば，OECD加盟の国債はリスクが少ないとして，掛け目は0％であった）。

しかし，2007年のBIS IIからリスク管理能力が高いとする一部の銀行は，自らの管理モデル利用を容認して，一部企業向けの掛け目を引き下げ，事実上，規制上のリスク量を圧縮した。一部巨大銀行の平均リスク掛け目は，1993年の70％から，2008年には40％に低下したと言われている。

こうしてリスク資産の桎梏から解放された一部巨大銀行は，自己資本比率の維持を気にせずに，ROE重視の経営姿勢で住宅関連や金融派生商品のビジネスに邁進していった。規制監督当局も，銀行が使っているモデルを正確に評価できず，ただ黙認するだけであった。

そしてこれが，リーマン・ショックの引き金の重要な要因となった。

(2) 証券化

冒頭に述べたように，利益率を引き上げる方法は，本来は売上高・収益を引き上げることである。しかし借入需要が低迷している環境にあっては，収益引き上げは困難である。そこでコストの引き下げを合理化やM&Aで行うが，これも限界がある。そこで考えられるのが，分母の資産の圧縮である。

資産の圧縮は，証券化という手法で展開された。銀行の貸付債権は，銀行の貸借対照表の資産項目であるが，これを銀行傘下の特別目的会社に売却する。

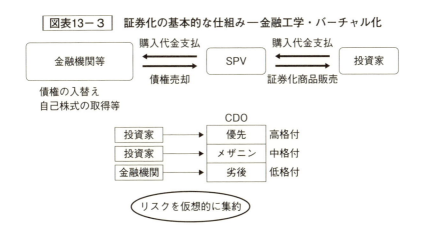

この売却代金で自己資本を圧縮する。例えば，市場で自社株を購入することで，自己資本の絶対額を減少させるのである。

一方，特別目的会社に売却された資産は証券化されて，機関投資家などさまざまな投資家に売却される。ここでは証券化商品市場が形成されているので，この商品は転々と売買されて流通していく。

こうした状況の中で，銀行は貸付債権をどんどんと特別目的会社に売却して資産を圧縮する。自己資本比率規制は8％ルールだが，資産が少なくなれば自己資本を増加しなくても8％ルールは守られていく。そして，それゆえに，自己資本を縮減すればROEは，利益が増えなくても，上昇していく。

ROEが増えれば株価にプラス要因なので，機関投資家は銀行に対して証券化を推し進めるように求めていく。

以上のようなメカニズムによって，証券化は極限にまで進展した。米国ではもちろんのこと，政府系の住宅金融会社まで巻き込んで拡大していったし，英国でもロイヤルバンク・オブ・スコットランドやロイズ銀行などが証券化商品ビジネスに狂奔した。また日本でも大学など非金融セクターを地獄の底に引き込むように浸透していった。世界中が証券化商品で狂い咲いていたのである。

(3) グローバル金融危機

証券化を嚆矢とする一連の資本還元ビジネスは，2007年頃から急速に冷え切っていった。将来利益または将来キャッシュフローを資本還元化する手法は，将来の利益およびキャッシュフローの先行きが見通すことができなくなってく

ると，これまでと異なり負のスパイラルが始まる。負のスパイラルは，連邦準備局の金利引き上げで始まった。例えば住宅金利が引き上げられると，債権者，特に低所得者は金利が支払えず，持ち家を売却する。こうした状況が続くと住宅価格が低下する。住宅市場と住宅融資市場は急激に縮小する。

さらに住宅融資債権は，高金利になると同時に，証券化商品の不良化が拡大

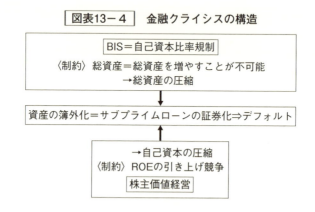

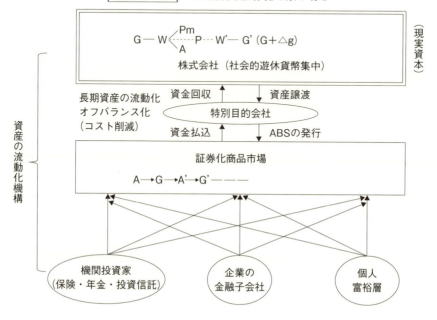

していく。リスクがまさにリスクとなり，債権はデフォルト化する。したがって証券化市場は縮小ないし破綻をしていく。これは，リーマンブラザーズの倒産をもたらしたので，リーマン・ショックと呼ばれている。

　リーマン・ショックによって多くの証券化商品ビジネス関連会社が倒産した。また銀行の証券化ビジネスも破綻した。米国政府，連邦準備銀行は，一方で救済措置を実施しながら，他方で4大銀行に集約するかたちで再編成を進めた。これはちょうど，1990年日本のバブル崩壊時に3大メガバンクに銀行再編を進めたのと類似していた。

　いずれにしても，BIS規制の制約を証券化ビジネスで克服した，大手米国銀行は，克服のプロセスでその金融術策に溺れ，あえなく沈没していった。そしていまだに浮上できずにいる[3]。

5　証券市場と銀行との新たな関係　　　　　―銀行系信託銀行とは何か

(1)　持ち株比率を増やす銀行系信託銀行の存在

　主要な銀行の持株状況を見ると「銀行系信託銀行」という名前が上位に並んでいる。これは何を意味するのであろうか。

　まず「日本トラスティ・サービス信託銀行」は，大和銀行と住友信託銀行の共同出資によって，2000年に設立された。

　同信託銀行は，資産管理特化型信託銀行として，主に年金信託・証券投資信託に係る有価証券等の管理業務や，カストディ，元利金支払事務等，資産管理に係る信託業務および銀行業務を行っている。

　信託財産残高は，2016年3月末で240兆1,760億円。

　主要株主は，三井住友トラスト・ホールディングス66.66％，りそな銀行33.33％である。

　次に，日本マスタートラスト信託銀行は，外資系銀行の設立ブーム時の1985年チェース・マンハッタン信託銀行として設立された歴史を持つが，その後1996年ドイチェ・モルガン・グレンフェル信託銀行，1999年ディーエムジー信託銀行に改称し，2000年に今日の名称となった。

　常任代理契約等に基づく預かり資産を含んだ管理資産残高合計は約365兆円。

　主要株主は，三菱UFJ信託銀行46.5％，日本生命保険33.5％，明治安田生命

保険10.0％，農中信託銀行10.0％である。

そしてもう1つは，資産管理サービス信託銀行である。同信託銀行は，2001年，みずほ信託銀行（旧安田信託銀行），朝日生命保険，第一生命保険，富国生命保険，安田生命保険の5社が出資して設立した。2016年，第一生命保険が株式を譲渡し，かんぽ生命保険が資本参加した。2017年，三井住友トラスト・ホールディングス系列の日本トラスティ・サービス信託銀行と統合するという報道がなされた。

マスタートラスト業務，有価証券資産管理（カストディー）業務，確定拠出年金の資産管理業務が主要ビジネスである。

主要株主は，みずほフィナンシャルグループ54％，第一生命保険16％，朝日生命保険10％，安田生命保険9％，かんぽ生命保険7％，富国生命保険4％である。

(2) 株価管理と保有の統制

ここでの新たな問題は，このような三菱系，三井住友系，みずほ系の信託銀行の存在を，どのように解釈するかということである。

1つのヒントになるのは，昭和40年の証券不況の後の，管理株価である。山一證券の倒産など大混乱の株式市場を収束させるために，政府・民間資本は協調して株式保有機関を設立した。それが「共同証券」「証券保有組合」であった。当時の主要銀行，主要会社の上位株主にこの2つの保有機関が登場する。

しかし，10年後の1975年には，この2つの保有機関は姿を消す。これは株式市場が混乱を脱し，株価が落ち着いた結果を受けて，保有機関は株式を処分して解散したのである。

1990年の株価暴落による市場混乱の場合，まず最初に登場したのは，英米を中心とした機関投資家であった。暴落した安値の日本株を購入して，企業経営をリストラ的に改革し，株価が上昇してきたところで売り抜けた。

しかしこの売り抜けた株式を購入する者がいない。そこでその株式を購入したのが銀行系信託銀行であった。2000年前後に銀行系信託銀行が立て続けに設立されたのはそのためである。

なぜ銀行系信託銀行は株式を購入したのだろうか。まず1つ目は，これ以上の暴落を避けたいというものであった。外国人投資家に見限られ，国内投資家も1990年のバブル崩壊で株式への期待感が薄れているところで，株式の購入者

がいないということは，さらなる泥沼の株価暴落が始まるということである。そこで政府，メガバンク系の資本が協調して株式流通市場に介入して株価の暴落を阻止すべき株式購入を始めたのである。

　２つ目は，所有支配の問題である。買い手がいないということは，ちょうど第２次世界大戦後や昭和40年株価暴落時期，右翼や暴力団が株式市場で暗躍したように，きわめて厳しくかつ危険な状況だということである。そこで政府，銀行系資本は協調して株式所有に乗り出し，株式市場の管理化を強めていったのである。

　したがって今後，株式市場が好転し，株価の管理，株式所有の管理が必要なくなれば，これら銀行系信託銀行を解散する方向に持っていく可能性がある。なぜなら，市場が好転していくと，これら管理機関は逆に足かせになるからである。

　つまり市場の好転局面で解散の可能性があるということである。そして儲けるときはわがまましし放題でまた荒稼ぎをしようというわけである。

(3)　「リスクなき」証券市場

　政府，日銀を巻き込んだ管理株価は，一見安定しているようであるが，実際はきわめて脆弱なものである。株式所有の主要な部分を公的な資金が占めているということは，肝心の中核資本，リスク負担資本が自立していないだけでなく，政府・日銀の政策次第でどうにでもなる官製銀行・官製会社であるということである。

　こうした状況は，確かに経済が危機的状況において政府・中央銀行が介入するということで，よくあるケースである。アメリカやイギリスでも，リーマン・ショック直後において見られたことである。アメリカでは国費で銀行を救済する一方，銀行・証券会社を再編して経済・経営のスリム化を断行した。また，イギリスでも銀行を政府の管理化において銀行再編を行った。

　しかしいつまでも官製市場，官製株価を継続していると，投資家からの信頼を失い，企業経営の自立性を失いかねない。いやもう失っているのかも知れない。

　長年低迷している日本の株価を見て，国際的投資家は日本を去ってしまったし，経営改革の遅さに愛想を尽かしROEの低さに溜め息をついているのである。

　今後日本の証券市場が，若々しく健全に蘇るには，産業企業やベンチャー企

業の環境を整備し，そして規制を緩和し，創意工夫でビジネスを育てられる事業環境を整備することである。

　第2次大戦後から，政府とのなれ合いでビジネスを育ててきた日本の産業・銀行界にとって，自立と挑戦で企業経営を行うことは厳しいが，こうした企業の誕生は，証券市場の発展の前提である。

　自立と挑戦の企業に，健全な投資家が資金を提供し，そうした投資家の間で株式の売買が行われる，そうした正常かつ本来の株式市場を育成していくことが，日本の証券市場に期待されている基本的かつ本格的な考え方である。

追記

　本章は，明治大学経営学研究所『経営論集』第65巻第2・3・4合併号に掲載された拙稿「証券市場と銀行―資本還元で危機を乗り切る―」に加筆・修正したものである。

注

1　戸原四郎（1960）『ドイツ金融資本の成立過程』東京大学出版会。
2　坂本恒夫（2000）『戦後経営財務史―成長財務の軌跡』T&Sビジネス研究所。
3　坂本恒夫（2016）「日米英巨大銀行の経営戦略とBIS規制」『明治大学社会科学研究所紀要』第55巻第1号，225-261頁，明治大学社会科学研究所。

第14章

証券市場からみた証券化商品市場

1 変貌する証券市場の機能

　証券市場が個人投資家にとっても身近な投資の場へと変貌している。たとえば，2015年，トヨタ自動車が個人投資家を中心に，ユニークな種類株として「AA型種類株式」が発行されたのは記憶に新しい[1]。このトヨタ自動車によるAA型種類株式とは，5年間は売却することができないものの，その後は，①普通株に転換，②種類株として保有，③発行価格での換金，のいずれかを選択することができるという特徴を有している[2]。普通株と同様に，議決権が付与されており，株主総会で株主としての声が届くようにもなっている。
　このような発行内容を受けて，欧米の外国人投資家からの反発が生じたものの，貯蓄から投資へと個人投資家の行動に変化が生じた近年であったとも言えるであろう[3]。もちろん，トヨタ自動車が目的としていた個人投資家の増加にもつながったのは事実でもある。トヨタ自動車の種類株発行の目的としては，「自動車の開発には時間がかかる。長期的な視点で応援してくれるファンを増やし，息の長い開発に取り組む」[4]ことを発表している。
　株式市場が活況を迎えるなか，2016年に入ると，株式を発行する企業が減少するという傾向が顕著になってきた。株式を発行することにより，自己資本比率の改善を実現することができるものの，ROE（Return On Equity: 自己資本利益率）の分母を膨らませることにより，利益率の悪化をもたらすことにつながるのは周知の通りである[5]。そのため，ここ最近では，機関投資家ばかりではなく，個人投資家にも目を向けた企業の資金調達手段にも，さらなる変化が生じてくるようになってきている。
　ここ最近では，証券市場における発行企業そして投資家の行動に変化が見られる。2016年の日本における金融業界は，「マイナス金利」という言葉で賑

わったのではないかと考えられる。家計では，これまでの低金利，さらなるマイナス金利政策の導入により，預貯金による貯蓄行動から証券市場でのリターン獲得に興味を有するようになってきている。このような状況を受け，発行体である企業は，個人投資家に対し，魅力的な金融商品を提供する行動が顕著になっている。そのため，ここ数年における個人投資家向け社債の発行額の推移について見ると漸増の一途をたどっている。

さらに，個人投資家に対して，新たな金融商品が提供されているが，20数年前から，日本においてハイブリッド証券というものが台頭するようになった。このハイブリッド証券とは，負債および資本の特徴を兼ね備えたものである（図表14－1参照）[6]。ハイブリッド証券は，一部の資本が，資本として組み込まれるということから，格付会社が最も重視する経営指標の1つであるD/Eレシオの悪化を抑制することができると位置付けられている[7]。また，「貸借対照表上は資本に計上されず，自己資本利益率（ROE）の低下要因にならない」[8]ということから，利益率を重視する企業側の需要も高まっている。

その証拠として，ハイブリッド証券は，銀行が中心に発行されていたが，現在では，三菱商事，丸紅，いすゞ，ソフトバンクのような事業会社も活用されるようになっている。さらに，募集対象として機関投資家ばかりではなく個人投資家にも販売されている[9]。このマイナス金利時代，高金利での資産運用は，

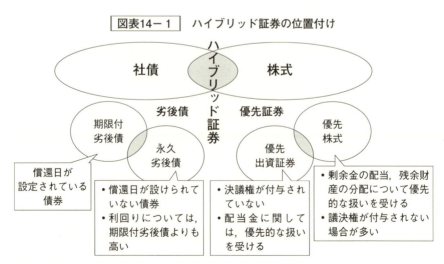

図表14－1　ハイブリッド証券の位置付け

資料：可児（2016），734～735頁をもとに筆者作成。
出所：森谷智子（2017b），2頁。

個人投資家を魅了するものと考えられる。そのため，ソフトバンクによるハイブリッド社債は，個人投資家の支持を得られたと高く評価されている[10]。

このように，証券市場における金融商品が複雑化するなか，これまでさまざまな資金調達手段としての証券が活用されてきた。そこで本章では，複雑化が増した金融商品として記憶に残っているが，実際には単なる資金調達手段の1つであると同時に，企業の財務構造を改善する証券化商品について概観する。

2 証券化とは何か

サブプライム問題が表面化してから，早10年以上の月日が過ぎようとしている。その間，2008年の金融危機を招いた証券化という金融技術に悪評が集まることになったのは周知の通りである。そもそも，証券化とは何か。株式および社債と同様に，発行体である企業の資金調達手段であることには変わりはない。では，他の証券と比較して，どのような特性を有しているのであろうか。そこで，ここでは証券化の特長について概観する。

証券化とは，収益を必ず生み出す不動産，貸付債権，クレジット債権，住宅ローン債権などの資産を，発行体である企業のバランスシートから切り離し，不動産（単体）もしくは複数の債権を1つにプールしたうえで，将来，生み出されるキャッシュフローを裏付けに債券を発行することであると位置付けられている。そこで，証券化の基本的な仕組みについて見ていく（**図表14－2参照**）。発行体である企業は，SPC（Special Purpose Company: 特別目的会社）に証券化の対象となるバランスシート上にある裏付け資産を譲渡する。SPCは，その資産のキャッシュフローを裏付けに債券を発行する。債券を発行するに際し，投資家を保護するために優先劣後構造，つまりリスクが異なる債券を発行する仕組みが活用される。その発行される債券はローリスク・ローリターンの優先債，ミドルリスク・ミドルリターンのメザニン債，ハイリスク・ハイリターンの劣後債など，リスクなどが異なる性質を持った種類に分類され発行される。さらに，優先劣後構造のほかに，超過担保，現金準備などの信用補完が付与されている。

さらに，証券化の特長として，裏付け資産の持つ信用力は，発行体である企業の信用力とは切り離されている。そのため発行体の格付けが，たとえ投資不適格であったとしても，裏付け資産がキャッシュを生み出すものであれば，発

行される債券は格付会社から高格付けを取得することができる。そのため，1991年のバブル崩壊以降，日本では株価低迷，格下げの影響を被った企業を中心に証券化に取り組むようになった。また，裏付け資産が優良なものであれば，調達コストの削減にもつながるというメリットを有していたことから，2000年代に入り，証券化に取り組む企業が漸増の一途をたどることになった。では，このような証券化には，どのような財務的なメリットがあるのかについて説明する。

　1990年代後半以降，日本の株式市場には，欧米を中心とする外国人投資家が増加することになったのは周知の通りである。このような投資家の大半は機関投資家であり，利益率，つまり資本や資産の効率性を重視している。そのため，日本の企業は，ROE，ROA（Return On Assets: 総資産利益率）などの利益率の向上をも考慮しながら経営に遂行しなければならなくなった。その際，財務内容を改善する役割を担う証券化の金融技術が強く要求されるようになっていった。たとえば，証券化を実施した場合，発行体である企業のバランスシートから裏付け資産が切り離されるため，オフバランスが実現される。これを受け，ROAの分母である総資産の部分が圧縮されるため，数値が上がることになる。また発行体は，証券化の組成により調達した資金で有利子負債を返済することができる。それに伴い，格付会社が重視するD/Eレシオの分子の有利子負債の部分が縮小するため，格上げの可能性も生じてくるであろう。以上から，証券化は，資産圧縮，有利子負債の返済により経営指標の改善に導くような財務的意義を有していると言える。

図表14－2　証券化の仕組み

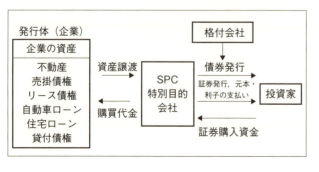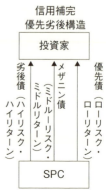

3 なぜ，グローバルな金融危機が生じたのか

　2007年2月に，米国発サブプライム問題が表面化することにより，2008年から2009年にグローバルな金融危機が生じることになった。このサブプライムローンとは，信用力が低い層に対し，高金利で住宅ローンを融資することを意味している。2000年代半ばまで，米国における住宅価格は高騰し続けていたこともあり，サブプライム層が返済することができなくなった場合には，住宅を売却することにより，金融機関はローンを回収することができると認識していたため，通常では融資することが難しい層にも住宅を購入することができる機会を与えることにつながった。

　しかしながら，限定された地域での経済問題が生じることになった。米国における自動車産業の経営が不振に陥ることとなり，雇用および賃金の問題が生じることになった。そのため，ローン返済の延滞率が上昇することにより，金融機関は融資した資金を回収することができない環境に強いられることになった。さらに，住宅価格の高騰にも陰りが見え，回収を見込んでいた金融機関は窮地に追い込まれることになった。佐賀（2007）は，このサブプライム問題の背景には，長期にわたる住宅価格の上昇，住宅ローンに関わる業者の競争による貸付条件の緩和，金融機関による証券化の実行を指摘していた[11]。

　前述したが，証券化商品の裏付け資産となるのは，将来，キャッシュを生み出すものが対象資産となるが，このような不確定要素が存在するサブプライム層の住宅ローンが，なぜ組成する際の資産の対象になったのであろうか。サブプライムローンは，通常2年から3年以降は高金利となる。さらに証券化は，裏付けとなる資産，ここではサブプライムローンのロットが多ければ多いほどリスク分散が機能するという特長を有している。つまり，証券化商品そのもののデフォルト率を軽減することができるということを意味している。しかしながら，サブプライムローンそのものを裏付け資産として証券化商品を販売したとしても，完売することは難しいという事態が生じるのが現状である。そのため，他の証券化商品もしくは社債そして貸付債権の束と混合させ再証券化をすることにより，その中身を不透明に組成することで，格付けに頼らざるを得ない投資家に販売しやすいようなプロセスを構築するに至ったという経緯がある。

　さらに，サブプライムローンは高金利の住宅ローンである。そのため，サブ

プライムローンが含まれた証券化商品のリターンは，通常の商品よりも高く設定されることになる。再証券化した際には，中身が大規模化しているため，デフォルト率を低く抑えることができることから高格付けが付与される。このような高格付けかつ高いリターンが得られるということから，機関投資家による需要が多かったものと考えられる。そのため，金融機関である投資銀行は，このような再証券化商品が組成しやすい環境を構築することができたのである。また，証券化商品の販売だけにとどまらず，組成をも手掛けるようになり，そのための在庫である貸付債権を保有していたのが，2008年に破綻することになったリーマン・ブラザーズである。証券化商品を販売そして組成することにより，巨額の利益を生み出し，株価を上げるための1つの起爆剤となるROEなどの利益率を上昇させていったと推測される。これにより株主価値経営を実現していったのである。

最終的には，サブプライムローンが含まれた再証券化商品の中身がどのようなもので組成されているのか不透明な状態が続くとともに，債券を売買するセカンダリーマーケットの機能が働かなくなり，そのことを受けて機関投資家は価値が低迷し続ける再証券化商品を保有せざるを得なくなった。そのため，巨額の損失を被る投資家が増加することになったのである。このような実態から，証券化商品が悪の金融商品として位置付けられるようになったのは記憶に新しい。前述したが，証券化商品とは，単なる資金調達手段であり，時には財務的な意義を果たすことも可能である。では，このような証券化商品市場はどのような現状になっているのかについて，次節で論じる。

4 証券化商品市場の現状

本節では，日本，米国，そして欧州における証券化商品市場の現状について概観する。

(1) 日本における証券化商品市場の今

日本における証券化商品市場は，金融機関の不良債権問題を解消する手段として，また企業の資金調達手段が困難になった際の一時的な解決策もしくは最終的な手段としての活用が多く見られた。また，東京都などの行政が主導となり，中小企業のための新たな資金調達手段，さらには直接金融に参加するため

の入り口として提供されたケースも数多く紹介されてきた。

　また，1999年からCMBS（Commercial Mortgage Backed Securities: 不動産担保ローン証券）の組成が本格化するとともに，2002年にはREIT（Real Estate Investment Trust: 不動産投資信託）の販売が開始されることになり，市場の活性化の起爆剤にもつながった。さらに，当時の住宅金融公庫（現・住宅金融支援機構）による積極的なRMBS（Residential Mortgage-Backed Securities: 住宅ローン担保証券）の組成により，証券化商品市場の発行額が大規模化したといっても過言ではない。このような取り組みを受け，社債発行額を上回るような証券化商品市場が構築されていくことになった。

　しかしながら，サブプライム問題そして金融危機を受けて，日本の証券化商品市場にも少なからず影響が生じた。そこで，発行額の推移をみると減少の一途をたどっている（**図表14－3参照**）。このような環境の中，現在，住宅金融支援機構が組成するRMBSが主流となっている（**図表14－4参照**）。住宅金融支援機構が証券化商品を組成する際には，米国で問題となっているOTDモデル（Originate-to-Distribute Model: 組成販売型）が活用されている。このOTDモデルとは，貸付債権の信用リスクを第三者に移転する手法，つまり金融機関による売却を前提にローンが組まれ，証券化が組成されることを意味している。Purnanandam（2008）によると，OTDモデルの対象となるローンは質が劣っていると指摘していた[12]。また，OTDモデルに組み込まれたローンの差し押さえ率が高いということも主張していた。

　しかし江川（2017）は，住宅金融支援機構の組成している証券化商品について「住宅ローンの当初の貸し手は借り手の信用リスクを負担しないし，『買取型』であれば貸出実行当日に債権譲渡するので，資金負担すら生じない。いかにもモラルハザードを招きそうな仕組みであるが，深刻な問題が生じているということは聞かない」[13]と強調している。つまり，住宅金融支援機構による証券化商品は，OTDモデルを活用するとしても，ローンの審査に関しては厳格に実施し，質の高い裏付け資産で組成されているものと考えられる。

　またここ最近，三井住友銀行はリスク債権を裏付け資産とした証券化商品（CLO：Collateralized Loan Obligation: ローン担保証券）を組成することになった[14]。リスク債権を裏付けとしているため高い利回りが期待できるため，マイナス金利政策の影響を受けている機関投資家の運用難という事態を救う1つの金融商品になるであろうと考えられていた。

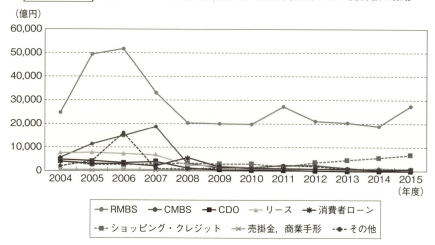

図表14-3 日本における証券化商品市場の裏付資産別による発行額の推移

出所：日本証券業協会「証券化市場の動向調査」をもとに筆者作成。
http://www.jsda.or.jp/shiraberu/syoukenka/doukou（2017年4月1日アクセス）。

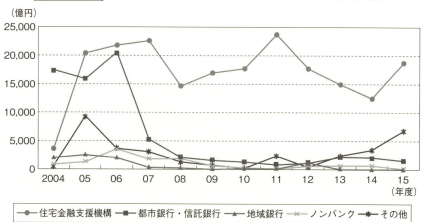

図表14-4 日本におけるRMBSを組成した発行体別の発行額の推移

出所：日本証券業協会「証券化市場の動向調査」をもとに筆者作成。

　以上から，日本における証券化商品市場は縮小傾向にあるものの，金融機関の資金調達手段として，そして機関投資家の多様な投資金融商品として再度脚光を浴びる可能性が孕まれていると言えるであろう。

(2) 米国における証券化商品市場の今

　前述したように，米国発2007年2月のサブプライム問題の表面化，2008年〜2009年の金融危機の影響を受け，米国ばかりではなく，世界中の証券化商品市場に大きな打撃を与えることになった。また今日では，「証券化商品」という用語すら耳にすることが少なくなった。高橋（2017）は，「証券化を金融危機の主因として批判する，『証券化悪玉論』ともいえる論調も流布」[15]するようになったと指摘している。

　米国では，この金融危機の煽りを受け，失業率が上昇し，2011年には学生ローンの延滞率が拡大したことを受け，サブプライム問題と同様の事態を招くことになるのではないかと懸念されていたが，これに関しては，大きな問題に至らなかったものと記憶している。

　このような状況，そして証券化そのものの定義から，米国のサブプライム住宅ローンの証券化商品を考慮すると，組成されたすべての商品が健全なものではなかったのではないかと批判された。証券化という金融技術への批判が高まるなか，近年，米国における証券化商品の発行額について見てみると，わずかながらの増加が見られるようになっている。特に，完済可能と考えられる小口債権である自動車ローンを裏付けとした証券化商品の発行額が顕著な伸びを示

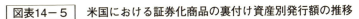

図表14-5　米国における証券化商品の裏付け資産別発行額の推移

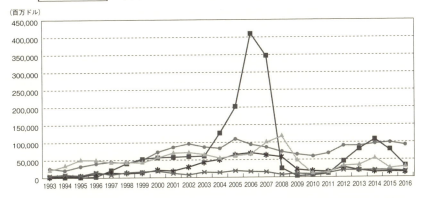

出所：SIFMAホームページをもとに筆者作成。
　　　http://www.sifma.org/research/statistics.aspx（2017年2月20日アクセス）。

している。このような状況から，金融危機以降のピーク時には達していないものの，わずかながらも回復する傾向が見られる。

また，OTDモデルの問題に対する解決策も検討されてきた。金融機関は貸付債権の売却を前提に考えているため，融資実行前のスクーリングそして融資実行後のモニタリングが疎かになるのは当然のことである。そこで米国では，リスク・リテンション（risk retention）の規制が，2015年12月に施行された。このリスク・リテンションとは，証券化エクスポージャーの5％に相当する額の自らが携わった証券化商品を保有するということを要請したものである。このことを通じて，証券化に関わる金融機関がリスクの一部を背負うことにより質の良い証券化商品の組成を促す契機となるものと考えられる。

(3) 欧州における証券化商品市場の今

1980年代後半以降，欧州における証券化商品の発行額が増加することになった。ソロモン・ブラザーズやベア・スターンズのような投資銀行はロンドンを拠点として創設されたが，証券化を進める上で，米国と同様の法的措置を導入したと伝えられている[16]。さらに，証券化商品の発行の妨げになるような法制，税制，証券規制の一部を除外することにより，自国に見合う市場を創設することになった。

欧州においても証券化商品市場を推進するにあたり法整備などを進めてきたものの，金融危機以降，その市場の発行額は低迷の一途をたどっている（図表14－6参照）。もちろん，米国と同様に，自動車ローンを裏付けとした証券化商品の発行額は拡大しているものの，金融危機以前のような積極的な組成活動が見られない。しかしながら，各国の発行額の推移を見ると，オランダ，スペイン，イギリスでは小規模であるが継続的に発行されている（図表14－7参照）。

さらに裏付け資産別による発行額について見ると，RMBSの発行が大きな割合を占めている。証券化商品の発行残高も，減少しているものの，RMBSに関しては一定の規模を維持している。特に，オランダ，イギリス，イタリアにおけるRMBSの組成が継続されている。

図表14－7を見て理解できるように，イギリスが最も大きな市場であり，家計の負債比率が高いと言われているオランダ，イタリアがそれに続いている。また最近のスペインやイタリアではSME（Small and Medium Enterprise：中

第14章　証券市場からみた証券化商品市場　197

図表14－6　欧州における証券化商品の裏付け資産別の発行額の推移

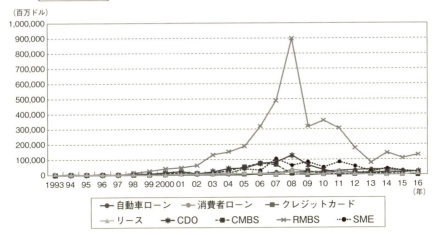

出所：SIFMAホームページをもとに筆者作成。
http://www.sifma.org/research/statistics.aspx（2017年2月20日アクセス）。

図表14－7　国別の発行額の推移

(単位：10億ユーロ)

	2009年	2010年	2011年	2012年	2013年	2014年	2015年	2016年
ベルギー	27.434	14.12725	19.02895	15.4105	2.018	4.124	1.246	3.636
デンマーク		1.489			0.800235	0.03134	0	0
フランス	6.93424	9.1536	16.352	14.86325	9.88555	50.60091	16.9812	20.2989
ドイツ	17.45278	13.38745	12.90333	10.21186	21.8921	18.3442	45.0795	17.4954
ギリシャ	22.481	0.956	6.3748	1.971604		0.2375	0	1.3088
アイルランド	25.13216	6.55499		1.222863	1.021	2.072	0.6522	4.6083
イタリア	69.34624	16.35523	51.2736	62.82736	27.02696	19.68889	33.6676	41.255
オランダ	44.20395	137.5658	85.64651	48.72765	39.58341	25.23325	21.4307	33.4395
ポルトガル	10.49761	16.93166	10.5892	1.4176	3.336495	2.879611	4.9255	1.3293
スペイン	64.87916	55.3667	61.7244	18.63184	27.45056	27.18912	26.2786	34.0296
イギリス	88.66092	101.0186	100.4209	78.62668	33.46607	49.10331	45.8876	55.0794
その他のEU		0.096381	0.600978	1.251004	1.564593	0.84686		1.4391
その他のヨーロッパ	1.816518	1.532185	2.780036	1.70324	3.130406	1.084503	2.7265	1.963
国際汎ヨーロッパ連合	21.44863	2.6031	3.06867	0.40881	9.167071	15.362	15.0297	21.6814
多国籍企業	23.6528	0.814486	6.036621	0.549966	0.430392	0.209406	1.222	0
ヨーロッパ合計	423.94	377.9524	376.8	257.8242	180.7728	216.9629	216.3947	237.5637
オーストラリア合計	9.7085	15.5459	20.3786	14.7685	22.3995	22.12783	19.87343	9.585806
米国合計	1385.287	1203.692	1056.65	1579.233	1515.122	1131.537	1635.393	1792.94

出所：AFMEホームページをもとに筆者作成。
http://www.afme.eu/Documents/Statistics-and-Reports.aspx（2017年4月8日アクセス）。

小企業)の貸付債権を裏付けとした証券化商品の組成が他国よりも顕著な動きを示している。繊維産業の中小企業が多数存在している諸国における金融機関は，SMEのための証券化商品の組成が積極的であるものと考えられる。このように限定的な諸国であるものの，証券化商品の組成の取り組みが続けられている。また，ECB（European Central Bank: 欧州中央銀行）は，2014年からABS（Asset Backed Securities: 資産担保証券）の買い入れを積極的に実施している。ここ最近では，証券化商品市場の回復に向け，証券化商品を組成する際の枠組みについても力を入れている。さらにCMU（Capital Market Union: 欧州単一市場）の構築そして発展により，証券化商品市場に好転をもたらす期待が高まっていくものと考えられる。

5 証券化商品は悪なのか

　サブプライム問題は，誰が引き起こしたのか。これまで，証券化という金融技術の台頭，株主価値経営を追求し過ぎた金融機関のお金の流れ，そして高い報酬を得るための格付会社による格付けのプロセスなど，多くの批判的な見解が寄せられてきた。本来，証券化は単なる資金調達手段であり，時には財務的な意義を果たすものであるという認識での活用をすべきであったが，今となっては，金融機関および格付会社の利益獲得のために証券化が利用されたと言っても過言ではない。

　現在，各国によって証券化商品の組成に関して温度差が生じているが，欧州では好意的な姿勢での取り組みが行われている。なぜ，積極的に市場の回復を望むことができるのであろうか。Blommestein, Keskinker and Lucas（2014）によると，欧州における証券化は，合理的資金調達手段に過ぎず，米国の金融機関が組成目的としてあげている鞘取引手段とは相違していると論じている[17]。それに加え，欧州の規制や引受業務の基準は非常に健全なものであると主張している。前述したが，米国の金融機関は，証券化を株主価値経営の実現，いわゆる利益向上のための目的としての手段として活用していた。それに対し，欧州の活用状況を見ると，純粋に有効的な金融機関の資金調達の源泉であったことから，米国とは異なる健全な証券化商品が組成されてきたことを物語っているのではないかと考えられる。

　また，欧州で組成された証券化商品のデフォルト率が低かったということも

注目されている。欧州の業績について調査したPerraudin（2014）の実証研究では、RMBS、消費者向けローンABS、クレジットカードABS、SME CLOs（Collateralized Loan Obligations：貸付債権の証券化）のデフォルト率は、2007年から2013年の間、0.10％、0.13％、0.00％、そして0.41％であったことが指摘されている[18]。このことに関しては、他の先行研究でも同様の結果が報告されている。以上から、欧州では裏付け資産が安全かつ高品質なもので組成されていたことを意味している。

現在、欧州ではSTS（Simple, transparent and standardized）securitisationへの関心が高まっている[19]。複雑化を取り除くような証券化商品の組成を目指している。これまでECBでは、欧州における証券化に関する共通ルールおよびSTSのフレームワークの策定が要請されてきた。これを受け2016年3月、欧州委員会ではSTS securitisationに関する規制が提案された[20]。その際、健全な欧州の証券化商品市場は、欧州経済を支援する有意義的なものかつ必須なものとして賛同されていた。

欧州のように証券化を純粋な資金調達手段として活用することにより、これまでの「悪」のイメージを払拭することになるのではないかと考えられる。また、日本で組成された証券化商品がデフォルトしたというケースはないということからも、裏付け資産が健全なものでプールされていることが理解できる。単に、米国で組成されていた証券化商品の裏付け資産に問題があり、さらに再証券化することにより複雑化した不透明なものを投資家に販売することになった。最終的には、証券化商品市場全体を衰退させることにつながった。今となっては、このようなリスクがある資産を裏付けとしたがために、混乱を招くことになったと誰もが考えていることであろう。証券化という金融技術は、誰にとってどのような役割を果たすのかについて改めて検討する必要がある。

追記

本研究は基盤研究（C）15K03629の助成を受けたものである。

注

1 現在，AA型種類株式の60％以上が個人投資家によって保有されている（トヨタ自動車『有価証券報告書』2016年3月31日時点）。
2 トヨタ自動車株式会社（2015）『AA型種類株式に関する説明資料』4月28日，p.4，(https://www.toyota.co.jp/pages/contents/jpn/investors/stock/share_2015/pdf/commonstock_20150428_02.pdf, 2016年12月1日アクセス）参照。
3 議決権行使についての助言を促す米国のISS（Institutional Shareholder Services Inc.）は，「新株型による安定株主の増加は『経営陣への市場の規律が働きにくくなる』と反対の理由（『日本経済新聞』，2015年5月29日付朝刊）」を明らかにしている。そのうえで，株主平等の原則に背くことになるのではないかとの意見もあった（『日経産業新聞』，2015年6月16日参照）。
4 『日経産業新聞』，2015年6月16日。
5 ROEは，当期純利益÷自己資本×100により算出される。ROEの改善施策に関しては，森谷智子（2016）を参照されたい。コーポレートガバナンス・コードの導入により，ROEの向上が求められるなか，自己資本を圧縮するために，自社株買いを実施する企業が増加している。
6 ここ最近では「超長期の劣後債で，繰上げ償還などの条項が付く（『日本経済新聞』，2016年10月1日付朝刊）」場合が多いという特徴をも有している。
7 D/Eレシオは，有利子負債÷自己資本により算出される。返済能力を示すものであり，格付会社が重視する経営指標でもある。製造業の場合，1倍以下であるならば社債の発行や借入れをする余力があることを意味している。
8 『日本経済新聞』，2016年8月19日付朝刊。
9 例えば，ソフトバンクでは，2016年9月に，公募ハイブリッド社債（公募劣後特約付社債）を発行した。ソフトバンク（2016）「公募ハイブリッド社債（公募劣後特約付社債）の条件決定に関するお知らせ」，『プレスリリース』，9月9（http://www.softbank.jp/corp/news/press/sb/2016/20160909_01/http://www.softbank.jp/corp/news/press/sb/2016/20160909_01/, 2016年12月15日アクセス）。発行額について見ると，4,000億円と巨額の資金調達である。さらに25年物の超長期債でもあり，普通預金および定期預金よりも金利が非常に高く，年3.0％である。
10 『日本経済新聞』，2016年10月6日付夕刊参照。ソフトバンクは，アームの買収資金を調達するためにハイブリッド証券を発行したが，機関投資家にはこの証券の販売は苦戦したと伝えられている（『日本経済新聞』2016年10月6日付夕刊参照）。
11 佐賀（2007），89-91頁。
12 Parnanandam（2008），p.22.
13 江川（2017），20頁。
14 『日本経済新聞』，2017年3月31日付朝刊参照。日本の企業30社の貸付債権（約1,000億円）を1つにプールしCLOを組成している。
15 高橋（2017），12頁。
16 Watson（2006），p.18.
17 Blommestein, Keskinker and Lucas（2011），p.2.

18 Perraudin (2014), p.2.
19 STS securitisationに関しては，森谷（2017a）および森谷（2018）を参照されたい。
20 STSの提案そして可決を受け，2016年11月に欧州議会のECON（経済金融問題委員会，Economic and Monetary Affair Committee）で，採決される運びとなった。

参考文献

江川由紀雄（2017）「日本の証券化市場における参加者の課題―近い将来における再活性化に向けて」『証券アナリストジャーナル』第55巻第4号，4月。
可児滋（2016）『ハイブリッド・ファイナンス事典』金融財政事情研究会。
後藤文人・大槻奈那（2008）『ハイブリッド証券入門』金融財政事情研究会。
佐賀卓雄（2007）「サブプライム問題について」『証券レビュー』第47巻第1号，11月。
高橋正彦（2017），「証券化の意義と日本における証券化の歴史・現状」『証券アナリストジャーナル』第55巻第4号，4月。
田中英隆・石渡明（2016）『格付―価値の再認識と広がる投資戦略』日本経済新聞出版社。
宮内惇至（2015）『金融危機とバーゼル規制の経済学―リスク管理から見る金融システム』勁草書房。
森谷智子（2016）「機関投資家にとってのROEの意義～コーポレート・ガバナンスコードの導入により注目されるROE～」『調査研究レポート（日本FP協会）』9月，No.96。
森谷智子（2017a）「欧州におけるSTS securitisationとECB（欧州中央銀行）の役割」『証券経済学会年報』第51号別冊，1月。
森谷智子（2017b）「個人投資家による債券市場への投資は定着するのか」『調査研究レポート（日本FP協会）』2月，No.101。
森谷智子（2018）「欧州におけるSTS securitisationが市場に及ぼす影響」『明治大学経営学研究所　経営論集』，第65巻第1号，3月。
Amiyatosh K. Purnanandam (2008) "Originate-to-Distribute Model and The Sub‐prime Mortgage Crisis," Atlanta meetings paper.
Blommestein, Hans J., Keskinker, Ahmet and Lucas, Carrick (2011) "Outlook for the Securitisation Market," OECD Journal:Financial Market Trend, Issue1.
Perraudin, William (2014) "High Quality Securitisation : An Empirical Analysis of the PCS Definition," http://www.true-sale-international.de/fileadmin/tsi_downloads/ABS_Aktuelles/Verbriefungsmarkt/High_Quality_Securitisations_PUBLIC.pdf（2014年6月16日アクセス）．
Valiante, Diego (2016) *Europe's Untapped Capital Market : Rethinking Financial Integration After the Crisis*, Rli.
Watson, Rick (2006) "The way forward-future trends for securitization and structured products," Rick Watson and Jeremy Carter, *Asset Securitisation and*

synthetic Structures : Innovations in the European Credit Markets, Euromoney Books.

第15章

日本版スチュワードシップ・コードと生命保険会社

1 日本版スチュワードシップ・コードの受け入れ状況

(1) スチュワードシップ・コードとは

　日本版スチュワードシップ・コードが2014年に策定・公表された。これは，機関投資家が企業へ投資をする上での指針となるものであり，7つの原則により構成されている。
　スチュワードシップ・コードでは，機関投資家は対話を通じて投資先企業の企業価値向上や持続的成長を促し，顧客・受益者の利益の拡大を図る責任があるとされている。また，企業に対しては，コーポレートガバナンス・コードが2015年6月1日に適用開始された。これは，取締役会が経営陣を監督することにより企業価値の向上を図るための指針とされている。
　企業価値向上や顧客・受益者の利益を拡大するためには，スチュワードシップ・コードとコーポレートガバナンス・コードが「車の両輪」のように機能することが求められている。
　それを実現するための行動として，日本版スチュワードシップ・コードでは「対話（エンゲージメント）」と「議決権行使」が柱となっている。対話では，機関投資家と投資先企業との間で建設的な「目的を持った対話」を行うことが求められている。そして，議決権行使では，対話により把握された企業の状況に基づいて行動することが求められている。
　機関投資家は，証券市場においては資金提供者であり，資金運用者でもある。しかし，単に企業の活動資金を提供すればよい，また運用益が増えればよいというものではない。両コードの導入により，機関投資家に求められている意識とは，企業の利益向上に貢献することが投資家としての利益を向上させるとい

図表15-1　グループ別生命保険会社一覧

グループ1：受け入れ表明した国内生保

	会社名	設立年	総資産
1	かんぽ	2006	80,336,414
2	日本	1889	64,814,005
3	明治安田	1881	37,561,475
4	第一	1902	35,686,645
5	住友	1907	30,026,983
6	ソニー	1979	8,873,613
7	太陽	1948	7,188,371
8	三井	1927	7,095,810
9	富国	1923	6,565,647
10	大同	1947	6,298,188
11	朝日	1888	5,398,207
12	フコクしんらい	1996	1,925,579

グループ2：受け入れ表明した外資系生保

	会社名	設立年	総資産
1	ジブラルタ	2001	11,373,343
2	アフラック	1974	11,285,697
3	メットライフ	1972	9,921,027
4	アクサ	2000	7,057,442
5	プルデンシャル	1987	4,554,601
6	マニュライフ	1999	2,089,108

グループ3：受け入れを表明していない国内生保

	会社名	設立年	総資産
1	東京海上日動あんしん	1996	7,334,636
2	第一フロンティア	2006	6,742,468
3	三井住友海上プライマリー	2001	5,838,048
4	三井住友海上あいおい	2011	3,619,194
5	損保ジャパン日本興亜ひまわり	1981	2,589,026
6	オリックス	1991	1,899,616
7	T&Dフィナンシャル	2001	1,313,747
8	メディケア	2009	192,860
9	SBI	1990	131,484
10	楽天	2007	34,661
11	ライフネット	2006	31,934
12	みどり	2007	31,892
13	ネオファースト	1999	24,377

グループ4：受け入れを表明していない外資系生保

	会社名	設立年	総資産
1	エヌエヌ	1995	2,845,343
2	マスミューチュアル	1907	2,776,935
3	FWD富士	1996	628,510
4	ソニーライフ・エイゴン	2009	478,199
5	PGF	2009	386,237
6	クレディ・アグリコル	2006	245,783
7	アリアンツ	2006	194,034
8	カーディフ	2000	66,797
9	チューリッヒ	1996	37,879
10	アクサダイレクト	2006	9,324

注：単位は百万円。
出所：保険研究所『インシュアランス 平成29年版生命保険統計号』をもとに筆者作成。

うものとなってきている。こうした利益も短期的なものではなく，中長期で築かれるものと考えられている。

したがって，日本版スチュワードシップ・コードは，機関投資家が中長期的な視点を持ち，対話や議決権行使を通じて投資先企業の価値向上に寄与すること，それにより顧客や受益者の利益を拡大するということを目指すものである。

本章では，受け入れを表明した機関投資家のうち，特に生命保険会社を取り上げる。日本版スチュワードシップ・コードが策定されてから数年ではあるが，コードの取り組み状況，資産運用・投資の状況，業績の状況についてコードの受け入れ前後での変化，受け入れを表明していない生命保険会社との比較を試みる。

(2) 生命保険会社の分類

日本版スチュワードシップ・コードの趣旨に賛同した機関投資家は，同コードの受け入れを表明する。金融庁は受け入れを表明した機関投資家数を定期的に公表している。最初に公表された2014年5月時点では127社であったが，徐々に増加し，2018年2月7日時点では，信託銀行等6社，投信・投資顧問会社等157社，生命保険会社18社，損害保険会社4社，年金基金等27社，議決権行使助言会社等7社の計219社となっている。

生命保険会社は，2017年9月1日時点の一般社団法人生命保険協会会員41社のうち18社が受け入れを表明している。

図表15-1は生命保険会社41社を4つのグループに分類したものである。分類にあたり，まずスチュワードシップ・コードの受け入れの有無で分け，さらに国内生保と外資系生保で分けている。

国内生保と外資系生保の分類は生保各社の株主構成により行っており，外国の会社等が50％超を所有している生保を外資系生保としている。

2016年度の全41社の総資産に占める各グループの総資産の規模を見ると，グループ1は77.70％，グループ2は12.33％，グループ3は7.93％，グループ4は2.04％となっている。

こうした分類に基づいて，スチュワードシップ・コードの取り組み状況，資産運用・投資の状況，業績の状況を見ることとする。

2 スチュワードシップ・コードの取り組み状況

(1) スチュワードシップ・コードの受け入れ

　スチュワードシップ・コードの受け入れを表明している国内生保，外資系生保は，アニュアルレポート等でコードについて言及したり，その取り組み状況を公表したりしている。例えば，第一生命保険株式会社は企業理念の実現のために「DSR（第一生命グループの社会的責任）」という概念を掲げ，生命保険会社としての社会的使命を果たし，世界が抱える諸課題へ取り組むとしている。DSRの考え方とスチュワードシップ・コードの趣旨が合致するものであるとしていることから，スチュワードシップ・コードを受け入れたということである[1]。

　受け入れを表明した理由としては，機関投資家としての従来の活動とスチュワードシップ・コードの趣旨に違いがないので賛同しているというものが共通してみられる。さらに，各社ともコードの各原則に従って対話の状況，議決権行使の状況，利益相反[2]の管理に関する考え方，ガイドラインを公表している。

　それに対して受け入れを表明していない生保はスチュワードシップ・コードに対する考えを公表していない。アニュアルレポートやニュースリリース等でもコードに関する記述は見られなかった。受け入れを表明していない生保の特徴としては，比較的新しく設立されている，規模が小さい，株式投資を行っていない，インターネットでの販売を中心としている等が挙げられる。

　また，グループ2・4の外資系生保だけではなくグループ3の国内生保の名称にカタカナが目立っている。これは，1990年代以降に新規参入や合併等により設立された生保が大部分を占めている。

(2) 対話の取り組み

　各社とも投資先企業との対話に取り組んでいるが，スチュワードシップ・コードの原則3，原則4に基づくものである。原則3では「機関投資家は，投資先企業の持続的成長に向けてスチュワードシップ責任を適切に果たすため，当該企業の状況を的確に把握すべきである」，原則4では「機関投資家は，投資先企業との建設的な『目的を持った対話』を通じて，投資先企業と認識の共

有を図るとともに，問題の改善に努めるべきである」ということが掲げられている。

しかし，投資先企業数が多い場合にはすべての企業と対話することは不可能であり，絞り込みをかけている。

そこで，対話する投資先企業を選定する基準等について国内生保（グループ1）と外資系生保（グループ2）を見ることとする。

国内生保については，冊子形態の活動報告書を公表している会社が多く，少数の会社では議決権行使に関する報告を中心としているものが見受けられる。国内生保が，投資先企業と行う対話の種類については，日常的な情報収集のために行っている対話と議決権行使のための対話（スチュワードシップ・コード活動としての対話）に分けられる。

対話をする対象企業の選定について，活動報告書を公表している会社はその考え方を明らかにしている。例えば，住友生命では「対話先の選定にあたっては，当社投資規模や企業価値向上余地などを考慮しつつ，企業を個別に選定し，従来から行ってきた資本効率やガバナンス関する基本的な事項の要望に加え，個別企業の課題に踏み込んだ対話を実施」[3]したとしている。

また，対話のテーマについては経営戦略，財務戦略，業績，投資先企業の取り組み等が取り上げられている。

外資系生保については，簡略化された活動報告書が多く，具体的な対象企業の絞り込み方法について触れているものは見られなかった。そうではあるが，対話に取り組んでいないということではなく，その取り組みについては2つに分けられる。まず，原則4への対応していることを述べるというものである。例えば，アクサ生命は「中長期的視点から投資先企業の企業価値及び資本効率を高め，その持続的成長を促すことを目的とした対話を通じて，財務状況や事業戦略等について投資先企業と認識の共有を図るよう努め」[4]るとしている。

そして，株式投資を運用会社に委託し，運用会社を通じて投資先企業と対話を行うというものである。例えば，プルデンシャル生命は「投資先企業の企業価値の増大，持続的成長を促すための対話を行い，中長期的なリターン拡大につなげて，保険契約者等に対する確実な保険金等のお支払いを支えていく方針です。2016年度においては，主に以下の観点から，運用委託先を通じて投資先企業と対話を実施」[5]している。

対話のテーマについては，国内生保と大きく異なるところは見られない。

(3) 議決権行使状況

議決権行使については，原則5に「機関投資家は，議決権の行使と行使結果の公表について明確な方針を持つとともに，議決権行使の方針については，単に形式的な判断基準にとどまるのではなく，投資先企業の持続的成長に資するものとなるよう工夫すべきである」と掲げられている。

この原則に基づいて，国内生保，外資系生保ともに議決権行使を行い，行使結果に関する情報を公表している。その内容は活動報告書に記載されているが，公表の形式が2種類ある。1つは議案数，賛成数，反対数を一覧で示しているもの，もう1つは投資先企業名とともに親議案，子議案，賛否を一覧で示しているものである。例えば，取締役の選任に関して候補者が5名いる場合は，親議案は取締役選任で1議案，子議案は候補者数の5議案で表記される。

図表15-2は国内生保の議決権行使における反対比率，**図表15-3**は外資系生保のそれである。これらは各社の公表資料をもとに会社提案の親議案数ベースで作成したものである。なお，反対数の集計にあたり親議案1つに対して複数の子議案があるが，反対票が1つでもある場合はその親議案に対し反対票1として数えている[6]。

国内生保と外資系生保の議決権行使における反対比率を比べると，外資系生保のほうが高い傾向にある。また，両グループに共通しているのは，反対比率

図表15-2　国内生保の議決権行使における反対比率（2016年度）

(単位：％)

	かんぽ	日本	明治安田	第一	住友	ソニー	太陽	三井	富国	大同	朝日	フコクしんらい
剰余金処分	0.0	1.0	1.9	0.6	1.2	0.0	0.0	0.2	0.0	0.0	0.0	0.0
取締役選任	12.0	1.9	4.2	0.5	2.9	12.7	0.0	1.9	0.8	0.9	2.7	0.0
監査役選任	5.7	1.5	0.7	5.7	0.4	5.3	0.0	0.0	0.0	4.3	1.6	0.0
定款一部変更	0.0	0.0	0.0	0.0	0.0	0.0	0.0	0.5	0.0	0.0	0.0	0.0
退職慰労金支給	0.0	3.4	3.3	22.7	15.0	0.0	0.0	0.0	5.4	0.0	13.0	0.0
役員報酬額改定	0.0	0.2	1.4	1.9	0.8	6.3	0.0	0.0	0.0	0.0	0.0	0.0
新株予約権発行	0.0	2.1	3.1	10.7	6.4	9.1	0.0	3.6	0.0	0.0	20.0	0.0
会計監査人選任	0.0	0.0	0.0	0.0	0.0	0.0	0.0	0.0	0.0	0.0	0.0	0.0
組織再編関連	0.0	0.0	0.0	0.0	0.0	0.0	0.0	0.0	0.0	0.0	0.0	0.0
買収防衛策	0.0	3.3	0.0	34.9	2.2	0.0	0.0	0.0	0.0	0.0	0.0	0.0
その他の会社提案	16.7	0.0	1.4	0.3	0.0	0.0	0.0	1.6	0.5	0.0	0.0	0.0

出所：各社公表資料をもとに筆者作成。

図表15-3　外資系生保の議決権行使における反対比率（2016年度）

（単位：％）

	ジブラルタ	アフラック	メットライフ	アクサ	プルデンシャル	マニュライフ
剰余金処分	1.3	1.2	0.0	0.0	0.3	0.6
取締役選任	3.3	4.8	0.0	4.9	3.2	5.7
監査役選任	12.8	17.7	0.0	7.1	12.2	21.7
定款一部変更	0.0	3.1	0.0	0.0	1.6	4.8
退職慰労金支給	0.0	69.6	0.0	0.0	41.4	76.5
役員報酬額改定	0.0	7.2	0.0	0.0	1.4	1.1
新株予約権発行	5.3	—	0.0	6.3	69.4	15.8
会計監査人選任	0.0	—	—	0.0	0.0	8.1
組織再編関連	0.0	6.3	0.0	0.0	0.0	14.3
買収防衛策	—	83.3	0.0	50.0	—	61.0
その他の会社提案	0.0	68.8	0.0	0.0	9.7	7.5

出所：各社公表資料をもとに筆者作成。

が高い順に退職慰労金支給，買収防衛策となっていることである。

2つの議案に対して反対票を投じた理由を日本生命は次のように説明している。まず，退職慰労金支給議案については，投資先企業の状況は業績悪化傾向，当期純損失を計上することから経営陣の若返りを図るため旧経営陣に退職慰労金の支給を諮ることにした。日本生命は，旧経営陣は業績改善のための取り組みをしたが不完全であり，企業価値向上を意識した経営をしていないと判断した。最終的に反対票を投じた[7]としている。

また，買収防衛策については，投資先企業の状況は海外事業で大幅な赤字となるなど経営環境は厳しいものであった。そうした状況で，買収防衛策を継続的に導入していた。日本生命は四半期ごとに対話を行い，投資先企業の施策について確認していた。業績は回復傾向にあるものの投資先企業が買収防衛策の導入・継続の前提条件として考えている企業価値向上が実現しているとは言い難いことから反対票を投じた[8]としている。

外資系生保では詳細な理由を説明している会社は少ないが，プルデンシャル生命は「買収防衛策継続の議案において，社外取締役等の基準が不十分のため反対した」[9]ことを挙げている。

3 投資・資産運用の状況

(1) 生命保険会社の業務としての資産運用

　生命保険会社にとって資産運用業務は，保険引受業務とともに重要な業務と位置付けられている。保険業法97条2項において契約者から保険料として集めた資金を運用することが業務として規定されている。それは，契約者からの保険料を運用しているため，運用は資金を増やすという収益性だけではなく，将来の保険金支払いに備えて安全性を考慮する必要があるからである。

　したがって保険会社の資産運用は，会社が自由に無制限に行うことができるわけではない。運用の方法，運用額について保険業法，保険業法施行規則の範囲内で行うこととされていた。例えば，一般勘定[10]の総資産額に対する運用比率を定めたもので，国内株式30％，外貨建資産30％，不動産20％までとされていた[11]。なお，この規制は2012年4月18日付で廃止されている。これにより，各社の資産運用はより独自性を持つものになっていく可能性があるものと考えることができる。

　生保会社の資産運用方針について2012年度から2016年度の5年度分を見ることとする。ここでは，国内生保の総資産規模2位の日本生命と外資系生保1位のジブラルタ生命の2社を取り上げる。なお，国内生保の総資産規模1位のかんぽ生命は2016年11月から自家運用を開始し，それまでは運用会社に委託していたことから日本生命を取り上げることとした。

　日本生命の2012年度の資産運用方針[12]の概要としては，①ALMの考えに基づいてポートフォリオの策定，運用計画を立案していること，②安定した収益が期待できる公社債や貸付金等を中核的資産とし，リスク許容範囲内で株式，外国証券等に投資を行っていることが述べられている。これは2014年度まで継続して同じ内容となっている。スチュワードシップ・コード受け入れ表明後の2015年度からは前年度の内容に，①中長期的な収益の向上を図り，契約者の利益を拡大するという観点からの投資，②社債や証券化商品，未公開株式・ヘッジファンドなどもリスクに留意しながら取り組んでいくということが加えられた。

　ジブラルタ生命の2012年度の資産運用方針[13]の概要としては，①ALM[14]の観

点から投資を行っていること，②安定した収益が期待できる資産を中心とし，信用度の若干劣る資産への投資を行っていることが述べられている。この運用方針は2016年度まで同じ内容となっている。

両社の運用方針からは，特に日本生命がスチュワードシップ・コードを受け入れたことに伴い運用方針を修正したとみることができる。

(2) 貸借対照表からみる資産運用の状況

まず生命保険会社全体の資産運用の状況をみることとする。**図表15－4**は貸借対照表の抜粋したものを金額ベースで，**図表15－5**は構成比率で見たものである。

金額ベースの総資産をみると，2016年度の総資産が約376兆円あり，その額が徐々に増加していることがわかる。これは，生命保険会社が規模の大きな機関投資家であることを表している。また，現金・預貯金，有価証券はその金額が増加傾向にあるのに対し，貸付金は減少傾向にある（**図表15－4**）。

構成比率をみると，総資産に占める有価証券の比率が80％超となっている。これは，契約者から集めた保険料の大部分を有価証券で運用していることを示している。さらに，有価証券の比率は2012年度からわずかに増加している（**図表15－5**）。

有価証券の内訳をみると，国債が50％程度，社債と株式は10％を下回ってい

図表15－4　生命保険会社の貸借対照表（抜粋）：金額

(単位：百万円)

年度	2012	2013	2014	2015	2016
社数	43社	43社	42社	41社	41社
総資産	344,998,124	350,582,621	367,255,244	367,167,877	375,505,139
現金・預貯金	3,574,921	4,416,781	5,608,048	7,458,401	7,534,954
有価証券	278,244,867	285,031,766	299,429,547	300,523,513	309,714,487
うち国債	148,769,242	149,815,719	148,761,706	148,568,497	148,553,826
うち社債	25,155,197	24,895,906	24,855,320	25,363,484	25,824,204
うち株式	16,725,654	18,029,900	22,697,930	19,813,018	21,514,642
貸付金	40,244,614	38,099,244	36,810,301	34,986,926	34,071,487
有形固定資産	6,460,053	6,319,956	6,329,470	6,250,454	6,124,349
無形固定資産	768,435	758,288	898,329	938,355	969,598

出所：保険研究所『インシュアランス生命』をもとに筆者作成。

図表15－5　生命保険会社の貸借対照表（抜粋）：構成比率

(単位：%)

年度	2012	2013	2014	2015	2016
社数	43社	43社	42社	41社	41社
総資産	100.0	100.0	100.0	100.0	100.0
現金・預貯金	1.0	1.3	1.5	2.0	2.0
有価証券	80.7	81.3	81.5	81.8	82.5
うち国債	53.5	52.6	49.7	49.4	48.0
うち社債	9.0	8.7	8.3	8.4	8.3
うち株式	6.0	6.3	7.6	6.6	6.9
貸付金	11.7	10.9	10.0	9.5	9.1
有形固定資産	1.9	1.8	1.7	1.7	1.6
無形固定資産	0.2	0.2	0.2	0.3	0.3

出所：保険研究所『インシュアランス生命保険統計号』各年版をもとに筆者作成。

る。特に株式についてみると，総資産に占める株式の比率は2012年度から4.8％，5.1％，6.2％，5.4％，5.7％と増減しながら推移している。なお，図表以外の有価証券の内訳には外国証券，地方債，その他の証券があり，2016年度の構成比率はそれぞれ26.9％，4.3％，5.2％となっている。

図表15－6は，グループ別の総資産合計額，有価証券および株式比率を示したものである。総資産額は各グループで異なるが，総資産に占める有価証券の比率は各グループで80％を超えている。

スチュワードシップ・コードを受け入れ表明している国内生保（グループ1）が総資産額全社合計の75％超の規模を占めている。また，有価証券の比率が最も低くなっている。これは，有価証券以外の資産で運用を行っていることを示している。さらに，他のグループと比べて有価証券に占める株式の比率が高いことがわかる。

グループ2は，総資産額，総資産に占める有価証券の比率，有価証券に占める株式の比率ともに2番目に高くなっている。有価証券の比率はグループ1より高いが，株式の比率が2番目ではあるがグループ1よりもかなり低い。

グループ3は，資産規模は3番目であるが，有価証券の比率がグループ1よりも高い。それに対して，株式の比率は低くなっているが，これは公社債を中心に運用を行っているからである。

グループ4は，総資産に占める有価証券の比率が最も高い。それに対して，

| 図表15-6 | グループ別の総資産合計額，有価証券および株式比率 |

〈グループ1〉	2012	2013	2014	2015	2016
総資産	276,326,905	278,356,728	289,771,080	287,362,557	291,770,937
有価証券	78.99	79.59	80.10	80.60	81.48
うち株式	7.48	7.94	9.53	8.36	8.86

〈グループ2〉	2012	2013	2014	2015	2016
総資産	39,567,049	41,583,485	44,157,857	44,855,354	46,281,218
有価証券	87.43	88.39	87.70	87.07	87.01
うち株式	1.10	1.17	1.25	1.13	1.09

〈グループ3〉	2012	2013	2014	2015	2016
総資産	23,060,329	24,110,853	26,144,941	27,691,504	29,783,943
有価証券	86.72	86.44	84.99	84.63	83.45
うち株式	0.06	0.05	0.45	0.04	0.04

〈グループ4〉	2012	2013	2014	2015	2016
総資産	6,043,841	6,531,555	7,181,366	7,258,462	7,669,041
有価証券	88.88	90.27	88.84	88.29	89.32
うち株式	0.05	0.03	0.02	0.02	0.03

注：単位は，総資産が百万円，有価証券および株式が%。
出所：保険研究所『インシュアランス生命保険統計号』各年版をもとに筆者作成。

グループ3同様に，有価証券に占める株式の比率が低くなっているが，これも公社債を中心に運用を行っているからである。

生命保険会社の損益の状況

　生命保険会社の主要な収益源は，保険料等収入と資産運用収益である。これは，生保の業務に対応した収益であり，損益計算書の初めに経常収益として計上される。経常費用は，保険引受業務に関連した保険金等支払金，資産運用業務に関連した資産運用費用がある。
　生命保険会社全体の損益の状況について，特に資産運用に関連する項目を中心に取り上げている。**図表15-7**は損益計算書から抜粋したものを金額ベースで，**図表15-8**は経常収益に対する比率を表している。**図表15-7**からは，経常収益，経常費用ともに減少傾向が見られる。
　図表15-8の対経常収益比率で見ると，経常収益のうち保険料等収入の比

率は増加し，資産運用収益の比率が減少している。

また，資産運用収益に関連する項目を見ると，資産運用収益に占める有価証券利息・配当金の比率が高くなっている。有価証券利息・配当金に占める株式配当金の比率も上昇傾向にある。

図表15－9は，グループ別の経常収益額合計および対経常収益比率を示したものである。

グループ1は経常収益全社合計の約70％の規模を占めている。運用収益は20％前後で推移している。また，資産運用収益に占める有価証券利息・配当金

図表15－7 生命保険会社の損益計算書（抜粋）：金額

(単位：百万円)

年度	2012	2013	2014	2015	2016
社数	43社	43社	42社	41社	41社
経常収益	54,803,595	53,215,731	55,959,453	52,305,830	47,760,894
保険料等収入	38,069,073	35,784,257	38,679,183	38,962,057	35,182,912
資産運用収益	11,835,339	11,326,371	12,310,798	8,291,472	9,078,281
有価証券利息・配当金	5,153,635	5,620,079	5,880,981	5,947,060	5,928,961
うち株式配当金	299,220	346,700	391,053	403,097	416,172
有価証券売却益	935,859	1,124,299	1,032,652	662,467	1,077,808
経常費用	52,239,263	50,113,885	52,222,875	49,368,959	45,097,938
資産運用費用	1,734,715	1,345,479	1,325,653	2,473,336	1,777,963

出所：保険研究所『インシュアランス生命保険統計号』各年版をもとに筆者作成。

図表15－8 生命保険会社の損益計算書（抜粋）：対経常収益比率

(単位：%)

年度	2012	2013	2014	2015	2016
社数	43社	43社	42社	41社	41社
経常収益	100.0	100.0	100.0	100.0	100.0
保険料等収入	69.5	67.2	69.1	74.5	73.7
資産運用収益	21.6	21.3	22.0	15.9	19.0
有価証券利息・配当金	43.5	49.6	47.8	71.7	65.3
うち株式配当金	5.8	6.2	6.6	6.8	7.0
有価証券売却益	7.9	9.9	8.4	8.0	11.9
経常費用	95.3	94.2	93.3	94.4	94.4
資産運用費用	3.3	2.7	2.5	5.0	3.9

出所：保険研究所『インシュアランス生命保険統計号』各年版をもとに筆者作成。

図表15-9　グループ別の経常収益および対経常収益比率

〈グループ1〉	2012	2013	2014	2015	2016
経常収益	38,026,827	35,958,390	36,154,414	35,165,752	32,137,435
資産運用収益	18.8	20.6	20.9	18.1	21.2
有価証券利息・配当金	57.2	59.6	60.1	72.1	66.8
うち株式配当金	3.8	4.3	4.5	6.2	5.9
有価証券売却益	10.7	12.7	10.9	7.6	12.5
資産運用費用	3.6	2.8	2.2	2.9	4.6

〈グループ2〉	2012	2013	2014	2015	2016
経常収益	9,774,084	8,799,384	9,691,278	8,303,127	8,605,533
資産運用収益	25.5	24.1	28.0	16.7	16.0
有価証券利息・配当金	33.8	44.9	36.7	70.0	67.3
うち株式配当金	0.2	0.4	1.0	0.8	0.7
有価証券売却益	4.4	6.3	4.7	9.2	11.6
資産運用費用	2.6	2.8	4.3	9.9	2.5

〈グループ3〉	2012	2013	2014	2015	2016
経常収益	4,700,641	6,518,590	7,302,440	6,138,233	5,099,281
資産運用収益	36.9	21.5	19.2	6.5	14.0
有価証券利息・配当金	9.3	13.7	19.0	78.0	49.6
うち株式配当金	0.0	0.0	0.0	0.0	0.0
有価証券売却益	2.5	2.6	5.2	11.2	8.1
資産運用費用	1.8	1.1	1.3	7.9	1.3

〈グループ4〉	2012	2013	2014	2015	2016
経常収益	2,302,043	1,939,367	2,583,903	2,537,391	1,918,645
資産運用収益	20.4	20.8	19.6	5.3	9.0
有価証券利息・配当金	13.2	15.6	14.2	61.1	55.0
うち株式配当金	0.0	0.0	0.0	0.0	0.0
有価証券売却益	4.7	4.2	1.9	5.3	5.9
資産運用費用	1.5	1.1	0.9	5.7	1.4

注：単位は，経常収益が百万円，比率が％。
出所：保険研究所『インシュアランス生命保険統計号』各年版をもとに筆者作成。

は，図表15-8で見た全体の比率と同様に高くなっている。

　グループ2，3，4は規模こそ異なるが同じような傾向を示している。1つ目は，資産運用収益が2015年度から大きく減少している。これは，円高の影響により為替差益から為替差損が計上されたことが原因である。有価証券利息・配

当金の金額自体に大きな変動は見られないが，資産運用収益に占める為替差益が減少したことにより，有価証券利息・配当金の比率が増加したよう見えるのである。2つ目は，株式配当金が有価証券利息・配当金の1％に満たないことである。これは，図表15−6で見たように3グループは株式の投資比率が低いためである。

スチュワードシップ・コードの受け入れが始まってから4年ほどしか経過していないため，生命保険会社の投資や業績が急激に変化していると評価することは難しい。その点では，中長期で見ることは必要であると考える。

また，投資については個別の生命保険会社と投資先企業の状況を見ること，他の機関投資家との比較をする必要もあると考える。

注

1 「第一生命アニュアルレポート2015」11頁。
2 取引のある投資先企業等に有利な議決権行使が行われることにより保険契約者の利益が損なわれること。
3 住友生命「スチュワードシップ活動（対話・議決権行使）に関する考え方および活動状況報告（平成28年）」23頁。
4 アクサ生命ホームページ＜https://www.axa.co.jp/policy/stewardshipcode＞。
5 プルデンシャル生命「スチュワードシップ・コード活動報告（2016年度）」2頁。
6 反対比率を計算するにあたり，親議案数ベースまたは子議案数ベースで統一する必要がある。より正確な比率を求めるのであれば子議案数ベースが良いと考える。しかし，本集計では公表資料の制約上，親議案数と子議案数が混在している可能性がある。
7 日本生命「『責任ある機関投資家』の諸原則《日本版スチュワードシップ・コード》に関する取組（2017年度）」62頁。
8 同上，66頁。
9 プルデンシャル生命「スチュワードシップ活動報告（2016年度）」1頁。
10 保険商品は大別すると，保険金の受取額があらかじめ定められている保険商品と運用成績に応じて変動する保険商品がある。前者のために運用する資産を一般勘定，後者を特別勘定と区分している。
11 その他に「債権，貸付金，貸付有価証券」は10％，「施行規則第47条第1号から第8号までに掲げる方法に準ずる方法により運用する資産」は3％と制限されていた。
12 日本生命「日本生命の現状2013」154頁。
13 ジブラルタ生命「ジブラルタ生命の現状（平成24年度決算）」
14 Asset Liability Management（資産・負債総合管理）の略であり，変動する資産

の価値が変動する負債の価値を上回るようリスクを管理することである。

参考文献

石田満（2015）『保険業法2015』文眞堂。
黒沼悦郎（2016）『金融商品取引法』有斐閣。
ニッセイ基礎研究所編（2011）『概説 日本の生命保険』日本経済新聞出版社。
公益財団法人日本証券経済研究所編（2016）『図説 日本の証券市場（2016年版）』日本証券経済研究所。
山下友信・竹濱修・洲崎博史・山本哲生（2015）『保険法（第3版補訂版）』有斐閣アルマ。
「インシュアランス生命保険統計号」各年度版，生命保険研究所。
生命保険各社ディスクロージャー資料。

第16章

M&A市場

1　M&A市場とは何か

　M&Aとは，合併（Merger）と買収（Acquisition）を合わせた用語である。合併とは，2つ以上の会社が完全に一体化して，1つの会社に合一することである[1]。合併（吸収合併）において，合併に参加する会社のうち，消滅会社の資産・負債などは存続会社に承継され，消滅会社は合併と同時に消滅（解散）する。この際，消滅会社の株主は，それまで保有していた消滅会社の株式を存続会社の株式に交換される。

　買収とは，通常，他の会社の50%超の株式を取得することを意味する[2]。買収の場合，両社の法人格に変化はないが，買収側の会社が被買収側の会社に対する経営支配権を掌握することになる。すなわち，株式所有比率が50%を超えればすべての取締役を選任できるなどの権限（いわゆる経営権）を，同比率が3分の2以上になれば他社との合併や解散を決定できるなどの権限（いわゆる支配権）を持つ。株式の取得手法や具体的な目的[3]も多様だが，いずれにしても買収によって当事者両社は支配・被支配の関係となるため，実質的に一体化する。このように，M&Aは2社以上の会社が株式の交換または取得を伴って結合する行為である。

　ただし，このようなM&Aの用語上の意味とは離れて，M&Aは通常"会社の売買"といわれる。なぜなら，ほぼすべての合併および買収において，当事者の一方の会社は買い手側となり，もう一方の会社は買われる側（売る側）となるためである。買収においては，文字通り，買収者が被買収会社（の経営支配権）を"買う"。合併においても，通常は存続会社が買い手であり，消滅会社が売り手であるとみなされる[4]。つまり，"会社が会社を買う"ことがM&Aといえる。その本質は，会社の経営支配権の取得である。このように考えた場

合，会社（の経営支配権）を売買する市場がM&A市場ということができる。

M&Aが会社（の経営支配権）の売買であり，経営支配権の取得は過半数の株式を取得することであるため，M&A市場は株式市場と密接な関係を持つ。と同時に，なぜ買収者は株式市場で形成される株価を超えた価格で経営支配権を取得するのかという疑問も生じる。そこで，本章では，日本のM&A市場の状況を概観し，株式市場とM&A市場の関係，そして両市場における価格形成の相違を考察した後，買収価値と買収プレミアムの関係について議論する。

2 日本のM&A市場の概況

(1) M&A市場全体

日本のM&A件数の推移を見ると，過去32年間にいくつかの"波"があることがわかる（図表16－1参照）。1980年代後半に見られる波は，円高およびバブル経済の高まりに伴って，日本企業が海外企業の買収を数多く行った時期を反映している。1990年代から2000年代初頭は，バブル経済の崩壊後における長

図表16－1　日本のM&A件数の推移

注：グループ内M&Aを含まない。
出所：レコフデータ『マール』2017年2月号をもとに筆者作成。

期不況のあおりを受けて推進したリストラクチャリング（事業再構築）に伴って，"選択と集中"を目指して多角化した日本企業が本業以外の事業や子会社を売買したり，経営破綻した企業が国内外の企業に買われたり，敵対的買収を回避するために同業の大企業同士が経営統合する例が増大した時期である。それに続く2000年代中頃の波は，円高と国内市場の縮小を背景とした経営のグローバル化の推進を目指して，日本企業が海外企業の同業または関連業種の企業を買収する例が増加した時期のものである。この動きは2008年のリーマン・ショックで一度縮小するが，リーマン・ショックの影響が収束した2010年代からは再び増大し，第4の波ともいえる様相を呈している。以下では，テーマ別に日本のM&A市場の推移を紹介する。

(2) 手法別

過去32年間のM&Aを合併，買収，事業譲渡，資本参加，出資拡大といった手法別に区分して推移を現したものが**図表16-2**である。構成比率が最大なものは買収であり，32年間合計で40.4％を占める。しかし，時期によって変動があり，1995年～2004年の10年間は33％ほどである一方，2010年～2014年では45.4％と過半数を占める。次に多いのは資本参加であり，32年間合計で32.5％を占める。時期による大きな変動は見られない。事業譲渡は32年間合計では17.2％だが，買収および資本参加とは反対に，1995年～2004年にそれ以前の13％前後から20％超まで増加した後，2010年～2014年には15.0％に減少している。出資拡大は32年間合計では5.8％だが，時系列ではほぼ一貫して増加し2010年～2014年には6.1％になっている。反対に，合併は2000年以降大きく減少し，2010年～2014年には2.1％である。

(3) 国内・国際別

過去32年間のM&Aを国内案件と国際案件で区分して推移を現したものが**図表16-3**である。国際案件はIn-Out案件（日本企業による外国企業のM&A）とOut-In案件（外国企業による日本企業のM&A）に細分されている。過去32年間合計では，国内案件の構成比は1985年から1994年においては47％と半数未満だったが，その後増加し2000年以降は3分の2を超えている。国際案件の構成比は国内案件の逆であるが，内訳で特徴的なのは，1985年～1994年におけるIn-Outの構成比が50％近い比率という点である。これは，当時のM&Aのほぼ

第16章 M&A市場 221

図表16−2 手法別M&A件数の構成比推移

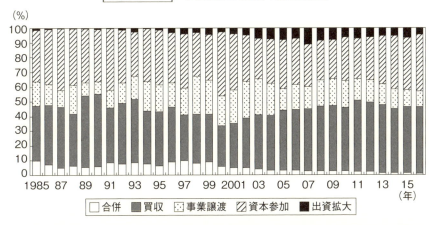

	期間	合併	買収	事業譲渡	資本参加	出資拡大	合計
件数	1985〜2016	1,741	18,331	7,601	14,828	2,598	45,099
	1985〜1989	143	925	304	844	12	2,228
	1990〜1994	210	1,157	369	1,012	29	2,777
	1995〜1999	338	1,318	818	1,296	138	3,908
	2000〜2004	401	3,009	2,048	3,034	487	8,979
	2005〜2009	380	5,297	2,064	3,736	1,075	12,552
	2010〜2014	198	4,347	1,433	3,014	583	9,575
	2015〜2016	71	2,278	565	1,892	274	5,080
構成比	1985〜2016	4.0%	40.4%	17.2%	32.5%	5.8%	100.0%
	1985〜1989	6.4%	41.5%	13.6%	37.9%	0.5%	100.0%
	1990〜1994	7.6%	41.7%	13.3%	36.4%	1.0%	100.0%
	1995〜1999	8.6%	33.7%	20.9%	33.2%	3.5%	100.0%
	2000〜2004	4.5%	33.5%	22.8%	33.8%	5.4%	100.0%
	2005〜2009	3.0%	42.2%	16.4%	29.8%	8.6%	100.0%
	2010〜2014	2.1%	45.4%	15.0%	31.5%	6.1%	100.0%
	2015〜2016	1.4%	44.8%	11.1%	37.2%	5.4%	100.0%

注：日本企業が当事者となるM&A。ただし，グループ内M&Aを除く。グループ内M&Aとは，親会社と子会社，筆頭株主と関連会社など，意思決定の主体が実質的に同一と見られるもの。
合併：合併，株式移転，会社分割での持株会社による経営統合。
買収：50%超の株式取得。増資引き受け，既存株主からの取得，株式交換，会社分割で該当するもの。
営業譲渡：資産，従業員，商権などからなる「営業」の譲渡，既存事業統合，50%以下の会社分割。
資本参加：50%以下の株式取得で，初回取得のみ。
出資拡大：資本参加している者による50%以下の追加取得。
出所：レコフデータ『マール』各年2月号をもとに筆者作成。

図表16-3　国内・国際別M&A件数の構成比推移

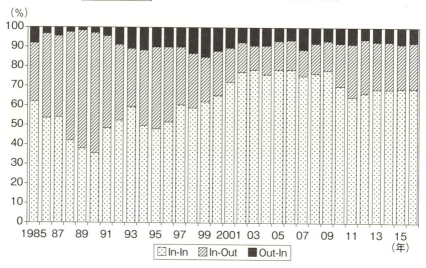

	期間	国内M&A In-In	国際M&A		合計
			In-Out	Out-In	
	1985〜2016	30,848	14,250	10,470	3,780	45,099

	期間	国内M&A In-In	国際M&A In-Out	Out-In	合計
件数	1985〜2016	30,848	14,250	10,470	3,780	45,099
	1985〜1989	1,053	1,175	1,096	79	2,228
	1990〜1994	1,313	1,464	1,266	198	2,777
	1995〜1999	2,237	1,671	1,187	484	3,908
	2000〜2004	6,640	2,339	1,454	885	8,979
	2005〜2009	9,667	2,885	1,875	1,010	12,552
	2010〜2014	6,459	3,115	2,397	718	9,575
	2015〜2016	3,479	1,601	1,195	406	5,080
構成比	1985〜2016	68.4%	31.6%	23.2%	8.4%	100.0%
	1985〜1989	47.3%	52.7%	49.2%	3.5%	100.0%
	1990〜1994	47.3%	52.7%	45.6%	7.1%	100.0%
	1995〜1999	57.2%	42.8%	30.4%	12.4%	100.0%
	2000〜2004	74.0%	26.0%	16.2%	9.9%	100.0%
	2005〜2009	77.0%	23.0%	14.9%	8.0%	100.0%
	2010〜2014	67.5%	32.5%	25.0%	7.5%	100.0%
	2015〜2016	68.5%	31.5%	23.5%	8.0%	100.0%

注：日本企業が当事者となるM&A。ただし，グループ内M&Aを除く。
　　In-In…日本企業同士のM&A。In-Out…日本企業による外国企業に対するM&A。　Out-In…外国企業による日本企業に対するM&A。
出所：レコフデータ『マール』各年2月号をもとに筆者作成。

半数が日本企業による外国企業のM&Aだったことを意味する。当時の全M&A件数が近年の5分の1程度であったとはいえ，この時期の日本企業の海外M&A投資の積極性を物語る数値である。Out-Inについては，構成比では1割に満たない程度であるが，件数に注目すれば，1985年～1989年からの増加率は相当大きい。なお，Out-Inのうち，2008年以降では，それ以前に比べてアジア企業による日本企業のM&Aの比率が上昇している。

(4) グループ内M&A

第1節で述べた通り，M&Aは会社の経営支配権の取得である。しかし実際には，すでに経営支配権を握っている企業がその企業を合併したり，完全子会社化するために株式取得することがある。これらは，経営支配権を獲得するためのM&Aではなく，グループ内の組織再編のために行われる形式的なM&Aである。これらはグループ内M&Aといわれる。

過去27年間のグループ内M&A件数とその内訳の構成比を示したものが**図表16－4**である。上の棒グラフはグループ内M&Aの内訳を積み上げたものであり，**図表16－1**で示した本来のM&A件数の推移と大方類似して，1990年代に大きく増加し，2010年代では減少していることがわかる。

しかし，下の年代別の表でその内訳をみると，本来のM&A件数の内訳では構成比が最も小さかった合併が，グループ内M&Aでは最大であり，どの時期においても過半数を占めている。次に多いのが事業譲渡であり，27年間合計では21.1%を占める。この両者とも，グループ内の組織再編で多く活用される手法であることがわかる。さらに，本来のM&Aでは登場しなかった子会社株式取得の構成比も表されている。このデータは1999年の株式交換・株式移転制度が導入されてから集計が始まったものであるため，2000年以降の構成比をみると，2005年以降は15%前後を占めており，事業譲渡に次ぐ組織再編手法であることがわかる。一方，本来のM&Aでは構成比が最上位および第2位であった買収および資本参加は，グループ内M&Aではそれぞれ数%程度である。このように，グループ内M&Aは，経営支配権を取得するための本来のM&Aとは目的が異なるため，手法の構成比も本来のM&Aと大きく異なる。

図表16-4 グループ内M&A件数内訳とその構成比の推移

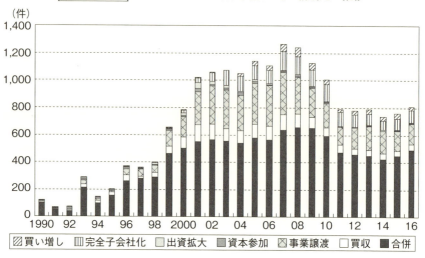

	期間	合併	買収	事業譲渡	資本参加	出資拡大	子会社株式取得		合計
							完全子会社化	買い増し	
件数	1990〜2016	11,093	1,560	4,032	215	245	1,601	469	19,215
	1990〜1994	500	64	60	29	22	7	0	682
	1995〜1999	1,453	163	277	40	29	20	5	1,987
	2000〜2004	2,708	506	1,218	74	118	330	23	4,977
	2005〜2009	3,093	498	1,382	46	46	586	238	5,889
	2010〜2014	2,397	249	802	16	20	482	141	4,107
	2015〜2016	942	80	293	10	10	176	62	1,573
構成比	1990〜2016	57.6%	8.2%	21.1%	1.1%	1.3%	8.2%	2.4%	100.0%
	1990〜1994	73.3%	9.4%	8.8%	4.3%	3.2%	1.0%	0.0%	100.0%
	1995〜1999	73.1%	8.2%	13.9%	2.0%	1.5%	1.0%	0.3%	100.0%
	2000〜2004	54.4%	10.2%	24.5%	1.5%	2.4%	6.6%	0.5%	100.0%
	2005〜2009	52.5%	8.5%	23.5%	0.8%	0.8%	10.0%	4.0%	100.0%
	2010〜2014	58.4%	6.1%	19.5%	0.4%	0.5%	11.7%	3.4%	100.0%
	2015〜2016	59.9%	5.1%	18.6%	0.6%	0.6%	11.2%	3.9%	100.0%

注：グループ内M&Aとは，日本企業が当事者となるM&Aのうち，当事者が親会社と子会社の関係，または筆頭株主と関連会社の関係にあるなど，意思決定の主体が実質的に同一とみられるもので，かつ当事者のいずれも上場企業ではないもの。

出所：合併・買収・事業譲渡・資本参加・出資拡大：レコフデータ『マール』各年2月号をもとに筆者作成。子会社株式取得…1999年3月9日以前は筆者が『日経全文記事データベース（4紙版）』を用いて集計した。それ以降はレコフデータ『マール』各年2月号（レコフデータでは，子会社株式取得の件数はソニーによる上場子会社3社の株式交換による完全子会社化が発表された1999年3月9日から集計を開始したため）。

3 株式市場とM&A市場の関係

　M&A市場と通常の株式市場はどのような関係にあるのだろうか。第1節で述べた通り，M&A市場は会社（の経営支配権）を売買する市場である。経営支配権は，会社の過半数（50％超または3分の2以上）の株式を保有したときにはじめて獲得することができる。逆にいえば，半数以下の株式をいくら保有していても，経営支配権を獲得したことにはならない。つまり，同じ株式を取得する場合でも，過半数株式なのか半数以下株式なのかでは根本的に性質が異なる取引であるといえる。

　さらに，半数以下の株式取得でも，20％以上であれば被買収企業は買収企業の持分法適用関連会社となるし，5％超であれば買収側企業は大量保有報告書の提出義務が発生する。つまり，これらの比率は，買収側企業が被買収企業に一定の影響力を持つことを意味する。株式市場における通常の株式取得，すなわち対象企業への影響力ではなくキャピタルゲインやインカムゲインの金銭利得を得ることを目的とする株式取得は，比率でいえば，5％以下の株式取得といえる。したがって，同じ株式取得でも，M&A市場でのそれと通常の株式市場でのそれは，比率と目的において本質的に異なる。

4 両市場における価格形成の相違

　このような質的に異なる株式市場とM&A市場における株式は，価格形成においてどのように異なるだろうか。株式市場における1株の理論価値は，保有に伴う将来の金銭利得を何らかの割引率で割り引いて合計した値である。保有に伴う金銭利得とは配当金（インカムゲイン）と売却時の値上がり益（キャピタルゲイン）である。しかし，値上がり益は売却時における株価によって決まり，その時の株価もその時点（売却時点）における将来の配当金およびその時の所有者の将来の売却時の値上がり益によって決まる。これは結局，売却時の値上がり益は配当金によって決まることと事実上同じことを意味する[5]。配当金は利益から支払われること，内部留保も株主が期待するリターンを生み出すために企業内で再投資されること，そして，配当金の二重課税問題が重要視されないことを前提とすると，上述した配当金は利益と同義であるため，株式市

場における1株の理論価値は，その企業の将来の毎期の利益の割引現在価値の合計となる。ただし，この「毎期の利益」とは，現在の経営陣が行う経営のもとで生み出されると想定される利益である。

一方，M&A市場における株式の理論価値も，計算の原理は同様である。しかし，以下の2点において大きく異なる。

(1) 将来の毎期の利益は，現在の経営陣ではなく，新たな経営陣（買収側企業の関係者）が行う経営のもとで生み出される利益である。通常，新経営陣によって将来の利益は現経営陣の場合よりも増大できると想定して買収が行われる[6]。

(2) 割引率は，現在の株主が採用する率ではなく，新たな株主（買収側企業）が採用する率である。割引率は金利や各種リスクを反映するが，通常の株式取引とM&Aで大きく異なる点は，時間視野とエージェンシー問題である。時間視野について，M&Aでは想定する利益実現の期間は，株式市場における主要な投資家よりも長期である。エージェンシー問題とは，経営者が株主の利益を最大化するような経営を行わないリスクを生み出す，いわゆる代理人利用に伴う根本的な問題である。M&Aでは経営支配権を持つ買収者の関係者が経営陣となることがほとんどであるため，株式市場における分散化された不特定多数の投資家たちから消極的に支持された経営陣よりも，エージェンシー問題に伴うリスクが小さい。これらはいずれも，同じ企業に対して，M&Aのほうが割引率が小さくなりやすいことを意味する[7]。

5 買収価値と買収プレミアム

上述の価格形成の相違から明らかなように，同じ企業であっても，株式市場における価値（株式市場価値）と，M&A後に見込まれる株式価値（買収後価値）は異なるのが通常である。買収後価値が株式市場価値を上回ると，買収が発生しうる。ただし，買収後価値イコール買収価格とはならない。なぜなら，買収後価値は買収後に新経営陣が経営を行って実現できるであろう将来の利益をもとに計算した株式価値であるが，その金額をそのまま買収価格として支払ってしまうと，買収者には利得がゼロとなり買収するインセンティブがなく

なってしまうためである。

　したがって，株式市場における株式価値（株式市場価値），M&A後に見込まれる株式価値（買収後価値），M&Aの際に実際に支払う価格（買収価格）は，**図表16－5**の通りである。この図で示される通り，買収価格が株式市場価値を上回る部分が買収プレミアムであり[8]，買収後価値が買収価格を上回る部分が買収者利得である。買収プレミアムは，買収に伴って被買収企業の既存株主が買収者から受け取るキャピタルゲインである。つまり，買収後価値と株式市場価値の差額は，既存株主の利得と買収者の利得に配分される。

　なお，買収後価値はあくまで買収後に実現しうると買収者自身が見込む価値であるため，客観的なものではない。ただし，買収側企業が買収後に他の企業や株式市場へ被買収企業の株式を売却した場合に実現しうる。あるいは，売却しなければ被買収企業の株式からのキャッシュフローを得ることで実現しうる。

　では，実際の買収プレミアムはどのくらいなのであろうか。ここでは，買収の主要な手法であるTOBの事例を対象に取り上げる。TOBは，株式市場を通さずに，公開買付公告を新聞紙上およびEDINETで告知することで，既存株主から直接株式を一定期間，一定価格で買い集めることができる買収手法である。日本では，公開会社の既発行株式の3分の1超を取得する場合，原則としてTOB（公開買い付け）を用いなければならない。したがって，TOBの事例における買収プレミアムを見れば，日本のM&Aにおける買収プレミアムの主な部分が理解できる。

　図表16－6は，1992年から2013年における日本の公開会社に対するTOBの

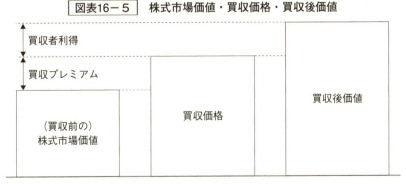

図表16－5　株式市場価値・買収価格・買収後価値

出所：筆者作成。

図表16-6 日本のTOBの買収プレミアム

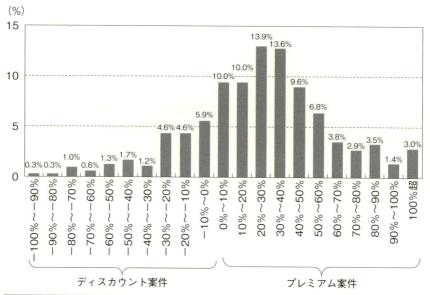

	件数	構成比	平均	中央値	最大値	最小値
全サンプル	691	100.0%	26.0%	26.3%	317.0%	-96.5%
プレミアム案件	542	78.4%	40.3%	33.1%	317.0%	0.1%
ディスカウント案件	149	21.6%	-26.1%	-21.2%	-0.2%	-96.5%

注：1992年～2013年に開始された日本の公開会社を対象としたTOB。ただし、1年以内に同じ会社に対して別の企業がTOBを開始した案件、発表がTOB開始の6ヵ月以上前の案件、TOBの開始前に支配権争奪が行われた案件、同時発表2段階TOBの1回目となる案件、TOB開始前2年以上株価が一度も成立していない案件、対価が株式の案件、株価が入手できない案件を除く。買収発表前平均株価（買収発表前6ヵ月時点から発表前20営業日までの期間における対象会社の売買高加重平均株価）と買付価格の差額を買収発表前平均株価で除した値（％）。各グラフの数値は該当件数の全件数に占める構成比。
出所：筆者作成。

買収プレミアムの度数分布である。買収プレミアムは、買収前株価（買収発表前6か月時点から発表前20営業日までの期間における対象会社の売買高加重平均株価）と買付価格の差額を買収発表前株価で除した値（％）で表されている。

全サンプルについては、買収プレミアムの平均は26.0％であり、最大値は317％、最小値は-96.5％である。最大値317％とは、買収プレミアムが買収前株価の3.17倍という大きな値であることであり興味を引かれるが、その一方で、最小値も-96.5％という大きなマイナス値であることも重要である。このよう

な買収プレミアムがマイナスの案件は、ディスカウント案件（ディスカウントTOB）と呼ばれる。つまり、ディスカウント案件とは、買収価格が買収発表前平均株価を下回る案件であり、プレミアム案件とは、その反対である。理論的には、買収プレミアムはプラス（プレミアム案件）でなければ買収は行われないはずであり、TOBが成立しないはずである。しかし、日本のTOBの特徴の1つは、理論的には行われないはずのディスカウント案件が21.6％を占める点である（これらのほとんどはTOBが成立している）。これは、日本のTOBの特殊性であり、金融商品取引法の規制が影響している[9]。

プレミアム案件についてみてみると、買収プレミアムは平均が40.3％、中央値が33.1％である。これをみると、ひとまず30％～40％が買収プレミアムの代表的な値といえそうである。しかし、図表16－6の上のグラフをみると、最頻値は13.9％の「20％～30％」である。さらに、その左の「0％～10％」と「10％～20％」もそれぞれ10％を占めており、30％以下もそれなりに多いことがわかる。また、40％を超える案件の構成比を合計すると31.0％に上る。このように、ディスカウント案件も含めて分布が広く、構成比が突出して高い単独の範囲が存在しないことが、日本の買収プレミアムの最大の特徴といえるだろう[10]。

> 注

1 ただし、文字通りの合併だけを指すのではなく、持ち株会社を介した経営統合を含む場合もある。
2 買収には株式買収と資産買収（事業譲渡・事業譲受け）があるが、本章では、特に断らない限り、買収は50％超の株式を取得する行為を指すものとする。
3 規模拡大、バリューチェーン統合、事業強化、新事業進出、企業再生、経営者独立（MBO：Management Buy-Out）などである。
4 ただし、逆さ合併の場合は買い手が消滅会社であり、売り手が存続会社となる。また、持ち株会社を設立する経営統合の場合であっても、株式交換比率（株式移転比率）などからどの会社が事実上の買い手であるかは通常判断できる。
5 極端に遠い将来における値上がり益は、割引計算を行えば、現時点ではほとんど価値がゼロになるためである。
6 あるいは、被買収企業の将来の利益が増大しなくても、買収後における買収側企業の利益が、増大することが期待される場合もある。
7 この点については、文堂（2007）を参照されたい。
8 ここでは、株式市場価値＝株式市場価格と想定している。しかし、実際には株

式市場価値（理論価値）と株式市場価格（実際に市場で形成される価格）にはかい離があるのが通常である。
9　この点については，文堂（2015）を参照されたい。
10　ただし，以前と比較して近年ではディスカウント案件は減少している。

参考文献

坂本恒夫・文堂弘之編著（2010）『M&Aと制度再編』同文舘出版。
坂本恒夫・文堂弘之編著（2008）『ディール・プロセス別 M&A戦略のケース・スタディ』中央経済社。
坂本恒夫・文堂弘之編著（2006）『図解 M&Aのすべて』税務経理協会。
村松司叙・文堂弘之（2016）「日本のM&A」『経営問題』（日本学術振興会産学協力研究委員会経営問題第108委員会機関誌）第8号，40-59頁。
文堂弘之（2015）「TOBの経営分析」日本経営分析学会編『新版 経営分析事典』税務経理協会，332-339頁。
文堂弘之（2007）「買収成立モデルに関する理論的考察―ただ乗り問題解消の解明―」『人間科学』（常磐大学人間科学部紀要）第24巻第2号，20-78頁。
レコフデータ『マール』各年2月号。

第17章

ESG投資と転換点に立つ証券市場

1 はじめに―新たな投資手法

　証券市場では，近年，新たな投資スタイルが浮上し，にわかに活況を呈している。それは，企業の環境，社会，ガバナンスの取り組みに着目した「ESG（Environment, Social, Governance）投資」と呼ばれる投資手法であり，国内外で注目を浴びている。SRI（Socially Responsible Investment: 社会的責任投資）の誕生以降，利益活動の側面だけでなく，社会的な活動に考慮して企業を評価し，投資すべきであるといった声はいたるところで聞こえてきた。しかし，そうした視点が大事ではあると認識しつつも，実際には，企業も，投資家も，そして証券市場においても，長年，利益重視の行動が取られてきた。ESG投資を促すために国連が示したPRI（Principles for Responsible Investment: 責任投資原則）は，2006年に公表され，長期的視点に立った投資行動を誓うというこの原則に，12カ国20機関の国の金融機関が賛同の署名をしてスタートした。しかし，その2年後の2008年には，短期主義的利益を追求した結果であるとか，経済至上主義によるものと揶揄されたリーマン・ショックが起き，世界経済に影響を与えた。このような流れのなかで，社会問題解決の視点に立った投資を証券市場に呼び込むのは困難であるとの見方も根強くあった一方で，冒頭に述べたようにESG投資の注目を浴びるようになった理由には，次の出来事があったためと考えられる。

　1つは，国連が，2015年に採択したSDGs（Sustainable Development Goals: 持続可能な開発目標）である。昨今，加速している政治情勢の不安定さや，世界中に横たわる貧困問題など，これまでの経済システムでは解決できない多くの社会的問題が世界規模で蔓延している。SDGsは，2030年までに達成すべき目標として，気候変動や水問題などの解決，クリーン・エネルギーの推進と

いった環境保全や，人権や貧困に関わる問題の撲滅などの17の目標[1]と169のターゲットで構成される。一部の富裕層が世界の富の多くを占めているといったような調査報告も見られるなか，SDGsは，「誰も置き去りにしない（No one will be left behind）」をスローガンに，全世界で取り組むべき課題として17の目標を掲げている[2]。また，ここでいう「Sustainable」とは，持続的な経済成長や経済成長のための「Development」＝「開発」を意味しているのではなく，地球環境も含めた全世界，全人類の公共福祉を兼ね備えた持続的な可能な発展を指していると解釈される。SDGsでは，政府のみならず，企業および市民社会にも行動要請している。とりわけ，企業に対しては，「持続可能な開発における課題解決のための創造性とイノベーションを発揮することを求める」と明言している[3]。また，SDGsの企業行動指針であるSDGコンパスでは，「企業は，SDGsを達成する上で，重要なパートナーである。企業はそれぞれの中核的な事業を通じて，これに貢献することができる」とした上で，「私たちは，すべての企業に対し，その業務が与える影響を評価し，意欲的な目標を設定し，その結果を透明な形で周知するよう要請する」という潘国連事務総長の見解を公表している[4]。これにより，企業の社会・環境問題への対応は，よりいっそう注目を浴びることになる。そして，今以上に企業評価に影響を与えることを示唆しており，ESG投資の後押しにつながると考えられる。

　2つ目に挙げられるのは，パリ協定である。2015年12月にパリで開催された第21回国連気候変動枠組み条約締約国会議（COP21）では，開発国も含めて全世界で，温室効果ガスを削減することが合意された。パリ協定では温暖化による気温上昇を「産業革命と比べ2度より十分低く保つ」ことと，これを受けてさらに「1.5度以内に抑える」ことという新たな目標が設定された。これにより，再生可能エネルギーやEV車へのシフトが各国で加速している。また，経済最優先で地球温暖化に懐疑的な姿勢をとり，パリ協定から離脱したトランプ政権にあっても，630を超える米国企業・団体が温暖化対策を強化する要望書を出すなど，地球環境保全に対するこれまでにない動きが見られる[5]。こうした潮流も，ESG投資を促す要因となっている。

　これらのESG投資を加速させる出来事は，証券市場をどう変化させるのであろうか。本章では，こうした変革の時を迎えている証券市場を，ESGの中の'E'（環境問題）に焦点を当てて考察する。まず初めに，企業がどのように環境汚染を起こし，また改善してきたのか，その変遷を歴史的に概観することで，

企業活動と環境問題の関係性について言及する。次いで，証券市場を考える上で必要な資本概念について，環境問題や社会問題の観点からその拡張の必要性について論じる。そして，ESG投資の現状を海外および日本の市場から，それぞれ現状分析し，最後に，今後，ESG投資が一過性で終わらないようにするための必要な条件は何かを提示する。

2 企業活動と環境問題

(1) 企業活動と環境問題の歴史

　環境問題の歴史を産業や企業活動の視点から遡ってみてみると，18世後半から19世紀にかけて起こったイギリスの産業革命期にたどり着く。石炭を燃料として使用することで蒸気機関が開発されるなど，農業から工業への転換が進み，また動力を用いることで手工業から機械による大量生産も可能にした。しかし，一方で石炭を燃料とすることで二酸化炭素が発生し大気汚染が広まり，労働者や市民の健康を害した。また，工場からの排水でロンドンの中心部を流れるテムズ河も汚染された。

　日本では，下川（2013）『環境史年表　1868–1926　明治・大正編』および（2014）『環境史年表　1926–2000　昭和・平成編』によれば，この環境史年表の対象とされている75年間は，戦争の時代，経済の高度成長と公害の時代，そして環境の時代と区切られている[6]。その中で，年表の「明治・大正編」は，日本が近代国家を形成していく過程で鉱工業が発展し，「国土開発」に終始していた時代であったことを示唆している。その開発の過程で，鉱山の鉱毒問題，海洋，河川の汚染，工場のばい煙による大気汚染の被害が目立っている。また終戦後以降も復興のための経済成長の過程で建設された工場やコンビナートからの粉じん公害や汚水の被害がより深刻化し，近隣住民の健康被害が深刻化している様子がうかがえる。開発や経済成長と並行して，エネルギー確保のための原子力発電の始動（1957年，茨城県東海村）も見られる。日本の経済成長を促してきた企業活動の歴史の背景には，気候変動をもたらしてきた化石燃料の使用とともに，クリーン・エネルギーと謳われていた原子力発電導入に伴う安全性への危惧も含まれている。先に掲げたパリ協定では，気候変動対策を地球レベルでどう解決していくかが課題であるが，それと同時に，各国が経済成長

| 図表17－1 | 日本における環境問題の変遷と企業活動の特徴 |

	明治・大正	昭和（戦後）	平成
経済活動・発展の形態	国土開発	高度経済成長	グローバリゼーション型経済成長
産業の特徴	鉱工業の発展	重厚長大型産業	多国籍産業，IT，サービス産業
主な環境問題	地域限定の鉱毒問題等の公害問題	産業活動に伴う汚染物質流出，大気汚染等	国境を越えた気候変動，水，ごみ処理，化学物質の問題等
取られた対処法および必要な措置	発生した公害問題および環境問題の根源を除去政府による規制		企業自らのリスクマネジメントおよび自発的な行動

出所：筆者作成。

を保ちながら，エネルギー政策をどう展開していくかも重要な鍵となっている。

(2) 求められる企業の対応

　上述のように，日本における企業活動による環境問題の歴史は，経済成長の過程で発生した多くの公害問題による自然および健康被害が主であった。その克服については，いわゆる'end of pipe'型の対応であったと言える。つまり，工場から排水や粉じん，ばい煙の形で出る化学物質や汚染物質をいかにふたをして封じ込めるかといった，すでに起きたことに対する対応であった。日本政府は，汚染防止に関わる規制を敷いて対処し，企業も規制や法令遵守に努めるといった形で対策を講じてきた。

　しかし，近年，取り上げられている地球環境問題は，被害が国内の一地域に限定されるものだけではなく，気候変動のように地球全体に被害が及ぶものであったり，あるいは，取り戻すことのできない自然環境の破壊が，未来の子孫にも影響を及ぼしたりすることがある。そのため，肝要なのは，企業が環境破壊や事故を起こした場合，その対策を迅速に行うことはいうまでもなく，あらかじめ対策を立て，環境に配慮した企業活動をプロアクティブに行うという姿勢である。

3 環境問題と資本概念の拡張

(1) 環境問題と資本概念

今日,資本主義経済を根幹とする社会にあっても,企業はその資金の提供者である株主や投資家にだけ目を向けるのではなく,従業員や消費者,取引先,地域等,さまざまな利害関係者を配慮して経営活動を行うべきであるといったステークホルダー経営理論が一般的になってきている。

また,金融資本の概念を拡張し,自然資本も含めた新しい資本概念も提唱されている[7]。企業の生産活動に必要な資本(資源)である,いわゆる「ヒト」「モノ」「カネ」に加えて,ホーケンおよびロビンス(2001)は,「自然資本」を新たな資本概念として提唱している(図表17-2)。すなわち,私たちが行う経済活動においては何らかの形で自然の恩恵を受けており,自然資本なくしては経済活動は成り立たないことを明示している。

また,自然資本の保護および国際基準策定をめざす,NCC(Natural Capital Coalition:自然資本連合)は,「自然資本プロトコル」を2016年に策定している。これは,企業が生態系などの自然資本への直接的・間接的影響や依存度を計測,評価できるよう測定方法等を標準化したものである。資本主義概念のもとでは,企業活動による環境破壊は「外部不経済」として捉えられてきた。このプロトコルでは,従来の損益計算書では表されない環境に及ぼす影響を,「外部性」とはみなさずに「内部化」する。また,「財務会計では価値評価とは貨幣換算(マネタイゼーション)することを指すが,このプロトコルでは単なる貨幣換算ではなく,定性的,定量的,金銭的アプローチ,もしくはこれらの組み合わせを価値評価とする」[8]としている。これまでの資本主義経済および資本概念の

図表17-2　4つの資本概念

1. 人的資本:労働や知識,文化,組織の形態をとっている。
2. 金融資本:現金,株式,金融証券から成り立っている。
3. 製造資本:インフラ(社会的基盤となる)施設を含めた,機械,道具,工場など。
4. 自然資本:資源,生命システム,生態系のサービスなどから成り立っている。

出所:ホーケン,ロビンス(2007),28-29頁をもとに筆者作成。

図表17－3　IIRCによる6つの資本概念

①財務資本（Financial capital）
②製造資本（Manufactured capital）
③知的資本（Intellectual capital）
④人的資本（Human capital）
⑤社会・関係資本（Social and relationship capital）
⑥自然資本（Natural capital）

出所：IIRC 'Capitals Background Paper for〈IR〉' 2013, p.3の一部をもとに筆者作成。
https://integratedreporting.org/wp-content/uploads/2013/03/IR-Background-Paper-Capitals.pdf（2018年2月1日アクセス）。

もとでは考慮されてこなかった「自然資本」を，企業活動の測定・評価に取り込むことになれば，証券市場にも影響を与えることになると考えられる。

(2) 統合報告書における資本概念

　企業の財務情報と非財務情報を合わせて報告する統合報告書は，2010年に英国で設立されたIIRC（The International Integrated Reporting Council: 国際統合報告評議会）によって，その普及が図られている。

　IIRCは，資本概念として，前述のホーケン，ロビンスが掲げた「自然資本」に加えて，「知的資本」「社会・関係資本」も含めた次の6つを掲示している。IIRCは，これらの資本が組織活動を通じて増減し，その結果，財務的・社会的価値創造をもたらすとしている。また，この6つの資本がどのように価値創造を行うのかを報告するのが統合報告であるとしている[9]。

　日経ヴェリタスのアンケート調査によれば[10]，機関投資家の評価が高かった統合報告書（2017年版）を発行している企業にオムロンがあげられている。高評価の理由には，「ESGが企業価値の向上に結び付く意義が明解」とあり，IIRCが述べている社会価値創造が投資家に評価されていることがうかがえる。

　以上のように現代の資本概念および資本市場は，従来の「資本＝貨幣価値」という概念だけではもはや捉えきれず，資本概念の拡張によって，企業のさまざまなステークホルダーも視野に入れた市場形成が構築されるべき時に来ている。

4 証券市場とESG投資

　国連は，2006年に，短期主義的な利益偏重から長期的視点に立った投資で，持続可能な社会を実現していくことを目的に，環境・社会・ガバナンス（ESG）を投資の意思決定プロセスに組み入れることを投資家等に促す「責任投資原則（PRI）」を公表した。責任投資原則は主に6つの原則から成る（**図表17－4**）。

　また，ESG投資にはさまざまな形態があるが，ESG投資の普及を目指すGSIA（Global Sustainable Investment Alliance）は，次のように分類している。

　先のPRIの6原則に賛同し署名した金融機関は，冒頭に述べた20機関から，現在，1,928機関と2,000機関近くにのぼり10年間超で飛躍的に増加している。内訳は，アセットオーナーが369機関，運用機関（Investment Manager）が1,316機関，サービスプロバイダーが243機関となっている（2018年2月20日現在）。日本でも，2015年にGPIF（年金積立金管理運用独立行政法人）がPRIに署名したことを受け，欧米諸国に遅れながらもようやくESG投資の機運が高まってきた。

　一方で，GRIは署名機関に対して，2016年の年次総会で，保有・運用ポリシーを適用できていない場合は除名すると発表した。2018年1月には署名機関に（アセットオーナーおよび運用会社）対し，最低履行要件を公表した。履行要件は，以下の3点である[11]。

①運用資産総額の50％を超える運用をカバーする責任投資ポリシーの制定。
②ポリシー実行に際し，内部の従業員や運用委託先等の外部関係者に対しポリシーの実施を求める。
③ESG投資の実行に対し経営陣のコミットメントと説明責任メカニズムを求め，責任投資ポリシーを確実に実行されることを経営陣が責任を持つガバナンスやマネジメント体制を構築する。

　この履行要件により，ブームに乗り遅れないためにと署名した機関や署名したものの，原則にのっとった運用ができていなかった機関は淘汰されることになる。

図表17-4 責任投資原則の概要

1. 私たちは投資分析と意思決定のプロセスにESG課題を組み込みます
2. 私たちは活動的な所有者となり，所有方針と所有習慣にESG問題を組み入れます
3. 私たちは投資対象の企業に対してESG課題についての適切な開示を求めます
4. 私たちは，資産運用業界において本原則が受け入れられ，実行に移されるよう働きかけを行います
5. 私たちは，本原則を実行する際の効果を高めるために，協働します
6. 私たちは，本原則の実行に関する活動状況や進捗状況に関して報告します

出所：PRIホームページ https://www.unpri.org/about，日本語訳文，環境省ホームページ https://www.env.go.jp/council/02policy/y0211-04/ref01.pdf（2018年2月1日アクセス）。

図表17-5 GSIAによるESG投資の分類

Negative/exclusionary screening ネガティブスクリーニング	・特定の事業分野や事業活動（武器・ギャンブルなど）を行っている企業を投資対象から外す
Positive/best-in-class screening ポジティブスクリーニングおよびベスト・イン・クラス	・同業種の中でESG関連評価の高い企業に投資する
Norms-based screening 規範ベースのスクリーニング	・国際基準に基づいてそれをクリアしていない企業は投資対象から外す
ESG integration ESGインテグレーション	・従来考慮してきた財務情報に加えて，ESG情報も併せて分析し投資する
Sustainability themed investing サステナビリティテーマ投資	・自然エネルギー，環境技術，持続可能な農業といったサステナビリティに関わるテーマや企業に投資する
Impact/community investing インパクトおよびコミュニティ投資	・社会・環境問題解決を目的とした投資 ・地域の社会や環境問題解決を目指す投資
Corporate engagement and shareholder action エンゲージメントおよび議決権行使	・ESGに関連することで，議決権行使やシニアマネジメントとの対話など株主の権利を利用し，企業に影響を与える投資行動

出所：みずほ総合研究所株式会社投資運用コンサルティング部「注目集まるESG投資」『年金コンサルティングニュース 2017.7』をもとに筆者作成。
https://www.mizuho-ri.co.jp/publication/sl_info/pension/pdf/pension_news201707.pdf（2018年2月1日アクセス）。

原出所：GSIA 'Global Sustainable Investment Review 2016'
http://www.gsi-alliance.org/wp-content/uploads/2017/03/GSIR_Review2016.F.pdf（2018年2月1日アクセス）。

5 ESG投資が定着する要件

 すでに述べたとおり，ESG投資は各国で盛況を見せている。しかし，この投資手法が一過性のブームではなく，今後も証券市場で定着していくためには何が必要か。ここでは，3つの側面から定着の要件を提示する。

(1) ESGに関する企業情報の開示

 ESG投資が行われる際には，投資の判断に必要な企業の財務情報だけでなく，ESGの3要素に関わる情報も必要となる。日本ではCSR報告書や環境報告書，サステナビリティレポートなどにおいて，非財務情報に関わる内容が報告されており，それらの報告書の作成・発行自体は徐々に増加してきた。環境省の「環境にやさしい企業行動調査結果」では，平成15年度から平成23年度にかけては，上場企業の環境情報に関する作成・公表数は毎年増加しており，平成15年度の478社から平成23年度には565社となっている。同調査は平成24年度から調査方法が変更になったが，最新版（平成28年度）のデータによれば[12]，回答企業のうち上場企業の59.9％が環境報告書等を作成・公表しているとの結果となっている。また，統合報告書（IR：Integrated Report）で見てみると，KPMGの調査では，2010年以降，毎年作成企業数が増えており，2016年の発行企業数は前年比59社増の279社となっている（図表17-6参照）[13]。さらに，ディスクロージャー&IR総合研究所の調査によれば，2017年12月末時点では400社超の企業が統合報告書を発行しているとの調査結果が出ている[14]。
 このようにESGに関連する日本企業の情報開示は増加傾向にあるが，すべての上場企業が情報を開示しているわけではない。すなわち，日本では，財務情報のように非財務情報の開示が義務付けられてはいない。
 一方，欧州委員会は2003年に，域内の企業に国際会計基準（IFRS）の導入とあわせて，年次報告書に環境や社会に関する情報を盛り込むよう求めている。また，英国では，2006年の会社法で取締役の説明責任が明確化され，その内容の中には，「会社の事業が環境に及ぼす影響等の環境問題に関する情報」や「社会・地域問題に関する情報」が含まれており，取締役報告書（Director's Report）の事業概況の部（Business Review）で情報開示することが求められている[15]。南アフリカのヨハネスブルク証券取引所でも，2010年3月1日以降

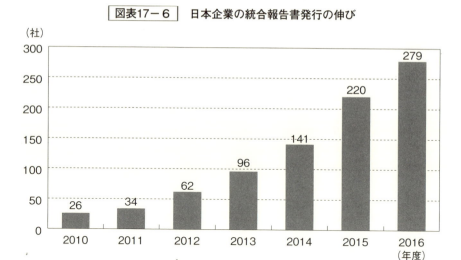

図表17-6　日本企業の統合報告書発行の伸び

注：2016年度の279社のうち，東証1部上場は94％となっている。
出所：KPMG「未来を拓くコーポレートコミュニケーション 第24回 日本企業の統合報告書に関する調査2016」3頁のデータをもとに筆者作成。
https://assets.kpmg.com/content/dam/kpmg/jp/pdf/jp-integrated-reporting-20170515.pdf（2018年2月1日アクセス）。

に開始する年度から，上場している企業に統合報告の適用を求めており，適用しない場合はその理由の開示が求められている。

　ESG投資を市場に浸透，定着させていくためには非財務情報に関わる情報開示を企業に義務付けていくことが肝要であり，また，財務情報の信憑性を第三者機関によって監査するのと同様に，非財務情報にもそうした対応が望まれる。

　また，企業が開示する環境データが正しいものかどうかを国際的な機関が認定する仕組みも始動している。「SBT（Science Based Target）」は，WWF（World Wide Fund for Nature）やCDP（Climate Disclosure Project）などの国際機関が，企業の提出する温室効果ガスの削減目標を審査し，妥当であればSBT認定を与えるシステムであり，機関投資家にも注目されている[16]。今後，温室効果ガスだけでなく，化学物質削減や水資源に関わるデータ・目標値などについてもこうした科学的観点からの調査・認定が広まれば，投資家が企業を判断する際の材料にもなりうる。

(2) 対話型ガバナンス

2014年2月に，アベノミクスの成長戦略の一環として導入された日本版スチュワードシップ・コードでは，企業と投資家が持続的な企業価値向上という共通の目的を果たすために「対話」が必要であると述べられている[17]。かつては「もの言う株主」と揶揄し，対話を避けてきた外国人機関投資家を始めとする投資家と，日本企業は対峙し，共に成長に向けた対話をしなくてはならない時代に入った。

こうした投資家による対話型のエンゲージメントは，企業の長期的価値創造という文脈において，経済的価値の創造のみならず社会的価値の創造においても重要である。野村（2017；2018）では，ESGの視点で株主や投資家との対話を実践することで，短期主義的な利益を求める経営や投資スタイルから脱却し，長期的な成長を望むことができる「サステナビリティ・ガバナンス」と呼ばれるガバナンス機能が市場で働くことを示唆している。

前述の日経ヴェリタスの調査では，機関投資家の高評価を得た統合報告書として1位を獲得した丸井グループは，統合報告書の作成が投資家との対話力アップにつながったと述べている。企業自身もこうしたESGに関する投資家との対話が必要であること，また，対話のツールとして統合報告書といった非財務情報のデータのとりまとめが有効であることを示している。

(3) SDGsとの企業活動の統合

前述のようにESG投資が浸透するようになってきた要因としてSDGsの存在があると考えられる。SDGsは持続可能な開発のための地球規模での優先課題であり，2030年までという期限つきの目標であるが，今日の企業にとっては，この目標を経営戦略に落とし込むことが重要となる。SDGsコンパスでは，企業がSDGsを利用するメリットとして**図表17－7**を掲げている。

今後，市場側は，こうした企業のメリットについてその成果を認識，評価することが必要となる。また，これ以外にも，企業がSDGsの達成に投資することで，「ルールに基づく市場」，「透明な金融システム」が構築され，腐敗がなくよくガバナンスされた組織構築につながり，ビジネスの成功に寄与するといったことも，メリットとしてあげられている。このことから，企業がSDGsと経営活動を統合させることで，市場にも大きく影響が及ぶことが推測される。

図表17−7　企業がSDGsに取り組むメリット

将来のビジネスチャンスの見極め	SDGsの各目標に公的ないし民間投資の流れを転換することが意図されている→革新的ソリューション・抜本的な変革を進める企業にとっては市場拡大のチャンス
企業の持続可能性に関わる価値向上	環境コストなどの外部性の内部化に伴い，より効率的な資源の利用，より持続可能な代替策への転換によって経済的なインセンティブが強化
ステークホルダーとの関係性の強化，新たな政策課題との同調	SDGsと経営上の課題を統合させることにより，顧客，従業員その他のステークホルダーとの協働が強化。統合させない企業は法的・レピュテーションに関するリスク増
共通言語の使用と目的の共有	SDGsによって提供される共通行動・言語の枠組みは，ステークホルダーとの意見交換に有効

出所：GRI, UN Global Compact and WBCSD 'SDGs Compass' 2015. https://sdgcompass.org/，GRI，国連グローバル・コンパクト，WBCSD「SDGsの企業行動指針―SDGsを企業はどう活用するか―」外務省抄訳，4頁をもとに筆者作成。
https://sdgcompass.org/wp-content/uploads/2016/04/SDG_Compass_Japanese.pdf（2018年2月11日アクセス）。

　先の日経ヴェリタス調査では，「SDGsとグループが目指す社会と共有できる価値（CSV）をうまく融合している」として，キリンホールディングスの統合報告書が機関投資家に高く評価されているが，実際にこのような形で上記のメリットが体現されていることがわかる。

　最後に，これまで述べた統合報告書作成および対話型ガバナンス，SDGsが相互に作用しESG投資において有効であることを図示する（図表17−8）。

図表17−8　ESG投資を定着させる3つの要素の相関関係

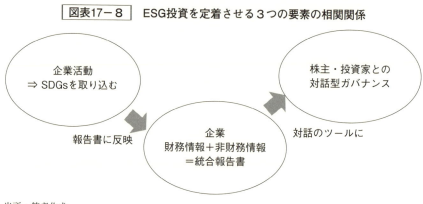

出所：筆者作成。

6 おわりに

　2017年終わりから2018年初めにかけて，東京株式市場は，長く続いた景気低迷を打破して日経平均株価の最高値を更新したとの報道で沸いた[18]。しかし，その後すぐに，米国経済の不安定な動向や自動取引の影響によるニューヨーク証券取引所の急激な株価下落の連鎖反応で，日経平均株価も大幅な下落を示した[19]。こうした証券市場の動きは，世界中のさまざまな政治的不安，社会問題と相まって，先行きの不透明さを示している。
　一方で，本章でも述べたSDGsや，企業評価の新たな尺度，これまで見られなかった市場における対話といった動きは，市場のみならず社会も転換していく動きであると期待される。それは，資本概念の認識の変化からも読み取れる。また，かつては多くの環境問題を引き起こし，市民や社会に大きな負の影響を与えてきた企業活動も，より社会や地球に配慮したものへと未来型の思考と行動を取ることが必要である。不安定な様相を呈する市場や社会を持続可能な社会に転換していくためにも，ESG投資自身の持続可能性を図りながら市場に定着させていくことが望まれる。

注

1　17の目標は次のとおりである。①貧困をなくそう，②飢餓をゼロに，③すべての人に健康と福祉を，④質の高い教育をみんなに，⑤ジェンダー平等を実現しよう，⑥安全な水とトイレを世界中に，⑦エネルギーをみんなに，そしてクリーンに，⑧働きがいも，経済成長も，⑨産業と技術革新の基盤をつくろう，⑩人や国の不平等をなくそう，⑪住み続けられるまちづくりを，⑫つくる責任，つかう責任，⑬気候変動に具体的な対策を，⑭海の豊かさを守ろう，⑮陸の豊かさを守ろう，⑯平和と公正をすべての人に，⑰パートナーシップで目標を達成しよう（国際連合広報センター：
http://www.unic.or.jp/activities/economic_social_development/sustainable_development/2030agenda/　2018年2月1日アクセス）。
2　飢餓・貧困撲滅を目的に活動しているイギリスを本拠地とする国際協力団体のオックスファム（Oxfam）は，2015年1月に，全世界の人口の最富裕層の1％が世界にある資産の48％を占めているとの調査結果を報告した。https://d1tn3vj7xz9fdh.cloudfront.net/s3fs-public/file_attachments/ib-wealth-having-all-wanting-more-190115-en.pdf（2018年2月15日アクセス）。

3　SDGsの原文は国連の下記のサイトよりアクセス可能。http://www.un.org/ga/search/view_doc.asp?symbol=A/70/L.1&Lang=E
　　また，外務省による「我々の世界を変革する：持続可能な開発のための2030アジェンダ」でも日本語の仮訳が閲覧可能。
　　http://www.mofa.go.jp/mofaj/files/000101402.pdf
4　SDGコンパスは，GRI（Global Reporting Initiative），国連グローバル・コンパクト，WBCSD（World Business Council for Sustainable Development：持続可能な発展のための世界経済人会議）の共同によって作成されている。
　　SDG Compass HP：https://sdgcompass.org/（2018年2月1日アクセス）。日本語版は下記のサイトで閲覧可能。
　　「SDGsの企業行動指針―SDGsを企業はどう活用するか―」https://sdgcompass.org/wp-content/uploads/2016/04/SDG_Compass_Japanese.pdf
5　『日本経済新聞』2017年1月11日付朝刊。
6　下川（2013）まえがき。
7　野村（2018）「環境・社会問題から見た証券市場の変容と企業財務」『経営論集　第65巻　第1号　坂本恒夫退職記念号』明治大学経営学研究所に詳述。
8　Natural Capital Coalition『自然資本プロトコル』3ページ。NCCのホームページからプロトコルのダウンロードが可能。http://naturalcapitalcoalition.org/
9　IIRC 'Capitals Background Paper for 〈IR〉'
　　https://integratedreporting.org/wp-content/uploads/2013/03/IR-Background-Paper-Capitals.pdf（2018年2月15日アクセス）
10　『日経ヴェリタス』2018年2月11日号。17の保険，銀行，運用会社などの機関投資家に2017年版の統合報告書を対象としてアンケート調査を行っている。
11　Sustainable Japanホームページ。https://sustainablejapan.jp/2018/01/11/pri-minimum-requirements/30026（2018年2月11日アクセス）
12　環境省「平成28年度環境にやさしい企業行動調査（平成27年度における取組に関する調査結果）業務　詳細版」（平成29年3月）。
　　http://www.env.go.jp/policy/j-hiroba/kigyo/h27/full.pdf（2018年2月15日アクセス）平成28年10月28日〜12月28日に行われたアンケート調査。平成23年度までは，対象企業の全数調査が行われていたが，平成24年度から標本調査に変更されている。有効回答数は，上場企業593社（回収率53.7％），非上場企業1,364社（回収率43.0％）で計1,903社（45.6％）となっている。
13　KPMG「未来を拓くコーポレートコミュニケーション　第24回 日本企業の統合報告書に関する調査2016」（2018年2月15日アクセス）。
　　https://assets.kpmg.com/content/dam/kpmg/jp/pdf/jp-integrated-reporting-20170515.pdf
14　『日本経済新聞』2017年10月26日付朝刊。
15　塩瀬恵「統合報告書への発展プロセス―英国における『営業・財務概況』の情報範囲の変遷から」『テクニカルセンター　会計情報 Vol.445 / 2013.9』。
16　『日本経済新聞』2018年1月19日付朝刊。
17　金融庁「『責任ある投資家』の諸原則《日本版スチュワードシップ・コード》〜

投資家と対話を通じて企業の持続的成長を促すために～」スチュワードシップ・コードに関する有識者検討会　平成26年2月26日。
http://www.fsa.go.jp/news/25/singi/20140227-2/04.pdf（2018年2月1日アクセス）。なお改訂版（平成29年5月29日）は下記で閲覧可能。
http://www.fsa.go.jp/news/29/singi/20170529/01.pdf（2018年2月1日アクセス）。

18　2017年11月7日，東京株式市場は，バブル崩壊後に株価が回復した時の戻り高値（1996年6月23日，2万2,666円）を上回った（『日本経済新聞』2017年11月7日付夕刊）。また，2018年1月4日の大発会では26年ぶりに2万3,500円台を回復した（『日本経済新聞』2018年1月4日付夕刊）。

19　2018年2月6日，日経平均株価は前日比で1,600円強の下落となり，世界的にも株価急落が目立った（『日本経済新聞』2018年2月7日付朝刊）。

参考文献

[著書]

足達英一郎・村上芽・橋爪麻紀子（2016）『投資家と企業のためのESG読本』日経BP社。

下川耿史編（2013）『環境史年表　1868-1926　明治・大正編』河出書房新社。

下川耿史編（2014）『環境史年表　1926-2000　昭和・平成編』河出書房新社。

ポール・ホーケン，エイモリ・B・ロビンス，L・ハンター・ロビンス著，佐和隆光監訳，小幡すぎ子訳（2001）『自然資本の経済―「成長の限界」を突破する新産業革命』日本経済新聞社。

[論文]

KPMG（2017）「未来を拓くコーポレートコミュニケーション　第24回　日本企業の統合報告書に関する調査2016」『KPMG Insight』Vol.24。
https://assets.kpmg.com/content/dam/kpmg/jp/pdf/jp-integrated-reporting-20170515.pdf

野村佐智代（2017）「地球環境問題解決のための財務・金融市場―サステナビリティ・ガバナンスの視点とともに―」博士論文（明治大学大学院）。

野村佐智代（2018）「環境・社会問題から見た証券市場の変容と企業財務」『経営論集　第65巻　第1号　坂本恒夫退職記念号』明治大学経営学研究所。

[新聞]

「投資×ミライ　統合報告書を読もう」『日経ヴェリタス』2018年2月11日号。

[その他]

GRI, UN Global Compact and WBCSD 'SDGs Compass' 2015. https://sdgcompass.org/

GRI，国連グローバル・コンパクト，WBCSD「SDGsの企業行動指針―SDGsを企業はどう活用するか―」外務省抄訳 https://sdgcompass.org/wp-content/uploads/2016/04/SDG_Compass_Japanese.pdf

第18章

フィンテックと証券業界

1 はじめに

　フィンテック（Fintech：financial technology）は，先進的な情報通信技術（ICT：Information and Communication Technology）を活用した新しい金融サービスの潮流であり，金融機関自身が新しいテクノロジーを適用した金融サービスを提供するだけでなく，ベンチャー企業含むさまざまな事業者が革新的な金融サービスを開発・提供している。このような動きの中で，AIを活用したレンディングサービスや，インターネットを活用して広く資金調達を行うクラウドファンディングなど，従来にない資金供給のしくみが提供されている。では，フィンテックは一過性のブームなのだろうか。かつて，革新的な金融商品の1つとして，リーマン・ショックを引き起こした一因とも言われているサブプライムローンとの比較例を用いて考察を行う（**図表18－1**）。

　サブプライムローンは，住宅を担保として，信用力が低い個人に高利で貸付を行うと同時に，その債権を小口証券化し，世界中の銀行やヘッジファンドを通じて広く販売することで，リスク分散をしながら多額の資金調達を行った金融商品である。一方，先進的な技術であるAIを活用したローン商品は，個人の詳細なプロファイルや各種取引データをもとに個人の信用力（＝支払い能力）をAIが分析し，従来の審査モデルと比較して高い予測精度を実現し，貸付を行うものである。どちらも，対象となるマーケットを広げるため，従来の標準的な融資基準を満たせない顧客も対象とするローン商品という観点では同じタイプの商品であると言える。しかし，サブプライムローンの信用の根源は担保対象となる住宅の価値にあり，顧客の支払い能力そのものではない。そのため，住宅バブルが崩壊すると担保住宅を転売し回収する予定であった債権が回収不能となり，サブプライム問題が顕在化した。一方，AIを活用したローン商品は，

図表18−1　サブプライムローンとAIを活用したローン商品の比較

	サブプライムローン	AIを活用したローン商品
審査方法	個人の所得水準やクレジットスコアなどの標準的なデータを用いて審査されたが，その審査基準は緩く，高い金利設定が行われた。担保対象となる住宅の価値が主な評価対象。	個人の所得水準やクレジットスコアなどに加えて，詳細なプロファイルや各種取引データをもとにAIが個人の支払い能力を分析。AIの予測値を参考に，人が条件や金額を調整し，最終決定する。
信用の根源	担保となる購入対象住宅の価値	顧客個人のデータ

出所：筆者作成。

顧客個人のデータが信用の根源となっている。AIを活用し，人がチェックできなかった詳細データを分析することで，個人の支払い能力の予測精度が向上する。そのため，金融機関は個人の支払い能力に応じて条件や金額を調整し，リスクを低減しながら，必要な資金を貸し付けることができる。このように最新の技術と大量のデータを活用しながら，金融商品の組成方法を抜本的に変えていくことが，フィンテックの1つの目的となっている。

2　フィンテックの動向

　従来から金融業界は装置産業とも言われ，ICTに大きく依存しながら，業務の高度化と合理化を進めてきた。そして，継続的に新しいテクノロジーを活用した金融サービスの開発と提供を行っている。次に，今までの新しいテクノロジーを活用したサービスとフィンテックの違いは何なのか，その違いについて整理する。

(1)　インターネットの普及と日本版金融ビッグバン（1990年代後半〜）
　　―金融機関が提供する新しい金融サービスとベンチャー企業や異業種からの新規参入

　1996年から「日本版金融ビッグバン」といわれる大規模な金融改革が行われ，証券業界では1999年に株式委託売買手数料完全自由化が行われると，当時，家庭に普及していたパソコンとインターネットを利用したオンライントレードサービスの提供が始まった。オンライントレードは，証券会社の窓口や営業担当者を通じて行う取引より，安い手数料で取引できるため，個人の利用が増え，

オンライン口座数が飛躍的に伸びた。多くのネット専業証券会社（以下，ネット証券）が誕生し，ベンチャー企業や異業種からの新規参入が相次いだ。ネット証券は，店舗や対面取引を行う営業員を持たないため，既存証券会社より安いコストでサービス提供し，個人顧客を獲得していった。さらに，携帯電話からインターネットへの接続が可能になると，オンライントレードはモバイルプラットフォームを通じて「いつでも，どこでも」利用することができるようになった。このようにオンライントレードは高い利便性と安い手数料によって個人利用を拡大してきた。

(2) ICカードの普及と決済サービスの多様化（2000年代〜）
　—金融機関以外の事業者が提供する新しい金融サービスと付加価値サービス

　磁気ストライプを使用したクレジットカードやキャッシュカードの偽造による不正利用被害が増加し，その対策として，金融業界では2001年からセキュリティ機能が備わった接触ICカードへの切り替えが進められた。さらに指静脈などの生体情報を活用した本人認証機能も提供され，セキュリティ強化が図られた。

　一方，同じ時期に非接触ICカードを利用した電子マネーも登場し，さまざまな電子マネーサービスが提供された。小銭を用意することなく，レジでカードをかざすと簡単に支払いができるため，電子マネーは駅やコンビニなどを中心に広く利用されるようになった。電子マネーは数百円〜数万円の少額決済を対象とした金融サービスの１つであるが，交通機関や流通企業などすでに独自の顧客基盤を持つ金融機関以外の事業者が電子マネー事業者としてサービス提供していることが特徴である。電子マネー事業者は自社の顧客基盤を強みとし，複数事業者間の送客やカード利用率の向上などを目的に，他事業者と連携してポイントと電子マネーの交換機能などの付加価値サービス開発も積極的に行った。さらに，非接触ICチップを搭載した携帯電話が登場すると，１台の携帯電話上に，電子マネーやクレジット，ポイントカード，各種会員証，乗車券，航空券といった複数のサービスが相乗りできるなど，日本独自の技術を活用した新しいビジネスモデルが次々と誕生し，日本特有のサービスが進化した。

(3) モバイルデバイスやビッグデータ，人工知能（AI）などの先進的な技術を駆使した金融サービスの提供（2010年代〜）
―ベンチャー企業が提供する新しい金融サービスと金融機関との連携

　金融ビッグバンや景気低迷の影響を受け，日本では次々と金融機関の合併，グループの再編が行われ，金融機関はシステムや店舗の統廃合，経営の合理化に注力した。その間，金融商品やサービスの強化を目的としたICTへの積極的な投資は控えられ，顧客サービスの改善や新しい金融サービスの開発が停滞した。一方，アメリカやヨーロッパでは，モバイルデバイスやビッグデータ，人

図表18−2　従来の新しいテクノロジーを活用した新サービスとフィンテックの違い

時期	区分	新しいテクノロジー		提供サービス	特徴
1990年代後半〜	従来の新しいテクノロジーを活用した新サービス	・インターネット ・パソコン ・携帯電話		・ネットバンキング ・オンライントレード ・ネット保険 ・アカウントアグリゲーション ・EC決済	▶金融機関が新技術に対応したサービスを提供 ▶ベンチャー企業や異業種からの新規参入
2000年代〜				＜接触IC＞ ・ICクレジット決済 ・ICキャッシュ生体認証 ＜非接触IC＞ ・電子マネー・ポイント ・ICチップ搭載携帯電話サービス	▶顧客基盤を持つ異業種が，金融サービスを提供 ▶企業間連携による付加価値サービスの開発 ▶日本独自技術で国内ビジネスモデルを構築
2010年代〜	フィンテック	・IC（接触・非接触） ・生体認証	・クラウド ・ビッグデータ ・モバイルデバイス ・AI ・ブロックチェーン ・IoT など	・PFM ・ロボ・アドバイザー ・モバイルウォレット ・モバイルPOS ・仮想通貨 ・ソーシャルレンディング ・クラウドファンディング　など	▶先進的なICTを活用した金融サービスを提供 ▶ベンチャー企業と既存金融機関との連携 ▶グローバル規模の新サービス開発とビジネスモデル構築

出所：筆者作成。

工知能（AI）などの先進的な技術を活用した金融サービスを提供するフィンテック関連のベンチャー企業が数多く誕生し，ベンチャーキャピタルなどから資金提供を受けながら，実用化とグローバル規模での事業拡大を進めてきた。再編や経営の安定化にめどがついた日本の金融機関は，先行海外金融機関にキャッチアップし，革新的な金融サービスを提供すべく，2015年頃より自社内もしくは国内外のベンチャー企業と連携したサービス開発に取り組み始めた。サービス対象は，決済・送金，融資・資金調達，投資・資産管理などあらゆる金融業務領域におよび，既存金融サービスの効率化や付加価値向上を図る新しいサービスが次々と開発されている（**図表18－2**）。

3 証券業界におけるフィンテックへの取り組み

証券業界においてもさまざまなフィンテックへの取り組みが行われている。いくつか主なサービスの概要を説明する。

(1) モバイルデバイス

スマートフォンやタブレットなどのモバイルデバイスは，2010年以降導入する金融機関が増え続け，「2016年度時点で約6割の金融機関がモバイルデバイスを業務に活用している」[1]。多くの金融機関は，ディスプレイが大きく，扱える情報量が多いタブレットを導入している。タブレットは主に対面での顧客プレゼンテーションツールとして利用されており，営業員が画面上に金利や為替，株価などの最新のマーケット情報や資産運用のシミュレーション結果を表示し，顧客に対して市場動向や金融商品の説明を行う。さらに，手続き用紙をタブレットに変更し，商品売買などの各種契約手続きを電子化することで，今までバックオフィスで行っていたデータ入力などの事務オペレーションの削減とペーパーレス化が可能となる。また，ネットワーク環境が整えば，タブレット上でWeb会議機能を使ってコールセンターへ接続し，専門的な商品知識を持ったスペシャリストによる詳しい商品説明やコンサルティングサービスの提供も可能である（**図表18－3**）。

株式や投資信託商品は，元本割れの可能性を含むリスク商品であり，手数料体系や手続きが複雑であるため，営業員は多くの商品知識と高い営業スキルを必要とする。金融機関はタブレットを活用し，営業員が商品説明や顧客の取引

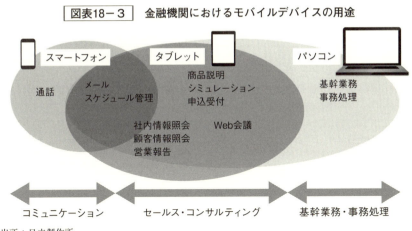

図表18-3 金融機関におけるモバイルデバイスの用途

出所：日立製作所。

意向確認にもれなく対応できるようナビゲートするユーザーインターフェース（UI: User Interface）を提供し，経験が少ない担当者を含む多くの営業員が効率的・効果的な営業活動を行えるしくみを提供している。また，タブレットでの取扱いが難しい印鑑を使用した手続きは，電子サインなどの代替手段によりデジタル化し，処理の効率化を推進している事例もある。このようにタブレットなどのモバイルデバイスへの対応はシステム導入コストを低減するだけでなく，オペレーションの汎用化・デジタル化により，だれもが使いやすいしくみを実現している。一方，システムコストの低減やオペレーションの汎用化・デジタル化は，今後セールス業務の外部委託や新たな事業者の参入を促すだけでなく，リアルとネットで提供するサービスの共通化を進め，ユーザーはどこにいても金融機関の営業店で提供される対面サービスと同等なサービスを利用できるようになるだろう（図表18-4）。

(2) ビッグデータ・人工知能（AI）

現在，第3次人工知能（AI: Artificial Intelligence）ブームと言われ，AIの活用がさかんに行われている。その背景には，モバイルデバイスの普及により処理データが急増し，その大量データ「ビッグデータ」を使ってAI自身が知識を獲得する「機械学習」の実用化や，知識を定義する要素（特徴量）をAIが自ら習得する「ディープラーニング」が登場したことがある。そのAIを活

図表18-4　金融取引に関わるオペレーションの変化（アナログ処理からデジタル処理へ）

従来
- 営業店端末など専用デバイスによるオペレーション
- 現金，印鑑，帳票など現物を扱うアナログ処理

↓

- 高いシステム導入コスト
- 金融機関固有のオペレーション
- 手間と時間のかかるアナログ処理

今後
- タブレットなどモバイルデバイスによるオペレーション
- 現金レス，印鑑レス，ペーパーレスなど現物を扱わないデジタル処理

↓

- システム導入コストの低減
- ユーザーインターフェースの改善や手続きの見直しによるオペレーションの汎用化
- デジタル化による処理のスピードアップ

出所：筆者作成。

用した金融サービスの1つとしてロボ・アドバイザーがある。ロボ・アドバイザーはAIを使い，さまざまな金融商品の中から顧客のニーズにあった最適なポートフォリオプランを作成する。そして，顧客が決定したポートフォリオプランにもとづき自動運用を実行する。さらに，経済変動をみながら定期的なポートフォリオの組み換えも行う。このように運用を自動化することでコスト低減が図れるため，預かり資産1.0％／年程度の安価な手数料でサービスを提供できる。また，投資経験がない人や若年層は少ない投資金額から資産運用を始めることができる。広義なロボ・アドバイザーには，顧客ニーズにもとづいたモデルポートフォリオのみを作成し，すでにあるパッケージ商品へ誘導する投資アドバイス型のものもある（図表18-5）。さらに，メッセンジャーやチャットとAIを組み合わせ，ネット上でも会話しているかのような高度なコミュニケーションを実現するチャットボットサービスもある。AIを活用することでサービスの効率化を図り，今まで金融機関がアドバイザーを通じて特定の顧客だけに提供してきた相談サービスを，だれでも簡単に利用できるようになった。これらのサービスが普及することにより，資産運用に関心を持つ個人顧客の裾野を広げ，貯蓄中心の個人マネーが投資へシフトすることを期待されている。

(3) ブロックチェーン/分散型台帳技術

最近大きく注目されているブロックチェーン/分散型台帳技術は，もともとビットコインなどの仮想通貨を支えるプラットフォームであるが，現在さまざ

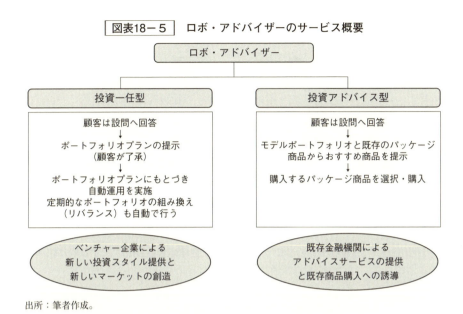

出所：筆者作成。

まな業界で仮想通貨以外での活用検討が行われている。

　ブロックチェーン活用システムでは，ブロックチェーンネットワーク参加者が検証・承認した取引データをそれぞれの分散元帳に記録し，参加者間でデータを共有することで取引が成立する。取引データには電子署名が付与され，データの改ざんや偽造を防ぎ，安全な取引を実現する。さらに，すべての取引履歴がオープンに参照できるため，不正取引が実質上不可能となり，資金洗浄やテロ資金対策にも有効である。従来のシステムでは，信頼できる第三者（中央管理者）が取引データを集中管理しているが，ブロックチェーン活用システムでは，参加者間で電子署名により改ざんが不可能な取引データを分散管理するため，中央管理者や仲介者が不要となる。これにより，従来中央システムと各システム間で行われていたデータの確認・照合作業が削減でき，事務コストや仲介手数料の低減が見込める（**図表18－6**）。

　ブロックチェーン/分散型台帳技術については，世界中で実用化に向けた技術検証と改善が行われ，実証実験を通じて活用ノウハウが蓄積されつつある。証券業界でも，ブロックチェーン/分散型台帳技術の適用業務の検討や，技術評価と課題の抽出を行うための実証実験が相次いで行われている（**図表18－7**）。しかし，ブロックチェーン/分散型台帳技術は現在のところ，発展途上に

図表18-6 従来システムとブロックチェーン活用システムの違い

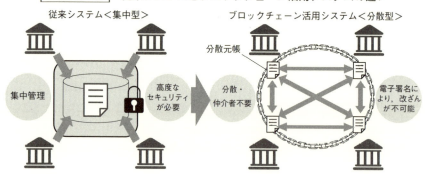

出所:日立製作所。

図表18-7 証券業界のブロックチェーン/分散型台帳技術に対する取り組み

企業名	概要	結果
みずほ銀行	ブロックチェーン技術を活用した国境を越えた証券クロスボーダー取引の実証実験	約定から決済までの各プロセスで発生する決済指図と約定内容の確認作業を排除し,決済業務に要する期間を,従来の3日間から即日に短縮
大和証券グループ	ヤンゴン証券取引所のポスト・トレード業務や各種報告業務をモデルに,ブロックチェーン技術の顧客資産管理方法への適用実験	検証対象の証券業務で既存の決済機能と同等のサービスを実現。証券会社間の振替指示や残高の自動共有,株主名簿作成のリアルタイム化などの業務効率化が実現することを実証
日本取引所グループ	分散型台帳技術に関する実証実験,業界連携型の技術検証<参加金融機関>SBI証券,証券保管振替機構,野村證券,マネックス証券,みずほ証券,三菱UFJ銀行	いくつかの課題があるものの,新たなビジネスの創出,業務オペレーションの効率化およびコストの削減等に寄与する可能性が高く,金融ビジネスの構造を大きく変革する可能性を持つ技術であると評価
SBI証券	ブロックチェーン技術を活用した債券取引プラットフォームの実証実験	業務の効率化・自動化,インフラコスト削減の可能性,既存業務プロセスの代替可能性を評価・検証

出所:各社のニュースリリースをもとに筆者作成。

あるため,当面は比較的取引量が少ない証券取引から実用化されると考えられる。一方,中央管理者や仲介者が不要となるブロックチェーン活用システムの特性を利用した新しいビジネススキームが出現することで,従来の証券決済ビジネスに関わる既存金融機関の位置付けや役割が変わる可能性もある。

(4) クラウドファンディング・新規仮想通貨公開（ICO）

　クラウドファンディングは，インターネットを利用して広く不特定多数の人から少額資金を調達するしくみである。東日本大震災をきっかけに広く知られるようになり，出資者から高い共感を得た社会貢献事業への寄付や事業化初期段階の製品やサービス開発への出資など，今まで資金調達が難しかった小規模プロジェクトへの資金供給が拡大している。日本におけるクラウドファンディングの市場は，2016年度には約746億円となり，そのほとんどがソーシャルレンディングサービスである（**図表18－8**）。

　クラウドファンディングには5つのタイプがあり，資金の使途・金額・期間などによって利用するサービスが異なる（**図表18－9**）。

①寄付型

　公益性，福祉性の高いプロジェクトへ寄付。出資者へのリターンはない。

②購入型

　新たな商品やサービスを開発するために必要な資金を調達。出資者へのリターンとして金銭の支払いはないが，完成した商品やサービス等のリワー

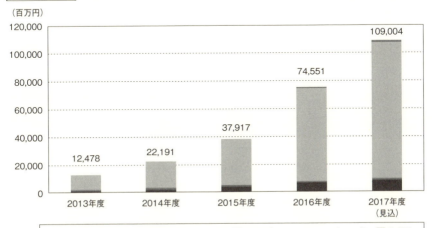

図表18－8　国内クラウドファンディングの新規プロジェクト支援額（市場規模）推移

注1：年間の新規プロジェクト支援額ベース。
注2：2017年度は見込値。
出所：矢野経済研究所「2017年版　国内クラウドファンディングの市場動向」2017年9月7日。

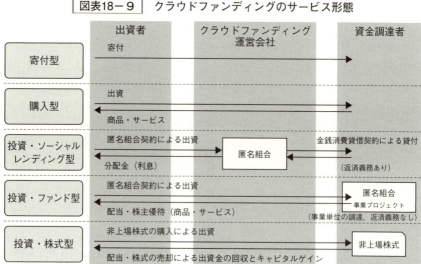

図表18-9 クラウドファンディングのサービス形態

出所：各社ホームページをもとに筆者作成。

ドが提供される。

③投資・ソーシャルレンディング型

　出資者は運営会社と匿名組合契約を締結して出資を行う。運営会社は資金を必要とする事業者に対して金銭消費賃貸契約による融資を行う。出資者は運営会社を通して出資を行い，利息分を分配金として受け取ることができる。

④投資・ファンド型

　出資者は特定の事業やプロジェクトに対して調達者と匿名組合契約を締結し，匿名組合に対して出資を行う。集められた資金をもとにファンドが組成される。また該当事業に関わる売上の一部をファンドの分配金として受け取ることができる。

⑤投資・株式型

　出資者は非上場株式を購入することにより出資を行う。出資者は，配当や株式の売却によるキャピタルゲインを得ることができる。

　ベンチャー企業や新規事業に対するリスクマネーの供給を促進するため，少額の投資型クラウドファンディングを取り扱う金商業者の参入要件が緩和され

るなど，クラウドファンディングに関する環境整備が行われている。クラウドファンディングは年々確実にその認知度と市場を拡大しており，既存金融機関が対応していない個人や企業の資金供給源へと成長しつつある。すでに，既存金融機関と提携し，既存金融機関の顧客へサービス提供する新しいスキーム作りも始まっている。

新規仮想通貨公開（ICO：Initial Coin Offering）は，インターネットを通じて広く不特定多数の出資者から仮想通貨を媒体として資金調達を行うしくみで

図表18-10　新規事業の成長期に活用される資金調達方法

	新規株式公開 (IPO：Initial Public Offering)	ベンチャーキャピタル (VC：Venture Capital)	クラウドファンディング	新規仮想通貨公開 (ICO：Initial Coin Offering)
概要	未上場会社が証券取引所に上場し，証券市場で株式を発行・売買可能にすることで，機関投資家や個人投資家から資金調達を行う	未上場企業がベンチャーキャピタルとの個別契約により株式を発行することで，ベンチャーキャピタルから資金調達を行う	不特定多数の人々が資金調達者である企業や個人に対し，資金提供が行う	不特定多数の人々が，ビットコインなどの既存仮想通貨で資金調達者が発行する独自トークンを購入（交換）する。資金調達者は，獲得した既存仮想通貨を法定通貨に交換し，資金調達を行う
投資対象	上場企業	未上場企業	企業や個人が行う事業やプロジェクト	企業や個人が行う事業やプロジェクト
投資家から資金調達者への提供価値	法定通貨（円など）	法定通貨（円など）	法定通貨（円など）	既存仮想通貨（ビットコイン・イーサリアムなど）
資金調達者から投資家への提供価値	有価証券の配当・キャピタルゲイン	有価証券の配当・キャピタルゲイン	【寄付型】特になし 【購入型】商品・サービスなどのリワード 【投資型】分配金（利息），有価証券の配当・キャピタルゲイン	企業が発行する独自トークン。さらに，独自トークンの内容によって，商品・サービスなどのリワードや分配金（利息）やキャピタルゲインなど提供価値が異なる
デューデリジェンス	証券会社や取引所による上場審査	ベンチャーキャピタルによる審査	【寄付型・購入型】特になし ホワイトペーパー（事業計画書）の公開のみ 【投資型】クラウドファンディング運営会社による審査	特になし ホワイトペーパー（事業計画書）の公開のみ
企業価値評価の視点	株主価値重視	株主価値重視	社会的価値・ユーザー価値重視	社会的価値・ユーザー価値重視
資金調達額規模	大きい	比較的大きい	小さい	小さい
資金調達にかかるコスト	高い	比較的高い	低い	低い
その他課題	資金調達に時間がかかる（上場準備期間は3年以上）	アーリーステージの企業に対する投資規模が小さい	プロジェクトの情報開示や評価方法の整備	規制・監督の整備 プロジェクトの情報開示や評価方法の整備

出所：筆者作成。

ある。出資者はビットコインなどの既存仮想通貨で，資金調達者が発行する独自のトークンを購入（交換）する。さらに資金調達者は獲得した既存仮想通貨を法定通貨に交換することで，資金調達を行う。ICOは低コスト・短期間で資金調達できるため，2017年に入って新たな資金調達手段として急速に普及・拡大している。図表18－10にベンチャー企業や新規事業の成長期（主に，アーリーステージ～エクスパンション（ミドル）ステージ）に活用される各種資金調達方法を示す。クラウドファンディングやICOは，プロジェクトの情報開示や評価方法の整備に課題があるものの，企業／事業価値として社会的価値・ユーザー価値に評価視点が置かれることが特徴の1つである。

4 結　論

　急速な技術革新の進展により，コンピュータやロボットによって人間の仕事が減少するのではないかと懸念する声もある。一方，少子高齢化社会の到来で日本の生産労働人口は低下し，今後日本経済を支える労働力の確保が難しくなる。金融業界はフィンテックへの取り組みを進めることで，バックオフィスの事務効率化や営業活動の省力化を促進し，より高付加価値なサービスを提供する組織へと変化していくであろう。したがって，フィンテック対応はこれからの少子高齢化社会の中で安定的な金融サービスを提供する上で欠かせないアプローチである。

　ICT技術の進化は，金融サービスの高度化を実現するだけでなく，ユーザーがモバイルデバイスを使い，インターネットを経由して金融サービスシステムへアクセスすることで，自由にサービスを選択できる環境を提供する。これにより，金融サービスは『金融機関が提供するサービスをユーザーが利用する「企業主導型ビジネスモデル」』から，『必要なサービスをユーザーが選択し，利用する「ユーザー主導型ビジネスモデル」』へ移行しつつある。従来金融機関は，商品の開発から流通まですべて自社で行う垂直型バリューチェーンの強化を推進してきたが，今後は金融ビジネスエコシステムを構築し，他社サービスを自社サービスに取り込み，顧客提供サービスの充実を図ることが重要となる。一方，資金調達分野では，クラウドファンディングや新規仮想通貨公開（ICO）など既存金融機関を必要としないビジネスモデルによる新たな市場の創出・拡大が進展しており，「社会的価値・ユーザー価値を重視した経済活動

を行う企業や個人」への資金の流れをつくり始めている。この流れはまだ小さいが，ICTの進化によって金融サービスに対する選択権を持ち始めたユーザーが，企業価値評価に対しても影響を与える可能性があることを示している。

　今後フィンテックは，金融機関が提供するサービスのイノベーションを実現するだけでなく，経済活動全体において「営業価値・株主価値重視の経営」から「ESG（Environment Social Governance）／社会的価値重視の経営」へと企業経営行動の変革を促す金融プラットフォームを形成していくのかもしれない。

注

1　FISC　平成28年秋号「金融機関におけるスマートデバイスの利活用の状況と今後の方向性について」

参考文献

金融庁ホームページ「特集大蔵省/金融システム改革（日本版ビッグバン）とは」
　　http://www.fsa.go.jp/p_mof/big-bang/bb1.htm
日経X TECHホームページ（2007）「金融業界の業務とシステムを知る」
　　https://tech.nikkeibp.co.jp/it/article/lecture/20070227/263374/
JIPsDIRECT2014年11月25日（2014）
　　「ネット証券と個人投資家のネット利用～ネット証券の戦略から見える次の展開は」日本電子計算　https://www.jip.co.jp/report/detail.php?report=00171
総務省（2016）「平成28年版　情報通信白書　第1部　第2節　人工知能（AI）の現状と未来」総務省
お金のデザイン「THEO」ホームページ　https://www.money-design.com/
ウェルスナビ　ホームページ　https://www.wealthnavi.com/
三菱UFJ国際投信「ポートスター」ホームページ　https://portstar.mukam.jp/
野村証券「ゴールベース」ホームページ　http://www.nomura.co.jp/goalbase/
矢野経済研究所プレスリリース（2017）「国内クラウドファンディング市場の調査を実施（2017年）」https://www.yano.co.jp/press/press.php/001730
金融庁ホームページ「平成26年金融商品取引法等改正（1年以内施行）等に係る政令・内閣府令案等の公表について」　http://www.fsa.go.jp/news/26/syouken/20150213-3.html
日本証券業協会ホームページ「株式投資型クラウドファンディング業務」
　　http://www.jsda.or.jp/sonaeru/words/0291.html
価格.com ホームページ「クラウドファンディング」　http://kakaku.com/crowdfunding/

山本純子（2014）『入門クラウドファンディング』日本実業出版社。
ウィリアム・ムーゲイヤー著，トーマツ監修，黒木彰人訳（2016）『ビジネスブロックチェーン』日経BP社。
アンドレアス・M・アントノプロス著，今井崇也・鳩貝淳一郎訳（2016）『ビットコインとブロックチェーン』NTT出版。
みずほ銀行ニュースリリース（2016）「みずほ銀行と富士通，国境を越えた証券取引の決済プロセス効率化に向けた実証実験を実施」
https://www.mizuhobank.co.jp/release/pdf/20160308release_jp.pdf
大和証券グループニュースリリース（2016）「ミャンマー資本市場へのブロックチェーン技術適用に関する実証実験の完了について」
http://www.daiwa-grp.jp/data/attach/2015_78_2161031b.pdf
JPXワーキングペーパー（2016）「金融市場インフラに対する分散型台帳技術の適用可能性について　2016年8月30日 Vol.15」
http://www.jpx.co.jp/corporate/research-study/working-paper/tvdivq0000008q5y-att/JPX_working_paper_No15.pdf
SBI証券ニュースリリース（2016）「SBI証券と日本IBM，ブロックチェーン技術を活用した債券取引プラットフォームの実証実験を開始」
http://www.sbigroup.co.jp/news/pr/2016/1014_10446.html
coindesk ホームページ https://www.coindesk.com/
Coinschedule ホームページ https://www.coinschedule.com/
根来龍之・藤巻佐和子（2013）「バリューチェーン戦略論からレイヤー戦略論へ─産業のレイヤー構造化への対応─」『早稲田国際経営研究』No.44，145-162頁。
立本博文（2017）『プラットフォーム企業のグローバル戦略』有斐閣。
坂本恒夫（2017）「事業連携と社会的価値」明治大学経営学研究所『経営論集』第64巻，第1，2，3合併号，15-26頁。

索　引

■英　数

AA型種類株式 …………………… 132, 187
AIを活用したレンディングサービス
　……………………………………… 246
BIS規制 …………………………………… 179
Buy and Hold …………………………… 113
Channon …………………………………… 44
ClevelandとHuertas …………………… 44
CSV ……………………………………… 139
ESG（Environment Social Governance）
　／社会的価値重視の経営 …… 231, 259
ESG投資（Environment Social
　Governance） ……………… 79, 80, 232
ETF（上場投資信託） ………… 76, 78, 87
GPIF（年金積立金管理運用独立
　行政法人） …………………… 84, 87, 237
HFT（High Frequency Trading：
　高頻度取引） ………………… 76, 78, 79
ICカード ………………………………… 248
JPX日経インデックス400 …………… 99
M&A …………………… 218-220, 223, 226
OTDモデル（Originate-to-Distribute
　Model: 組成販売型） ……………… 193
PBR（株価純資産倍率） ………… 100, 101
PER（株価収益率） ……………… 100, 101
PRI（責任投資原則） ………………… 231
ROE ………………………………… 66, 90
ROE（自己資本利益率） ……………… 59
TLAC債 ………………………………… 106
TOB ……………………………… 227, 229
TOKYO PRO-BOND Market ……… 109
Zweig ……………………………………… 44

■あ　行

アウトソーシング ……………………… 19
アクティビスト ………………………… 77
異次元の金融緩和 ……………………… 74
イノベーション ………………………… 15
インカムゲイン ………………… 83, 225
インターネット ……………………… 247
ウェルズファーゴ ……………………… 45
営業価値・株主価値重視の経営 …… 259
エクイティファイナンス ……73-75, 177
エージェンシー問題 ………………… 226
エリサ法 ………………………………… 59
エンゲージメント ……………… 88, 241
オンライントレードサービス ……… 247

■か　行

海外直接投資 …………………………… 4
貸付資金の固定化・長期化 …………… 54
貸付資産の証券化 …………………… 172
仮想通貨 ……………………………… 252
合併 ……………………………… 218, 220
カネの増殖 …………………………… 173
ガバナンス ……………………………… 60
株価収益率（Price Earnings Ratio：
　PER） …………………………… 100, 101
株価純資産倍率（Price Book-value
　Ratio：PBR） ………………… 100, 101
株式会社制度 ……………………… 53, 55
株式交換・株式移転制度 …………… 223
株式市場 ……………………………… 132
株式市場価値 ………………………… 227
株式持ち合い …………………………… 72
株主価値 ………………………………… 61
株主価値理論 …………………………… 19

株主資本コスト	103
換金化	53, 172
換金市場	173
間接金融	71
管理株価	184
機関投資家	60, 83, 136, 179, 205
機関投資家（年金，保険，投資信託）	180
企業主導型ビジネスモデル	258
議決権	81
議決権行使	85, 89, 203, 208
技術移転	7
機能的財政	158
キャピタルゲイン	83, 225
共産主義国	12
銀行	28
銀行系信託銀行	183
銀行の流動性	54
金融危機	19, 28, 44
金融恐慌	73
金融市場	46
金融資本	56
クラウドファンディング	129, 246, 255
クラスタリング	14
グループ内M&A	223
グローバル資本主義	20
経営化	31, 36
経営コンサルタント	13
経営支配権	218, 219, 223, 225
経営目標	46
経済安定化機能	166
減価償却額	57
公共経済	159
公的機関投資家	87
高頻度取引（High Frequency Trading：HFT）	104
公募増資	66
国債格付け	165
国際カルテル	11
国際金融市場	166
国民経済上の原則	162
国民経済の均衡	158
個人投資家	138
コーポレートガバナンス	166
コーポレートガバナンス・コード	203
コメンダ	55

■さ 行

財政の持続可能性	168
財務情報	153
サイレント・パートナー	58
サブプライムローン	191
産業構造の高度化	173
残余財産分配請求権	81
事業譲渡	220
資金調達	71, 73, 77, 78, 124
資金調達市場	173
資源配分機能	166
自己金融資金	57
自己資本比率	64
資産運用業務	210
自社株買い	76, 78, 91, 151
持続的成長	138
指定アドバイザー制度	167
シティバンク	44
資本移動	8
資本参加	220
資本市場	46
社債	106
社債権者優待	118
重化学工業資金	54
出資拡大	220
出資者責任	168
種類株式	133
証券化	180, 189
証券取引所	95

索　引　263

上場審査基準 ………………………… 96
上場投資信託（ETF） ……………… 84
上場投資信託（Exchange Trade Fund: ETF） ……………………………… 75
剰余金配当請求権 …………………… 81
所得再分配機能 ……………………… 166
所有支配の問題 ……………………… 185
所有と経営の分離 …………………… 82
新規仮想通貨公開（ICO） ………… 255
新規株式公開 ………………………… 123
新規株式公開市場 …………………… 167
人工知能（AI） ………………… 249, 251
新ジョナサン ………………………… 52
信託口 ………………………………… 83
信用コスト …………………………… 145
信用力 ………………………………… 145
スチュワードシップ・コード ……… 88
ステークホルダー …………………… 235
ストックオプション ………………… 19
スマートフォン ……………………… 250
スミス ………………………………… 44
世界金融危機（リーマン・ショック）
……………………………………… 60, 183
セカンダリー・マーケット ………… 111
責任投資原則（PRI） ……………… 231
選択と集中 …………………………… 220
専門的経営者 ………………………… 58
創業者利得 …………………………… 54
増資 …………………………………… 63
増殖市場 ……………………………… 173
ソキエタス …………………………… 55

■た　行

第1次グローバリゼーションの波 …… 3
対外直接投資（FDI） ……………… 10
対内直接投資 ………………………… 17
大量保有報告書 ……………………… 225
対話（エンゲージメント） ………… 203

タブレット …………………………… 250
知識移転 ……………………………… 8
中長期視点 …………………………… 132
長期資金 ……………………………… 145
直接金融 ……………………………… 71
ディスカウントTOB ……………… 229
適債基準 ……………………………… 113
敵対的買収 …………………………… 220
電子マネー …………………………… 248
店頭取引 ……………………………… 111
東京市場 ……………………………… 166
統合報告書 ……………………… 236, 239
投資先企業との対話 ………………… 206
東証株価指数（TOPIX） …………… 99
独占資本 ……………………………… 58
ドーマー条件 ………………………… 158
取引所外取引 …………………… 95, 97
取引所取引 …………………………… 95

■な　行

南海会社 ……………………………… 52
日経平均株価（日経225） ………… 99
日本銀行 ………………………… 84, 87
日本取引所グループ ………………… 95
日本版スチュワードシップ・コード
……………………………… 79, 80, 203
年金積立金管理運用独立行政法人
（GPIF） ……………………… 84, 87, 237

■は　行

買収 ……………………………… 218, 220
買収価格 ……………………………… 227
買収後価値 ……………………… 226, 227
買収プレミアム …………………… 227-229
買収防衛策 …………………………… 87
売買回転率 …………………………… 98
ハイブリッド債 ……………………… 116
ハイブリッド証券 …………………… 188

発行市場	63
パッシブ運用	87
バブル崩壊	178
引受業務	55
引受募集	108
非財務情報	153, 239
ビッグデータ	249, 251
ヒルファーディング	174
貧富格差	8
フィンテック	246
含み損	73
負債比率の逓減	168
プライマリー・マーケット	108
プラザ合意	72, 176
ブラックマンデー	72
不良債権	73
ブレグジット（Brexit）	21
プログラム上場	111
ブロックチェーン/分散型台帳技術	252
平和相互銀行	177
ペッキングオーダー理論	67
泡沫会社法	52
保護貿易主義	20
ポリシー・ミックス	168

■ま 行

マイナス金利政策	158
マクマリー	44
マクミラン・ギャップ	167
マーチャント・バンク	52
マッキンゼー	31, 37, 44
メインバンク制度	71
持分法適用関連会社	225
もの言う株主	79
モバイルデバイス	249, 250

■や 行

有限責任の確保	53
有償増資	63
優先劣後構造	189
ユーザー主導型ビジネスモデル	258
輸入代替	16
ユーロダラー市場	14

■ら 行

リスク・リテンション	196
リストラクチャリング	220
リーマン・ショック	60, 183
流通市場	63, 94
流動性	94, 98
流動性の確保	53
ロボ・アドバイザー	252
ロンドン証券取引所	52

■わ 行

割引率	226

● 執筆者紹介

ジェフリー・ジョーンズ ハーバード・ビジネス・スクール（ハーバード大学）教授	第1章
マティアス・キッピング シューリック・ビジネス・スクール（ヨーク大学）教授	第2章
坂本　恒夫（さかもと　つねお） 明治大学名誉教授，桜美林大学特別招聘教授，福島学院大学理事・客員教授	第3章・13章
鳥居　陽介（とりい　ようすけ） 明治大学経営学部専任講師	第1章（第2～4節翻訳）・4・6章
正田　繁（しょうだ　しげる） 明治大学兼任講師	第5章
落合　孝彦（おちあい　たかひこ） 青森公立大学経営経済学部教授	第7章
林　幸治（はやし　こうじ） 大阪商業大学総合経営学部准教授	第8章
趙　彤基（ちょう　とうき） 明治大学経営学部助手	第2章（第1～3節翻訳）・9章
小林　麻美（こばやし　まみ） 明治大学経営学部助手	第2章（第4節翻訳）・10章
徐　玉琴（じょ　ぎょくきん） 明治大学経営学部助教	第1章（はじめに～第1節翻訳）・11章
中村　宙正（なかむら　ひろまさ） 名古屋商科大学経済学部非常勤講師	第12章
森谷　智子（もりや　ともこ） 嘉悦大学経営経済学部教授	第14章
澤田　茂雄（さわだ　しげお） 常磐大学総合政策学部准教授	第15章

文堂　弘之（ぶんどう　ひろゆき）　　　　　　　　　　　第16章
　　常磐大学総合政策学部教授

野村佐智代（のむら　さちよ）　　　　　　　　　　　　第17章
　　創価大学経営学部准教授

青木　里恵（あおき　りえ）　　　　　　　　　　　　　第18章
　　コンサルタント
　　元㈱日立製作所金融システム営業統括本部
　　事業企画本部　主任技師

●編著者紹介

坂本　恒夫（さかもと　つねお）
明治大学名誉教授，桜美林大学特別招聘教授，福島学院大学理事・客員教授。経営学博士。
日本中小企業・ベンチャー ビジネスコンソーシアム会長。
明治大学大学院長，証券経済学会代表理事，日本経営財務研究学会会長，日本経営分析学会会長などを歴任。
著書に『テキスト財務管理理論』（共編著，中央経済社），『中小企業のアジア展開』（共編著，中央経済社），『企業集団財務論』（泉文堂），『企業集団経営論』（同文舘出版），『戦後経営財務史』（T&Sビジネス研究所）などがある。

鳥居　陽介（とりい　ようすけ）
明治大学経営学部専任講師。経営学博士。
明治大学大学院経営学研究科博士後期課程修了。
日本中小企業・ベンチャー ビジネスコンソーシアム副会長（事務局長），日本経営学会，証券経済学会，日本経営財務研究学会，日本経営分析学会会員。
著書に『株式所有構造の変遷と経営財務』（中央経済社），『テキスト財務管理理論』共編著，中央経済社）などがある。

企業財務と証券市場の研究

2018年11月10日　第1版第1刷発行

編著者	坂　本　恒　夫
	鳥　居　陽　介
発行者	山　本　　　継
発行所	㈱中央経済社
発売元	㈱中央経済グループ パブリッシング

〒101-0051　東京都千代田区神田神保町1-31-2
電話　03（3293）3371（編集代表）
　　　03（3293）3381（営業代表）
http://www.chuokeizai.co.jp/
印刷／三英印刷㈱
製本／誠　製　本㈱

© 2018
Printed in Japan

＊頁の「欠落」や「順序違い」などがありましたらお取り替えいたしますので発売元までご送付ください。（送料小社負担）
ISBN978-4-502-27651-4　C3034

JCOPY〈出版者著作権管理機構委託出版物〉本書を無断で複写複製（コピー）することは，著作権法上の例外を除き，禁じられています。本書をコピーされる場合は事前に出版者著作権管理機構（JCOPY）の許諾を受けてください。
JCOPY〈http://www.jcopy.or.jp　eメール：info@jcopy.or.jp　電話：03-3513-6969〉

好評既刊

テキスト財務管理論 第5版

坂本 恒夫・鳥居 陽介 [編]
現代財務管理論研究会 [著]　A5判・ハードカバー・320頁

◆目次◆財務管理論の舞台―企業・会社とは何か(1)企業形態／財務管理論の舞台―企業・会社とは何か(2)責任制度／財務管理論の舞台―企業・会社とは何か(3)資本集中／財務管理論の舞台―企業・会社とは何か(4)支配集中／株式資本の調達(1)増資の方法／株式資本の調達(2)株式の多様化―種類株／株式資本の調達(3)所有の法人化と株式持ち合い／株式資本の調達(4)配当政策／自己金融(1)利益の留保と費用の留保／自己金融(2)減価償却と長期引当金／社債資本の調達／格付け／CPとMTN／借入金の調達(1)銀行借入による資金調達／借入金の調達(2)借入金利／巨大銀行のスキャンダルはなぜ頻発するのか／BIS規制と総損失吸収力／経営計画と財務／利益計画と利益管理／運転資本（短期資金）管理と設備資本（長期資金）管理／企業評価指標／知的財産／自社株取得／現在価値と投資の評価／キャッシュフローと資金の効率化／証券化／デリバティブ／財務管理とリスクマネジメント／M&Aの手法と形態／M&Aの財務／中小企業財務／ベンチャービジネスとベンチャーファイナンス／ディスクロージャー／財務分析／サステナブル社会の構築と企業財務／コーポレート・ガバナンス／株主価値経営からCSV経営へ

中小企業のアジア展開

坂本 恒夫・境 睦・林 幸治・鳥居 陽介 [編著]
A5判・ソフトカバー・308頁

中央経済社